MES ATELIERS DE LECTURE ET D'ÉCRITURE

JAMES ROUSSELLE

LOUISE ROY

NICOLE MALTAIS

EMANUELE SETTICASI

Pour lire & pour écrire

FRANÇAIS

Première année du secondaire

CEC

LES ÉDITIONS CEC INC.

8101, boul. Métropolitain Est, Anjou, Qc, Canada H1J 1J9
Téléphone: (514) 351-6010   Télécopieur: (514) 351-3534

Directrices de l'édition
Emmanuelle Bruno
Diane De Santis

Directrice de la production
Lucie Plante-Audy

Chargée de projet
Suzanne Berthiaume
assistée de Geneviève Letarte

Réviseure linguistique
Suzanne Delisle

Recherche iconographique
Francine de Lorimier

Conception graphique, réalisation technique et couverture

LE GROUPE
FLEXIDÉE

Illustrations
Pierre Brignaud
Philippe Germain: pages 50, 171, 283 et 356.

Références photographiques

P. 49 Radio Canada. P. 149 A. Dex, Publiphoto. Ouzounoff, Publiphoto. J.-C. Hurni, Publiphoto. S. Fournier, Publiphoto. P. 151 Kupka, Mauritius / Publiphoto. P. 154 S. Villeger, Explorer / Publiphoto. B. Annebicque, Sygma / Publiphoto. P. 155 C. Bayer, Mauritius / Réflexion. P. 156 P. Martel, Publiphoto. P. 157 W. Hill, Camérique / Réflexion. P. 159 S. Naiman, Réflexion. P. 162 S. O'Neill, Réflexion. P. 164 P. Picardi, International Stock / Réflexion. P. 203 Super Stock. Hennings, Sygma / Publiphoto. P. 204 Super Stock. P. 205 Super Stock. P. 206 Super Stock. P. 234 P. Baeza, Publiphoto. P. 235 D. Caron, Réflexion. P. 236 A. Gardon, Réflexion. M. Kuhnigk, Réflexion. P. Adam, Publiphoto. J. Kieffer, Camérique / Réflexion. P. 264 J. Viesti, Réflexion. P. 309 Cupak, Mauritius / Réflexion. P. 311 A. Gardon, Réflexion. P. 317 N. Norton, APC n° 122 872. P. 333 APC, C-1115. P. 338 Ville de Montréal. P. 339 M. Gagné, Réflexion, P. 340 J. Blondin, Explorer / Publiphoto. P. 343 Ville de Montréal. P. 346 R. Renaud. P. 348 M.-J. Delorme. P. 349 R. Renaud.

Dans cet ouvrage, la féminisation des titres de fonction et des textes s'appuie sur les règles d'écriture proposées par l'Office de la langue française dans le guide *Au féminin*, les Publications du Québec, 1991.

© 1996, Les Éditions CEC inc.
8101, boul. Métropolitain Est
Anjou (Québec) H1J 1J9

Dépôt légal: 4e trimestre 1996
Bibliothèque nationale du Québec
Bibliothèque nationale du Canada

ISBN 2-7617-1343-5

Imprimé au Canada
3 4 5   00 99 98

Pour comprendre la structure de ton manuel

Tu as en main un nouveau manuel. Voici quelques explications et quelques activités qui t'aideront à mieux comprendre son organisation et à te préparer à répondre aux questions de tes parents, qui seront curieux de savoir ce que tu apprendras cette année dans ta classe de français.

Ton manuel *Mes ateliers de lecture et d'écriture* est constitué de séquences d'apprentissage; chacune contient deux types d'ateliers:

– des **ateliers d'acquisition de connaissances**, qui te permettront d'assimiler progressivement des connaissances et des stratégies pour mieux lire et mieux écrire;

– des **ateliers d'intégration**, qui te permettront de réaliser des projets de lecture, d'écriture et de communication orale.

Contenu d'une séquence d'apprentissage

Chaque séquence s'ouvre sur deux pages en regard qui te donnent un aperçu de son contenu.

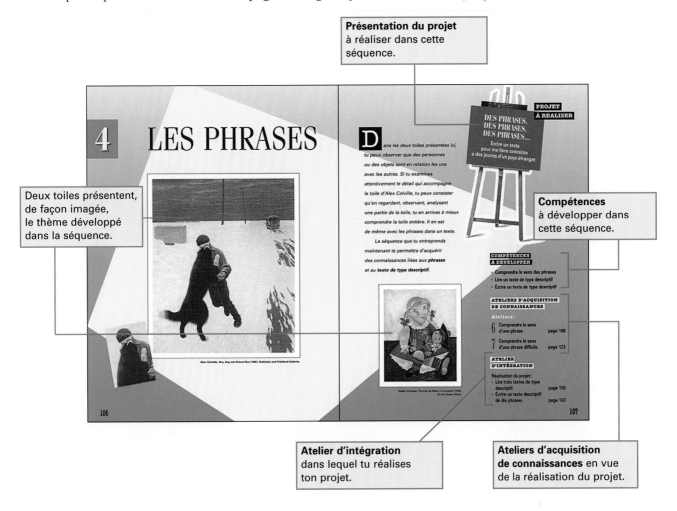

Présentation du projet à réaliser dans cette séquence.

Deux toiles présentent, de façon imagée, le thème développé dans la séquence.

Compétences à développer dans cette séquence.

Atelier d'intégration dans lequel tu réalises ton projet.

Ateliers d'acquisition de connaissances en vue de la réalisation du projet.

1. À l'aide de la table des matières, dis combien de séquences d'apprentissage contient ton manuel.
2. Quel est le titre de chaque séquence d'apprentissage?

Déroulement des ateliers d'acquisition de connaissances

Pour développer des habiletés complexes comme celles de lire, d'écrire et de communiquer oralement, il est nécessaire de procéder par étapes.

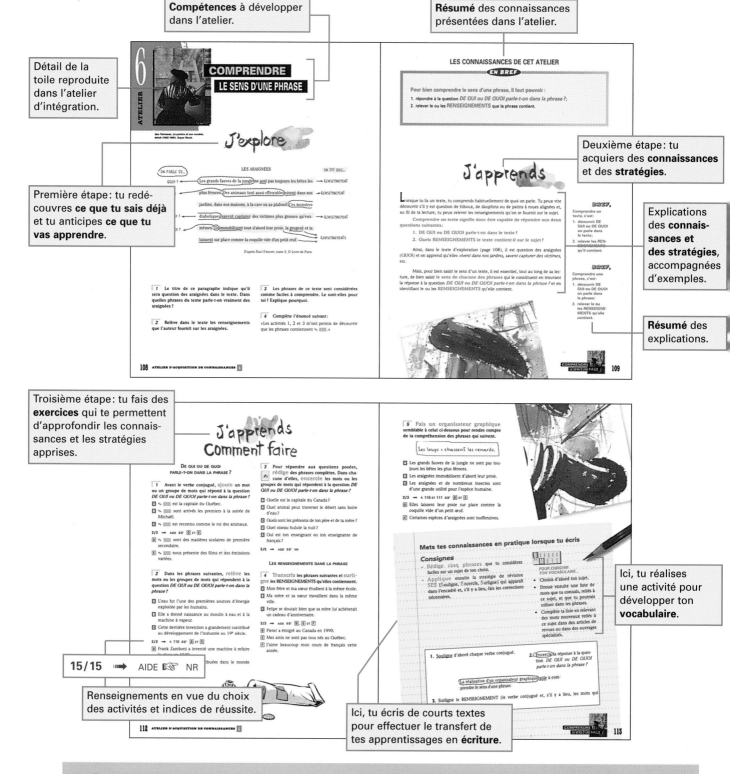

Compétences à développer dans l'atelier.

Résumé des connaissances présentées dans l'atelier.

Détail de la toile reproduite dans l'atelier d'intégration.

Première étape : tu redécouvres **ce que tu sais déjà** et tu anticipes **ce que tu vas apprendre**.

Deuxième étape : tu acquiers des **connaissances** et des **stratégies**.

Explications des **connaissances et des stratégies**, accompagnées d'exemples.

Résumé des explications.

Troisième étape : tu fais des **exercices** qui te permettent d'approfondir les connaissances et les stratégies apprises.

Ici, tu réalises une activité pour développer ton **vocabulaire**.

Renseignements en vue du choix des activités et indices de réussite.

Ici, tu écris de courts textes pour effectuer le transfert de tes apprentissages en **écriture**.

1. Dans les pages ci-dessus, tu as découvert trois étapes de la démarche d'acquisition de connaissances. Peux-tu les nommer ?
2. En feuilletant ton manuel de la page 56 à la page 69, énumère les six étapes qui sont présentées de la même manière et qui constituent toutes les étapes de la démarche d'acquisition de connaissances.

Déroulement des ateliers d'intégration

Les ateliers d'intégration sont construits à partir d'activités de lecture liées à la réalisation d'un projet d'écriture ou de communication orale.

Compétences à développer dans l'atelier.

Reproduction de la toile dont certains détails ont servi pour la présentation des ateliers d'acquisition de connaissances.

Description du projet de l'atelier d'intégration et **énumération des** grandes **étapes** à franchir pour le réaliser.

1. En consultant la page 148 de ton manuel, peux-tu dire quelles sont les grandes étapes que nécessite la réalisation du projet de la séquence 4?
2. En consultant la page 202 de ton manuel, peux-tu dire quelles sont les grandes étapes que nécessite la réalisation du projet de la séquence 5?

Réalisation du projet (ici, dans la troisième étape).

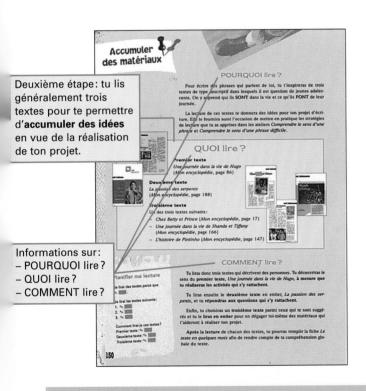

Deuxième étape: tu lis généralement trois textes pour te permettre **d'accumuler des idées** en vue de la réalisation de ton projet.

Informations sur:
– POURQUOI lire?
– QUOI lire?
– COMMENT lire?

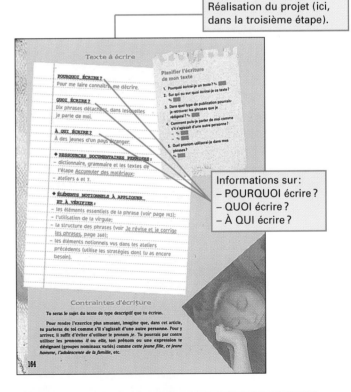

Informations sur:
– POURQUOI écrire?
– QUOI écrire?
– À QUI écrire?

1. Parcours les pages 24 à 33 de ton manuel et énumère les étapes que tu devras franchir pour réaliser le projet d'écriture de l'atelier d'intégration de la séquence 1.
2. Observe les pages 49 à 53 et donne les grandes étapes que tu devras franchir pour réaliser le projet de communication orale de l'atelier d'intégration de la séquence 2.

Table des matières

En guise d'introduction

Ce jour-là, au musée, en découvrant les merveilleuses couleurs de Henri Matisse, la tristesse des personnages de Jean Paul Lemieux et les compositions originales de Kittie Bruneau, Nathalie, Han et Julien décidèrent de devenir peintres.

Mais comment devient-on peintre ? Quelles écoles Henri Matisse, Jean Paul Lemieux et Kittie Bruneau ont-ils fréquentées ? D'abord, sont-ils allés à l'école ? Peut-être pas... Peut-être qu'on peut devenir peintre sans fréquenter une école. On devient alors un peintre autodidacte. Oui, mais comment devient-on peintre autodidacte ? «En s'inspirant des tableaux des grands maîtres !», affirme Nathalie.

© 1996 Succession H. Matisse / ARS.

Gestion ASL inc. / Musée des beaux-arts du Canada, Ottawa.

Henri Matisse, *Femme assise, le dos tourné vers la fenêtre ouverte*, 1949.

Jean Paul Lemieux, *L'orpheline*, 1957.

Ils se rendent donc à la bibliothèque de leur école, section beaux-arts. Des livres grand format, lourds à transporter s'empilent rapidement sur la table où ils sont installés. Ils les ouvrent, les feuillettent: des couleurs, des couleurs, des couleurs! «Comment faire, par quel bout commencer?», pensent-ils.

Nathalie est convaincue qu'il faut essayer de reproduire le plus fidèlement possible chaque tableau qui lui plaît. Julien et Han, eux, croient plutôt qu'il faut commencer par des détails, se limiter à un objet, à un personnage et procéder par étapes. Qui a raison?

Kittie Bruneau,
Barre rouge et coquillages, 1994.

Un manuel pour apprendre à lire, à écrire et à communiquer oralement

Apprendre à écrire et à s'exprimer oralement, c'est un peu comme apprendre à peindre. Apprendre à lire un texte, c'est comme apprendre à regarder une toile pour découvrir toutes ses richesses.

Peindre de bons tableaux exige de nombreuses années de pratique. Devenir un bon lecteur ou une bonne lectrice et arriver à bien communiquer oralement et par écrit, c'est le travail de toute une vie. Dans ce manuel, tu trouveras des ateliers qui te permettront de franchir une étape importante de ce cheminement. Des ateliers qui plairaient à Julien et Han parce qu'on y propose des apprentissages par étapes, et d'autres qui plairaient à Nathalie parce qu'on y présente des activités dans le cadre de projets de communication. Ainsi, en retenant les deux façons d'apprendre, tu franchiras plus vite et plus efficacement les étapes qui te conduiront vers une plus grande maîtrise de la lecture, de l'écriture et de la communication orale.

Il ne te reste qu'à tirer profit des différentes étapes proposées dans ton manuel pour développer tes habiletés.

Le responsable de la collection,
James Rousselle

1

LES PROCESSUS
DE LECTURE ET D'ÉCRITURE

« Il en va de la lecture comme de la contemplation d'un tableau [...] »

Vincent VAN GOGH

Fernand Léger, *La lecture* (1924). ADAGP / Kinémage.

L es tableaux présentés dans ces pages évoquent la lecture et l'écriture.

Cette première séquence d'apprentissage de ton manuel a pour objectif de te faire réfléchir sur les démarches que tu effectues quand tu lis ou quand tu écris. On appelle ces démarches des **processus**.

Puisque, cette année, tu mettras ces processus en pratique presque chaque fois que tu liras **en vue d'accomplir une tâche** ou qu'on te demandera **d'écrire un texte**, il est important de bien les comprendre. Deux ateliers d'acquisition de connaissances t'aideront à y parvenir.

PROJET À RÉALISER

MON ENCYCLOPÉDIE

Écrire quelques paragraphes pour faire connaître les textes que j'aime lire et que j'ai parfois envie de conserver.

Jean Cocteau, *Autoportrait dans une lettre à Valéry* (1924).
ADAGP / Kinémage.

COMPÉTENCES À DÉVELOPPER

- Comprendre et appliquer le processus de lecture
- Comprendre et appliquer le processus d'écriture

ATELIERS D'ACQUISITION DE CONNAISSANCES

ATELIER D'INTÉGRATION

Jan Vermeer, *Dame remettant une lettre à sa servante,* **détail (1666-1667). Collection Frick.**

LIRE

J'explore

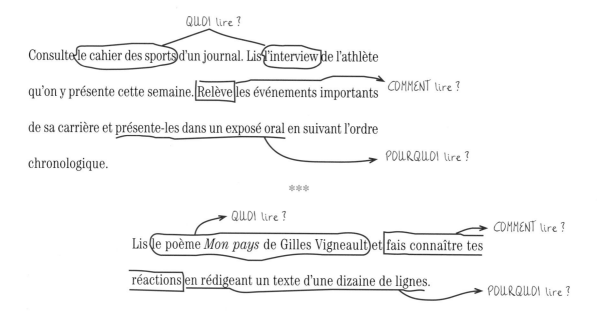

QUOI lire ?

Consulte le cahier des sports d'un journal. Lis l'interview de l'athlète

qu'on y présente cette semaine. Relève les événements importants   COMMENT lire ?

de sa carrière et présente-les dans un exposé oral en suivant l'ordre

chronologique.   POURQUOI lire ?

***

QUOI lire ?   COMMENT lire ?

Lis le poème *Mon pays* de Gilles Vigneault et fais connaître tes

réactions en rédigeant un texte d'une dizaine de lignes.   POURQUOI lire ?

---

1 Entre les deux tâches proposées :

A Laquelle aimerais-tu accomplir ? Pourquoi ?

B Laquelle chercherais-tu à éviter si tu avais le choix ? Pourquoi ?

2 Relis lentement la description des deux tâches. Même si elles sont différentes, elles exigent la même action. Laquelle ?

3 Parmi les consignes reliées aux deux tâches, lesquelles t'indiquent ce que tu devras faire après avoir lu le texte ?

4 Que signifie pour toi l'expression *Planifier sa lecture* ? Pour répondre, rappelle-toi une expérience vécue au primaire, qui t'a permis de planifier ta lecture, et raconte-la brièvement.

5 Complète l'énoncé suivant :

« Les activités 1, 2, 3 et 4 m'ont permis de constater que pour bien lire en vue d'accomplir une tâche, il faut ✎ ▇▇▇ . »

1 ATELIER

LES CONNAISSANCES DE CET ATELIER

EN BREF

Pour lire en vue d'accomplir une tâche, il faut...

1. **Planifier sa lecture** en répondant aux questions suivantes:
   - *POURQUOI lire?*
   - *QUOI lire?*
   - *COMMENT lire?*

2. Être capable de **construire le sens du texte**, c'est-à-dire:
   - reconstituer le contenu;
   - reconstituer l'organisation;
   - discerner le point de vue adopté.

3. **Réagir au texte**, c'est-à-dire être capable de déterminer si le texte répond à son besoin de lecture et se situer par rapport au contenu.

4. **Évaluer sa démarche de lecture**, c'est-à-dire être capable:
   - d'identifier ses difficultés;
   - de trouver des moyens pour les résoudre.

LIRE, C'EST COMME VOYAGER

Dans la vie, il t'arrivera sûrement de **voyager**. Que ce soit par plaisir ou pour ton travail, qu'il s'agisse d'un court séjour ou d'un long voyage, tu devras toujours respecter trois grandes **étapes**. Il en est de même pour la **lecture d'un texte**.

	Avant	Pendant	Après
Voyager	**Préparer** son voyage.	**Voyager**.	**Parler** de son voyage.
Lire un texte	**Planifier** sa lecture.	**Lire** le texte.	**Réagir** au texte et **évaluer** sa démarche de lecture.

BREF,

Lire, c'est un peu comme voyager. Cela se fait par étapes.

LIRE

13

Pour bien profiter de ses lectures, il faut donc, comme pour un voyage, se soucier de franchir chacune des étapes nécessaires. Le tableau suivant présente une description sommaire du processus de lecture.

Processus de lecture

Première étape → PLANIFIER SA LECTURE

Répondre aux trois questions suivantes:

A) *POURQUOI lire?*
- Pour accomplir une tâche?
- Pour apprendre à lire?
- Pour le plaisir?

B) *QUOI lire?*
- Un ou plusieurs textes?
- Quel genre de textes?
- Où les trouver?

C) *COMMENT lire?*
- Une lecture continue ou intermittente?
- Une lecture intégrale ou sélective?

Deuxième étape → LIRE LE TEXTE

1. Reconstituer le contenu du texte.
- Dans le cas d'un texte de type narratif, cela veut dire comprendre l'histoire racontée et reconnaître les éléments qui la composent.
- Dans le cas d'un texte de type descriptif, cela veut dire reconnaître la personne, le lieu, l'objet, l'animal, etc. et les aspects qui sont décrits.
- Dans le cas d'un texte poétique, cela veut dire reconnaître les éléments de l'univers évoqué.

2. Reconstituer l'organisation du texte.

Être capable de trouver comment la personne qui a écrit le texte a organisé ses paragraphes, et être capable de relever les mots ou groupes de mots qui témoignent de cette organisation.

3. Discerner le point de vue adopté dans le texte.

Être capable de découvrir si la personne qui a écrit le texte a une attitude positive ou négative face à ce qu'elle raconte ou décrit.

Troisième étape → RÉAGIR AU TEXTE

- Se situer par rapport au texte.
- Évaluer si le contenu du texte a répondu à son besoin de lecture.

Quatrième étape → ÉVALUER SA DÉMARCHE DE LECTURE

- Identifier ses forces et ses faiblesses.
- Trouver la cause des difficultés éprouvées ainsi que le moyen de les surmonter.

Fiches de lecture

Tout au long de l'année, tu devras lire des textes et faire des apprentissages systématiques liés au processus de lecture que tu viens de découvrir.

Dans les pages de ton manuel, tu trouveras des fiches qui t'aideront à atteindre ces objectifs:

Planifier ma lecture
(voir exemple, page 16)

Le texte en quelques mots
(voir exemple, page 28)

Réagir au texte
(voir exemple, page 17)

Évaluer ma démarche de lecture
(voir exemple, page 17)

Le fait de remplir ces fiches au cours de tes lectures t'obligera à te préoccuper de toutes les étapes du processus. À la fin de l'année, tu auras intégré ces étapes et elles te permettront alors de profiter davantage de tes lectures.

Mes connaissances en bref

Il existe un bon moyen d'intégrer de nouvelles connaissances, c'est de les expliquer à quelqu'un.

À la fin de chaque étape **J'apprends** de ton manuel, tu trouveras la rubrique MES CONNAISSANCES *EN BREF*. On te demandera alors de trouver une façon personnelle et originale d'expliquer tes nouvelles connaissances à quelqu'un, à l'aide de schémas, tableaux, illustrations, exemples, textes annotés, etc.

MES CONNAISSANCES EN BREF

Trouve maintenant une façon personnelle et originale d'expliquer à quelqu'un tes nouvelles connaissances sur le processus de lecture.

À lire pour le plaisir
Impossible de ne pas lire, page 130.

J'apprends Comment faire

Les activités qui suivent vont te permettre de vivre au complet le processus de lecture qui t'a été présenté.

Première étape → JE PLANIFIE MA LECTURE

1 **Lis** la tâche décrite dans l'encadré.

Pour mieux comprendre la tâche, tu peux en reproduire le texte et l'annoter tel qu'indiqué à la page 12.

> **Trouve** des renseignements qui te permettront de rédiger un court paragraphe dans lequel tu parleras de la température, de la végétation et de la population des déserts.

Afin de planifier ta lecture, **reproduis** et **remplis** maintenant une fiche semblable à celle qui suit.

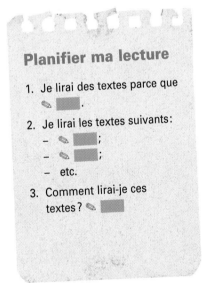

Planifier ma lecture

1. Je lirai des textes parce que ✎ ▨ .

2. Je lirai les textes suivants:
   – ✎ ▨ ;
   – ✎ ▨ ;
   – etc.

3. Comment lirai-je ces textes? ✎ ▨

Deuxième étape → JE LIS

2 **Lis** maintenant les textes qui suivent en respectant les décisions que tu as prises en remplissant la fiche *Planifier ma lecture*.

Détermine comment tu prendras en note les passages que tu ne veux pas oublier parce qu'ils t'aideront à réaliser la tâche demandée.

> Tu pourrais regrouper ces passages sur trois feuilles intitulées: *Température*, *Végétation* et *Population*.

TEXTE 1

> **Désert.** Très chaud le jour mais froid la nuit, très peu de pluies. Plantes dominantes: cactées. Animaux: chameaux, scorpions.
>
> Corinne STOCKLEY, *Encyclopédie illustrée, biologie*, © Éditions Usborne, 1986.

TEXTE 2

> ### LES DÉSERTS: CHAUDS OU FROIDS ?
>
> Les déserts chauds s'étendent de part et d'autre des tropiques et on les retrouve sur tous les continents: en Australie, sur la côte du Chili, au Mexique, dans le Kalahari (Afrique australe), en Arabie. Le Sahara africain est le plus grand désert du monde: il s'étend de l'Atlantique à l'océan Indien.
>
> Le climat désertique est caractérisé par la rareté des précipitations (moins de 200 mm par année) et ses températures élevées.
>
> Le jour, la température peut atteindre facilement les 45°C pour s'abaisser brusquement jusqu'à 0°C la nuit. On peut donc suffoquer le jour et claquer des dents la nuit.
>
> Gaston CÔTÉ, *La Terre, planète habitée*, © Éditions CEC, 1992.

TEXTE 3

> ### Samir à la poursuite de la gazelle
>
> Samir avait douze ans. Quand il sentit que la gazelle faiblissait, il activa la course du chameau. La bête pantelante, le cœur prêt à éclater dans le poitrail, s'écroula, vaincue. Du haut de sa monture, le garçon se jeta sur elle sans qu'elle tentât le moindre écart.
>
> [...] La gazelle ne se débattit pas. Samir, parce qu'il faisait nuit, ne vit pas ses larmes, et pourtant elle pleura. À la façon des gazelles. Une larme faite de

toute la souffrance, de toute la peur, de la résignation aussi et de la fatigue, de la course trop longue dans le vent brûlant. Une larme qui n'était pas d'un chagrin mais d'un épuisement physique.

[...] Il ne donna pas le coup de poignard, il serra la gazelle contre sa poitrine, lui caressa les flancs, le cou gracile, jusqu'à l'apaisement de tous les frissons. Ses doigts reconnurent chaque détail d'un corps fait pour la liberté.

Jean-Côme Noguès, *15 aventures dans le désert*, © Gautier-Languereau, 1989.

TEXTE 4

DÉSERT n. m. **1.** Lieu inhabité, vide ou peu fréquenté. ✦ *Prêcher, parler dans le désert*, sans être écouté. **2.** **GÉOGR.** Région très sèche, marquée par l'absence ou la pauvreté de la végétation et la rareté du peuplement.

Le Petit Larousse, 1995.

Troisième étape → JE RÉAGIS AU TEXTE

3 **Reproduis** une fiche *Réagir au texte* semblable à celle ci-contre et **remplis-la**. Tu pourras ainsi vérifier certains éléments de la tâche que tu devais accomplir.

Quatrième étape → J'ACCOMPLIS MA TÂCHE

4 En consultant les notes prises au cours de ta lecture, **rédige** un court paragraphe sur la température, la végétation et la population des déserts. **Porte attention** à la construction de tes phrases et à l'orthographe.

Cinquième étape → J'ÉVALUE MA DÉMARCHE DE LECTURE

5 **Reproduis** la fiche *Évaluer ma démarche de lecture* et **remplis-la**. Tu pourras ainsi faire le point sur ce mini-projet, c'est-à-dire identifier les difficultés que tu as éprouvées et déterminer ce que tu devras améliorer pour ton prochain projet de lecture.

Réagir au texte

– Les textes que j'ai choisis ont répondu (peu/partiellement/parfaitement/etc.) ✎ ▨ à mon besoin de lecture.

– Je peux maintenant rédiger (facilement/difficilement/etc.) ✎ ▨ un paragraphe sur la température, la végétation et la population des déserts.

Évaluer ma démarche de lecture

– En lisant ces textes, j'ai éprouvé les difficultés suivantes: ✎ ▨.

– Pour surmonter mes difficultés, j'ai eu recours aux moyens suivants: ✎ ▨.

J'évalue

Complète les deux énoncés suivants:

1. «J'ai trouvé cet atelier (facile/difficile/intéressant/etc.) ✎ ▨ parce que ✎ ▨.»

2. «Les activités que j'ai réalisées dans l'étape ***J'apprends comment faire*** m'ont révélé que je maîtrise (peu/assez bien/très bien/etc.) ✎ ▨ la compétence à comprendre et à appliquer le processus de lecture.»

ÉCRIRE

J'explore

Jan Vermeer, *Dame remettant une lettre à sa servante*, détail (1666-1667). Collection Frick.

QUOI écrire ? (sujet)

Au cours d'une violente tempête de neige, un camarade s'est perdu dans la forêt. En quatre paragraphes de sept à huit lignes chacun,

QUOI écrire ? (Type de texte)

raconte ce dramatique incident.

contraintes

Tu dois décrire l'état physique et moral du héros quand il a été retrouvé et les gestes qu'il a posés pour assurer sa survie.

POURQUOI écrire ? (pour distraire)

Écris ton texte comme s'il devait paraître dans un recueil de récits d'aventures destiné à des élèves de sixième année.

À QUI écrire ? (destinataire)

***

sujet — QUOI écrire ? — aspects — contrainte — QUOI écrire ? (Type de texte)

La forêt a de nombreux ennemis. Dans un texte de 250 mots, décris les principaux ennemis de la forêt québécoise pendant la période estivale, de manière à sensibiliser les jeunes qui séjournent dans des colonies de vacances.

POURQUOI écrire ? (pour informer)

À QUI écrire ? (destinataire)

---

1 Entre les deux tâches qui te sont proposées :
A Laquelle exige que tu fasses des recherches ?
B Laquelle ne fait appel qu'à ton imagination ?

2 Laquelle des deux tâches aimerais-tu réaliser ? Pourquoi ?

3 As-tu déjà écrit des textes semblables à ceux qui sont proposés ? Si oui, comment as-tu procédé ?

4 Complète l'énoncé suivant :

«Les activités 1, 2 et 3 m'ont permis de constater que pour écrire un texte, il faut ✎ ▨▨▨ .»

LES CONNAISSANCES DE CET ATELIER

EN BREF

Pour écrire un texte, il faut...

1. **Planifier l'écriture de son texte,** c'est-à-dire:
   - répondre aux questions *POURQUOI écrire ?*, *QUOI écrire ?* et *À QUI écrire ?*;
   - adopter un point de vue;
   - élaborer le plan de son texte.

2. **Rédiger son texte et le relire** au fil de la rédaction pour réviser la langue et le contenu.

3. **Relire son texte** lorsqu'il est terminé pour faire une dernière révision de la langue et du contenu.

4. **Évaluer sa démarche d'écriture** pour identifier les difficultés éprouvées et les moyens utilisés pour les surmonter.

ÉCRIRE, C'EST COMME CONSTRUIRE UNE MAISON

Construire un gratte-ciel, une maison, une remise, un garage ou une niche pour le chien exige un certain nombre d'opérations qui se déroulent par étapes.

Écrire un texte, c'est un peu comme construire une maison. Il faut effectuer un certain nombre d'opérations et respecter les étapes nécessaires.

BREF,

Écrire un texte, c'est un peu comme construire une maison. Il faut réaliser des opérations en respectant certaines étapes.

	Avant	Pendant	Après
Construire une maison	**Planifier** le déroulement des opérations.	**Construire** une maison, une niche, un gratte-ciel.	**Évaluer** le résultat.
Écrire un texte	**Planifier** l'écriture de son texte.	**Rédiger, relire, modifier, réviser** son texte pour l'améliorer.	**Évaluer** sa démarche d'écriture.

Tout au long de l'année, tu feras des apprentissages liés à ces grandes étapes de l'écriture d'un texte. Le tableau suivant présente une description sommaire des étapes du processus d'écriture.

Processus d'écriture

Première étape → PLANIFIER L'ÉCRITURE DE SON TEXTE

1. Répondre aux trois questions suivantes :

A) *POURQUOI écrire ?*
– Pour le plaisir ?
– Pour accomplir une tâche ?
– Pour apprendre à écrire ?

B) *QUOI écrire ?*
– Dans le cas d'un texte littéraire de type narratif, préciser les composantes de l'histoire à l'aide de la formule **QQOQC** (*Qui ?*, *Quoi ?*, *Où ?*, *Quand ?*, *Comment ?*).
– Dans le cas d'un texte courant de type descriptif, préciser les éléments de la description à l'aide de la formule **QAR** (*Qui* ou *Quoi ?* [sujet du texte], **A**spects du sujet, **R**enseignements sur le sujet et les aspects).
– Tenir compte des contraintes liées au sujet et à la longueur du texte.

C) *À QUI écrire ?* S'il y a lieu, identifier dans la consigne le ou les destinataires du texte.

2. Adopter un point de vue.
– Dans le cas d'un texte littéraire de type narratif, décider si le narrateur ou la narratrice jouera un rôle dans l'histoire et décider de l'utilisation des pronoms en conséquence.
– Dans le cas d'un texte courant de type descriptif, adopter un point de vue (favorable ou défavorable) sur le sujet du texte.

3. Élaborer un plan.
Organiser ses idées et faire un plan en prévoyant une introduction, un développement et une conclusion à l'aide des formules **QAR** ou **QQOQC**.

Deuxième étape → RÉDIGER SON TEXTE, LE RELIRE ET LE MODIFIER AU FIL DE LA RÉDACTION

Rédiger le brouillon de son texte en respectant le plan élaboré et se relire au fur et à mesure pour vérifier :
– si le texte est cohérent et tient compte du point de vue adopté ;
– si les phrases sont bien construites ;
– si les mots sont bien orthographiés.

Troisième étape → RÉVISER SON TEXTE POUR L'AMÉLIORER

Une fois la rédaction de son texte terminée, le relire pour l'améliorer et le corriger, et le transcrire au propre.

Quatrième étape → ÉVALUER SA DÉMARCHE D'ÉCRITURE

Identifier ses forces et ses faiblesses, les difficultés éprouvées et les moyens trouvés pour les surmonter.

BREF,

Pour ÉCRIRE un texte, il faut respecter certaines étapes :

1. planifier l'écriture de son texte ;

2. rédiger son texte en le relisant au fur et à mesure pour apporter les modifications nécessaires ;

3. réviser son texte pour l'améliorer et le corriger ;

4. évaluer sa démarche d'écriture.

Fiches d'écriture

Tout au long de l'année, tu devras écrire des textes et faire des apprentissages systématiques liés au processus d'écriture que tu viens de découvrir.

Dans les pages de ton manuel, tu trouveras des fiches qui t'aideront à atteindre ces objectifs :

Planifier l'écriture de mon texte

(voir exemple, page 22)

Réviser la langue et le contenu de mon texte

(voir exemple, page 22)

J'évalue ma démarche d'écriture

(voir exemple, page 23)

Le fait de remplir ces fiches au cours de l'écriture d'un texte t'obligera à te préoccuper de toutes les étapes du processus et te permettra ainsi d'écrire de meilleurs textes.

À lire pour le plaisir

Vous êtes comme un voyageur, page 50.
La rédac, page 51.

MES CONNAISSANCES
EN BREF

Trouve maintenant une façon personnelle et originale d'expliquer à quelqu'un tes nouvelles connaissances sur le processus d'écriture.

J'apprends Comment faire

Les activités qui suivent vont te permettre de vivre au complet le processus d'écriture dont tu viens de faire l'apprentissage dans cet atelier.

Première étape → JE PLANIFIE L'ÉCRITURE DE MON TEXTE

1 Lis la tâche décrite dans l'encadré de la page suivante et **remplis** une fiche *Planifier l'écriture de mon texte* comme celle qui apparaît sous la description de la tâche.

Pour t'aider à remplir la fiche, tu pourrais reproduire la description de la tâche et l'annoter comme à la page 18.

Depuis septembre, tu fréquentes probablement une nouvelle école. Va visiter la bibliothèque et, par la suite, **écris** un texte de type descriptif de deux paragraphes pour présenter ce lieu à tes parents. Dans le premier paragraphe, tu décriras l'aspect physique de la bibliothèque et, dans le deuxième paragraphe, tu parleras des règlements qui la régissent ou de la personne qui s'en occupe *(bibliothécaire)*.

Consignes d'écriture

A **Écris** une phrase dans laquelle tu présenteras le sujet à tes parents.

B **Rédige** le premier paragraphe.

C **Rédige** le second paragraphe.

D Pour terminer, **rédige** une phrase dans laquelle tu exprimeras clairement ce que tu penses de ce lieu.

Troisième étape → **JE RÉVISE MON TEXTE**

3 Après avoir rédigé ton texte, **relis-le** :

– **une première fois** pour vérifier les éléments de la fiche *Réviser la langue et le contenu de mon texte* et apporter les corrections nécessaires;

– **une deuxième fois** pour vérifier l'orthographe des mots et la construction des phrases où tu avais mis un point d'interrogation, et apporter les corrections nécessaires.

– **une dernière fois** pour ajouter des éléments personnels qui le rendront plus original.

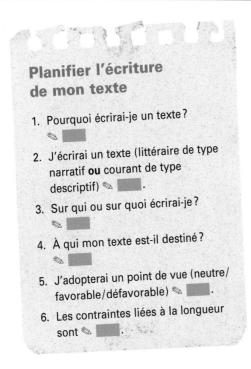

Planifier l'écriture de mon texte

1. Pourquoi écrirai-je un texte?

2. J'écrirai un texte (littéraire de type narratif **ou** courant de type descriptif)

3. Sur qui ou sur quoi écrirai-je?

4. À qui mon texte est-il destiné?

5. J'adopterai un point de vue (neutre/favorable/défavorable)

6. Les contraintes liées à la longueur sont

Deuxième étape → **J'ÉCRIS MON TEXTE**

2 **Rédige** ton texte en respectant les consignes d'écriture ci-dessous. Après chaque consigne :

– **relis** ton texte pour vérifier le contenu à l'aide de la fiche ci-contre, *Réviser la langue et le contenu de mon texte*;

– **mets** un point d'interrogation au-dessus des mots dont l'orthographe te semble douteuse ou des phrases qui pourraient être mieux construites. (Voir *Mes ateliers de grammaire*, ateliers 15 et 2.)

Réviser la langue et le contenu de mon texte

1. Ai-je effectué correctement la tâche imposée?

2. Ai-je tenu compte des destinataires?

3. Mon texte traduit-il le point de vue adopté au départ? Ce point de vue est-il maintenu?

4. Mes phrases sont-elles grammaticales et acceptables?

5. Les mots que j'ai utilisés sont-ils orthographiés correctement (voir page 360)?

Quatrième étape → JE TRANSCRIS MON TEXTE AU PROPRE

4 **Transcris** maintenant ton texte **au propre.**

En transcrivant leur brouillon, les élèves commettent souvent de nombreuses erreurs. N'oublie pas de tenir compte de toutes les corrections que tu as faites à l'étape précédente.

Cinquième étape → J'ÉVALUE MA DÉMARCHE D'ÉCRITURE

5 Après avoir remis ton texte à ton enseignant ou à ton enseignante, **remplis** la fiche *J'évalue ma démarche d'écriture*. **Compare** tes réponses avec celles de quelques camarades et essayez ensemble de déterminer si les étapes du processus d'écriture proposées vous ont été utiles.

J'évalue ma démarche d'écriture

1. En écrivant ce texte,
   - j'ai réussi à ✎ ▢ ;
   - j'ai éprouvé les difficultés suivantes: ✎ ▢.

2. Pour surmonter mes difficultés, j'ai eu recours aux moyens suivants: ✎ ▢.

J'évalue

Complète les deux énoncés suivants:

1. «J'ai trouvé cet atelier (facile/difficile/intéressant/etc.) ✎ ▢ parce que ✎ ▢.»

2. «Les activités que j'ai réalisées dans l'étape *J'apprends comment faire* m'ont révélé que je maîtrise (peu/assez bien/très bien/etc.) ✎ ▢ la compétence à comprendre et à appliquer le processus d'écriture.»

LIRE ET ÉCRIRE

UN TEXTE DE TYPE DESCRIPTIF

Jan Vermeer, *Dame remettant une lettre à sa servante* (1666-1667). Collection Frick.

Mon encyclopédie

PROJET : Écrire un texte de type descriptif pour faire connaître ce que j'aime lire et les textes que j'ai envie de conserver.

ÉTAPES :

1. Explorer le sujet.
2. Accumuler des matériaux.
3. Écrire mon texte et le réviser.
4. Évaluer ma démarche.

FÉLIX LECLERC (1914-1988)
Je suis né le 2 août 1914 [...] mes premières armes [...] publiés dans une [...] *dans l'aube.* [...] de théâtre [...] débuté dans le monde artistique à la radio de Québec, [...] dernier. Pendant les années 1940, j'ai surtout [...] *Andante* et *Adagio.* J'ai [...] ment en 1946.

De quelle sorte d'encyclopédie s'agit-il ?

- En équipe de trois ou quatre élèves, tentez de définir par écrit ce qu'est une encyclopédie. Il serait intéressant, avant d'entreprendre votre travail, d'aller à la bibliothèque de votre école ou de votre municipalité afin de feuilleter quelques encyclopédies.

- Observez attentivement les couvertures d'encyclopédies présentées dans cette page. En équipe de trois ou quatre, faites les activités suivantes en vous inspirant de ces couvertures.

  1. Selon vous, sur quel sujet porte chaque encyclopédie ? Choisissez parmi les suggestions suivantes :
     - culture générale;
     - sciences;
     - loisirs;
     - autre (préciser).

  2. Pouvez-vous identifier le mode d'organisation de l'information choisi par les auteurs de chaque encyclopédie (par thèmes, par ordre alphabétique, etc.) ? Sinon, imaginez un mode d'organisation pour chaque encyclopédie.

  3. À quelle catégorie de lecteurs ou de lectrices chaque encyclopédie est-elle destinée ?

     Comparez vos réponses avec celles d'autres équipes.

- Maintenant, ton enseignant ou ton enseignante te remettra le manuel *Mon encyclopédie*, que tu utiliseras toute l'année dans ton cours de français. Prends quelques minutes pour le feuilleter et trouve quelles en sont les grandes caractéristiques (le sujet, le mode d'organisation, les destinataires, etc.) en répondant aux trois questions précédentes.

Accumuler des matériaux

POURQUOI lire ?

Les ateliers *Lire* et *Écrire* t'ont permis de te familiariser avec les processus de lecture et d'écriture que tu mettras en pratique cette année dans ton cours de français.

Dans l'atelier d'intégration que tu entreprends maintenant, tu écriras quelques paragraphes pour faire connaître à ton entourage les textes que tu aimes lire et que tu as peut-être envie de conserver.

Pour t'aider, tu liras un texte qui décrit comment l'auteur de *Mon encyclopédie* a trouvé et choisi ses textes.

QUOI lire ?

Pour toi qui lis,
(*Mon encyclopédie*, texte d'introduction)

COMMENT lire ?

Planifier ma lecture

Je lirai un texte parce que
 .

Je lirai le texte suivant:
 .

Comment lirai-je ce texte ?
 .

Tu **liras** d'abord **le texte en entier,** puis tu réaliseras les activités proposées.

Enfin, après la lecture du texte, tu pourras compléter la fiche *Le texte en quelques mots* afin de rendre compte de ta compréhension globale du texte.

Pour toi qui lis...

Mon encyclopédie,
texte d'introduction

CONTEXTE

ENCYCLOPÉDIE

Dans l'Antiquité et au Moyen Âge, on trouve déjà des ouvrages dans lesquels on tente de réunir l'ensemble des connaissances de l'époque. Mais c'est au XVIIIe siècle qu'est née l'encyclopédie dans sa forme moderne, liée à l'ordre alphabétique. La plus célèbre est celle de Diderot et d'Alembert (parue de 1751 à 1772). Cette encyclopédie contenait plus de 1 000 articles touchant à la philosophie, à la morale, à la religion, à la politique, à l'économie et aux arts appliqués.

Avant la lecture

Pour réaliser les activités suivantes, tu dois avoir en main le manuel *Mon encyclopédie*.

1. Qui est l'auteur de ce livre ?

2. De quelle collection ce manuel fait-il partie ?

3. Combien y a-t-il de pages dans *Mon encyclopédie* ?

4. Que trouves-tu dans la table des matières de ce livre ?

5. Que trouves-tu dans les deux index de ce livre ?

6. Repère dans *Mon encyclopédie* cinq pages qui t'intéressent particulièrement et précise pourquoi. Montre ensuite le livre à tes parents et demande-leur de faire le même exercice. Comparez vos choix et les raisons de vos choix.

Après la lecture

1 À qui s'adresse ce texte ?

   a) Relève un mot qui révèle que l'auteur s'adresse à une seule personne.

   b) Relève une phrase qui contient une information sur la personne à qui l'auteur s'adresse.

2 Dans le deuxième paragraphe, l'auteur évoque deux raisons pour lesquelles on lit habituellement. Quelles sont-elles ?

3 Dans le troisième paragraphe, l'auteur précise les diverses réactions qu'il a eues en lisant les textes qu'il propose dans son encyclopédie.

a) Relève la phrase qui les révèle.

b) Nomme une autre réaction que tu peux avoir en lisant un texte.

4 a) Dans les quatrième, cinquième et sixième paragraphes, l'auteur révèle les thèmes ou les sujets qui l'intéressent quand il lit. Nommes-en deux.

b) Quel genre de textes passionne l'auteur ?

5 Dans un des paragraphes, l'auteur décrit les différentes activités qui l'ont amené à constituer son encyclopédie. Quelles sont-elles ?

6 Relève trois mots ou expressions dans le texte qui révèlent que l'auteur n'a pas écrit un texte neutre, mais plutôt un texte où il exprime ses émotions, ses goûts, ses sentiments.

7 L'auteur a donné le nom d'*encyclopédie* à son recueil de textes. Quel autre mot ou expression pourrait désigner un ensemble de textes que l'on a aimé lire et que l'on aimerait conserver ?

8 L'auteur a écrit son texte pour te donner envie de lire son encyclopédie. À ton avis, a-t-il atteint son objectif ? Précise ce qui, dans son texte, a pu influencer ta décision.

Le texte en quelques mots

Pour toi qui lis...

Le contenu du texte

Dans ce texte, on parle de ✎ ▮▮▮.

L'organisation du texte

– Dans les paragraphes 1 et 2, on dit que ✎ ▮▮▮.

– Dans les paragraphes 3 à 7, on parle de ✎ ▮▮▮.

– Dans le paragraphe 8, on me propose de ✎ ▮▮▮.

Le point de vue

Je pense que l'auteur a un point de vue (neutre/favorable/défavorable) ✎ ▮▮▮ sur la lecture, parce que ✎ ▮▮▮.

Réagir au texte

Ce texte m'a permis de découvrir que ✎ ▮▮▮.

J'ai (peu/assez/beaucoup, etc.) ✎ ▮▮▮ aimé ce texte parce que ✎ ▮▮▮.

Évaluer ma démarche de lecture

– J'ai particulièrement bien réussi les activités ✎ ▮▮▮.

– J'ai éprouvé des difficultés dans les activités ✎ ▮▮▮.

De la lecture à l'écriture

Titre du texte: –   *Pour toi qui lis...*

L'activité de lecture que tu viens de terminer visait à te permettre d'accumuler des matériaux afin d'écrire un texte sur tes goûts en lecture. En quelques phrases, précise maintenant quels éléments du texte lu pourraient t'être utiles pour l'écriture de ton propre texte.

Dans la première phrase, tu pourrais dire si tu as aimé les activités qui accompagnent ce texte.

Dans la deuxième phrase, tu pourrais préciser dans quelle mesure ces activités t'aideront à écrire ton propre texte.

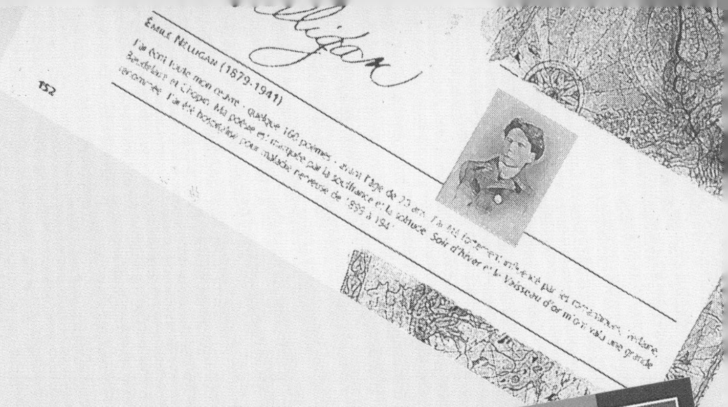

Écrire mon texte

Le moment est venu d'écrire un texte de type descriptif pour faire connaître tes goûts en lecture à ton enseignant ou à ton enseignante.

Texte à écrire

POURQUOI ÉCRIRE ?

Pour faire connaître mes goûts en lecture.

QUOI ÉCRIRE ?

Trois paragraphes de 5 à 10 lignes chacun (de 50 à 100 mots chacun) sur la lecture.

À QUI ÉCRIRE ?

À mon enseignant ou à mon enseignante de français.

◆ **OUVRAGES DE RÉFÉRENCE PERMIS :**

– Mon encyclopédie;

– dictionnaire, grammaire et tout autre ouvrage pertinent.

◆ **ÉLÉMENTS NOTIONNELS À APPLIQUER ET À VÉRIFIER :**

– le processus d'écriture;

– l'orthographe d'usage des mots (voir Je révise et je corrige l'orthographe des mots, page 360);

– la structure des phrases (voir Je révise et je corrige les phrases, n°s 1 et 2, page 360).

Planifier l'écriture de mon texte

1. Pourquoi écrirai-je un texte ?
2. Sur quoi écrirai-je ce texte ?
3. À qui mon texte est-il destiné ?

Contraintes d'écriture

La lecture de l'introduction du manuel *Mon encyclopédie* t'a permis de découvrir que l'on peut aimer des textes assez pour avoir envie de les conserver ou de les faire lire à quelqu'un. L'occasion t'est maintenant offerte de faire connaître à ton enseignant ou à ton enseignante de français le genre de textes que tu aimes lire et les sujets qui te passionnent.

Tu dois rédiger un texte de type descriptif de trois paragraphes de 5 à 10 lignes chacun (de 50 à 100 mots) pour faire connaître les sujets qui t'intéressent et le genre de textes que tu apprécies.

Ce texte est probablement le premier que tu écris cette année. Il serait intéressant que tu profites de l'occasion pour faire découvrir à ton enseignant ou à ton enseignante de français les connaissances que tu as acquises en orthographe et en syntaxe pendant ton cours primaire. Essaie de corriger le plus d'erreurs possible avant de remettre ton texte.

Marche à suivre

Réalise les activités suivantes l'une à la suite de l'autre. Au fur et à mesure de ta rédaction, arrête-toi pour vérifier le contenu et la langue de ton texte à l'aide de la fiche *Réviser la langue et le contenu de mon texte*, page 32.

1. Rédiger des phrases

Les activités présentées dans l'encadré ci-dessous t'aideront à rédiger tes trois paragraphes sans trop de difficulté.

Extraits du texte *Pour toi qui lis...*	Consignes d'écriture pour chacun des paragraphes à écrire
«Pourtant, n'entends-tu pas plein de gens autour de toi dire que les jeunes ne lisent pas ou, pire, qu'ils ne savent pas lire?»	**1er paragraphe** Rédige quelques phrases dans lesquelles tu fais connaître ton goût pour la lecture. Ton paragraphe pourrait débuter ainsi: – «J'aime lire parce que...» – «Je n'aime pas beaucoup lire parce que...»
«[...] tout ce qui touche l'apprentissage de la lecture et de l'écriture me passionne [...] L'inusité m'intéresse toujours.»	**2e paragraphe** En quelques lignes, fais connaître les sujets qui te passionnent, puis précise le genre de textes que tu lis habituellement.
«Ces textes sont regroupés sous des rubriques classées selon l'ordre alphabétique.»	**3e paragraphe** Si tu décidais de constituer un recueil des textes que tu aimes, comment les regrouperais-tu? Rédige quelques lignes pour expliquer l'organisation de ton recueil.

2. Rédiger une phrase d'introduction et une phrase de conclusion

Rédige maintenant une phrase qui pourrait servir d'introduction à ton texte. Relis ton texte et rédige ensuite une courte phrase pour le conclure.

3. Réviser le texte

Après avoir relu ton texte en faisant les vérifications demandées dans la fiche *Réviser la langue et le contenu de mon texte*, transcris-le au propre afin de le remettre à ton enseignant ou à ton enseignante.

Critères d'évaluation

Avant de remettre ton texte, vérifie si tu as respecté les critères d'évaluation énumérés ci-dessous et qui guideront ton enseignant ou ton enseignante dans sa correction. Tu pourras ainsi modifier ton texte une dernière fois.

CRITÈRES D'ÉVALUATION

☑ **1.** L'élève a traité le sujet imposé.

☑ **2.** L'élève a respecté l'intention de communication.

☑ **3.** L'élève a tenu compte du destinataire.

☑ **4.** L'élève a écrit un texte de la longueur demandée (entre 150 et 300 mots).

☑ **5.** L'élève a suivi les différentes étapes du processus d'écriture.

☑ **6.** L'élève a rédigé des phrases grammaticales et acceptables.

Réviser la langue et le contenu de mon texte

1. Ai-je effectué correctement la tâche imposée ?

2. Ai-je tenu compte des destinataires ?

3. Mon texte traduit-il le point de vue adopté au départ ? Ce point de vue est-il maintenu ?

4. Mes phrases sont-elles grammaticales et acceptables ?

5. Les mots que j'ai utilisés sont-ils orthographiés correctement (voir page 360) ?

Relire mon texte

Avant de transcrire mon texte au propre, je dois le relire:

– une première fois pour vérifier la langue et le contenu, et apporter les corrections nécessaires;

– une deuxième fois, à l'aide des stratégies apprises, pour vérifier si mes phrases sont bien construites.

Évaluer ma démarche

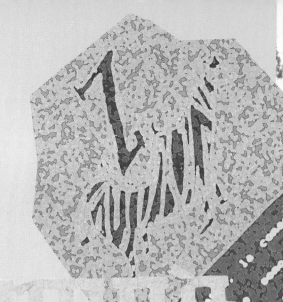

Rédige un court texte qui rendra compte de ta démarche d'écriture.

J'évalue ma démarche d'écriture

Titre du texte: 🖊 █████   **Date de production:** 🖊 █████

Dans ce texte , tu pourrais dire pourquoi l'exercice d'écriture que tu as réalisé t'a aidé à présenter tes goûts en lecture à ton enseignant ou à ton enseignante.

Complète les énoncés suivants:

– «J'ai (peu/assez/beaucoup/etc.) 🖊 █████ aimé faire ce projet parce que 🖊 █████ .»

– «Mes plus grandes difficultés ont été de 🖊 █████ . Pour les surmonter, j'ai eu recours aux moyens suivants: 🖊 █████ .»

2 LE ROMAN

Miyuki Tanobe, *Le mariage de Florentine* (1982).

Les toiles reproduites dans cette séquence ont illustré le roman *Bonheur d'occasion* de Gabrielle Roy, aux Éditions internationales Alain Stanké, 1982.

**PLAISIR
DE LIRE**

Lire un roman
et le faire connaître
à la classe.

L a séquence d'apprentissage
que tu entreprends maintenant
est la première de trois séquences
consacrées au roman.

Dans cette première séquence,
tu réfléchiras sur les facteurs qui suscitent
l'envie de **lire un roman**.

Miyuki Tanobe, *Départ pour l'église* (1982).

**COMPÉTENCE
À DÉVELOPPER**

• Lire un texte de type narratif

**ATELIER D'ACQUISITION
DE CONNAISSANCES**

Atelier :

3 Reconnaître
ce qui suscite l'envie
de lire un roman   page 36

**ATELIER
D'INTÉGRATION**

Réalisation du projet :
• Lire un roman et
le présenter dans le cadre
d'une émission
de télévision   page 51

RECONNAÎTRE
CE QUI SUSCITE L'ENVIE
DE LIRE UN ROMAN

Miyuki Tanobe, *Florentine perdue dans ses pensées*, détail (1982).

J'explore

QUI ?

QUI ?

OÙ ?

QUI ?

QUI ?

OÙ ?

OÙ ?

1 Tu as sûrement déjà lu des romans. Le contenu de la couverture t'aide-t-il généralement à choisir un roman? Si oui, indique quels éléments t'influencent.

2 Observe bien les couvertures ci-dessus.

A Qu'ont-elles en commun? Qu'est-ce qui les distingue? Dresse une liste des éléments semblables et des éléments différents.

B En te basant sur tes observations, quel roman préférerais-tu lire? Attribue à chacun une note sur 10 selon l'intérêt qu'il suscite chez toi, et justifie ton choix.

3 À ton avis, que raconte le roman qui te semble le plus intéressant? Imagines-en l'histoire et résume-la en quelques phrases.

4 Complète l'énoncé suivant:

«Les activités 1, 2 et 3 m'ont permis de découvrir que les couvertures des romans ✎ ▨▨▨ .»

Un roman est un **récit** qui présente une **intrigue** mettant en scène des **personnages** qui vivent des **aventures** dans des **lieux** et des **temps définis**.

La couverture d'un roman contient souvent des indices reliés aux **éléments de l'histoire** :
- les **personnages** ;
- les **lieux** ;
- l'**action** ;
- l'**époque**.

La quatrième de couverture, en plus de révéler certains renseignements sur le roman, contient des éléments qui donnent envie de le lire.

J'apprends

APPRIVOISER LE ROMAN

Lorsque tu te trouves dans une librairie ou une bibliothèque, il arrive que la couverture d'un roman attire ton regard. Tu le prends alors dans tes mains pour l'examiner d'un peu plus près. Tu observes la couverture, tu enregistres le titre, ton regard se porte sur un détail de l'illustration, tu retournes le livre pour lire le texte de présentation qui se trouve à l'arrière. Tout à coup, tu as envie de lire ce livre : il a piqué ta curiosité. Tu as alors franchi la première étape de la lecture d'un roman, car cette démarche t'a permis de découvrir les diverses composantes de l'histoire que tu vas lire.

> **BREF,**
>
> L'examen de la couverture constitue la première étape de la lecture d'un roman.

DÉCOUVRIR LES COMPOSANTES DE L'HISTOIRE

QUI ?   QUOI ?

Un roman est un récit qui présente une intrigue mettant en scène des personnages qui vivent des aventures dans des lieux et des temps définis.

OÙ ?   QUAND ?   QUOI ?

> **BREF,**
>
> Un roman est un récit qui présente une intrigue mettant en scène des personnages qui vivent des aventures dans des lieux et des temps définis.

LA COUVERTURE

On a l'habitude de compter les faces d'une couverture comme les pages d'un livre, la première étant la *première de couverture*, et la dernière, la *quatrième de couverture*.

La première de couverture

L'analyse de la première de couverture d'un roman te permet de découvrir certaines composantes de l'histoire et le genre auquel il appartient. Cette analyse te permet aussi de découvrir des éléments qui peuvent susciter l'envie de lire ce roman.

Sur la première de couverture, tu trouves généralement:
– le titre;
– le nom de l'auteur ou de l'auteure;
– l'illustration;
– le nom de l'éditeur;

et parfois:
– le nom de la collection;
– le public visé.

Le nom de l'auteur ou de l'auteure, ou encore le nom de la collection suffisent parfois à convaincre certaines personnes de lire un roman. Mais, le plus souvent, ce sont les éléments qui fournissent des indices sur l'histoire qui contribuent le plus à piquer la curiosité des lecteurs et des lectrices. **La première de couverture** t'aide donc à pénétrer dans l'univers du roman en te fournissant **des réponses aux questions** *Qui ?, Quoi ?, Où ?* et *Quand ?*

BREF,

La première de couverture d'un roman contient des indices sur l'histoire:

– les personnages;

– les lieux;

– les actions;

– l'époque.

Le titre

Le titre peut présenter un personnage, un lieu ou une action importante du roman.

Personnage: – *L'Œil du Loup* (Qui ?)
Lieu: – *Au pays du condor* (Où ?)
Action importante: – *Le Faucon déniché* (Quoi ?)

Le titre peut être plutôt neutre *(Le Sixième Jour; Jeanne, fille du roy)* ou très évocateur *(Un jeu dangereux; Descente aux enfers; Ah ! si j'étais un monstre).*

L'illustration

Comme le titre, l'illustration met parfois en scène **le héros ou l'héroïne** du roman, ainsi que tu peux le constater sur les deux couvertures présentées à la page 36.

On peut aussi y trouver des indices liés **au lieu et à l'action**. Par exemple, le grillage sur la première de couverture du roman *L'Œil du Loup* évoque la cage d'un zoo (un lieu), tandis que la glace sur la première de couverture du roman *Julie des Loups* fait penser que l'action se déroule dans un pays froid (un lieu). L'illustration te renseigne aussi très souvent sur le genre de roman dont il s'agit: roman de science-fiction, roman policier, roman historique, etc.

À lire pour le plaisir
L'Auberge de l'Ange-Gardien, page 126.

La quatrième de couverture

La quatrième de couverture permet souvent d'imaginer l'histoire qui sera racontée, car on y trouve généralement un résumé du roman.

En outre, on recourt fréquemment à des procédés «publicitaires» pour inciter à la lecture.

Par exemple, on peut:
- piquer la curiosité du lecteur ou de la lectrice à l'aide de questions;
- présenter un extrait du roman particulièrement évocateur;
- présenter le héros ou l'héroïne de manière attachante;
- présenter un condensé de l'histoire de manière à susciter l'envie d'en savoir plus;
- mentionner les prix littéraires remportés par l'auteur ou l'auteure du roman;
- etc.

Observe les quatrièmes de couverture suivantes:

BREF,

La quatrième de couverture est conçue de manière à susciter l'envie de lire le roman.

À l'étape **J'explore**, à partir des indices présentés sur les premières de couverture, tu as choisi le roman qui t'intéressait le plus.

Maintenant que tu as lu la quatrième de couverture de ces mêmes romans, maintiens-tu ton choix ? Réévalue la note que tu avais attribuée à chaque roman et explique, s'il y a lieu, les changements que tu apporterais.

LE DÉBUT DU ROMAN

BREF,

Le début du roman permet de pénétrer dans l'univers créé par l'auteur ou l'auteure.

Il existe enfin un dernier moyen pour avoir une idée de l'histoire racontée dans un roman et vérifier si on a envie de le lire, c'est le début même du roman.

La première page du roman constitue en effet la porte d'entrée privilégiée pour pénétrer dans l'univers créé par l'auteur ou l'auteure. C'est dans cette première page qu'apparaissent habituellement le personnage principal et le lieu où se déroule l'action. C'est aussi dans la première page que l'on apprend à quelle époque se déroule l'histoire de même que le genre auquel appartient le roman. Si la couverture te permet de découvrir les diverses composantes de l'histoire en te donnant envie de lire le roman, c'est la lecture de la première page qui confirmera que tu as fait le bon choix et qui te décidera à poursuivre ta lecture.

Voici le début de chacun des romans sur lesquels tu as travaillé à l'étape **J'explore**. Les annotations qui les accompagnent illustrent comment chacun de ces extraits te permet de pénétrer dans l'univers du roman.

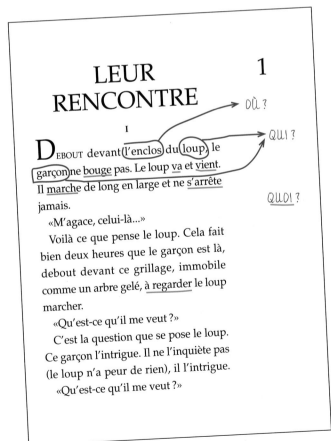

Daniel PENNAC, *L'Œil du Loup*, © Nathan, 1994.

Jean CRAIGHEAD GEORGE, *Julie des Loups*, © Nathan, 1983.

Les fiches qui suivent contiennent tous les éléments auxquels tu peux prêter attention lorsque tu abordes un roman. De telles fiches te seront utiles au moment de la réalisation du projet, lorsque tu devras faire connaître aux autres élèves les raisons qui t'ont donné le goût de lire le roman que tu auras choisi.

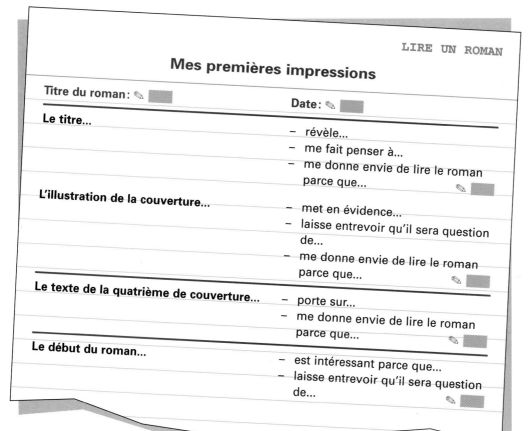

LIRE UN ROMAN

Identification du roman

Titre : ✎ ▨

Auteur ou auteure : ✎ ▨

Maison d'édition : ✎ ▨

Collection : ✎ ▨

Année de publication : ✎ ▨

Public visé : ✎ ▨

Genre : ✎ ▨

Nombre de pages : ✎ ▨

LIRE UN ROMAN

Mes premières impressions

Titre du roman : ✎ ▨   **Date :** ✎ ▨

Le titre...
– révèle...
– me fait penser à...
– me donne envie de lire le roman parce que...   ✎ ▨

L'illustration de la couverture...
– met en évidence...
– laisse entrevoir qu'il sera question de...
– me donne envie de lire le roman parce que...   ✎ ▨

Le texte de la quatrième de couverture...
– porte sur...
– me donne envie de lire le roman parce que...   ✎ ▨

Le début du roman...
– est intéressant parce que...
– laisse entrevoir qu'il sera question de...   ✎ ▨

MES CONNAISSANCES

EN BREF

Trouve maintenant une façon personnelle et originale d'expliquer à quelqu'un tes nouvelles connaissances sur le roman.

Les romans t'intéressent? Voici des **classiques** et des **auteurs** de toutes les époques à découvrir.

Louisa May Alcott, *Les Quatre Filles du Dr March*

LOUISA MAY ALCOTT (1832-1888)

Écrivaine américaine. «[...] elle n'avait que seize ans quand elle écrivit son premier livre. [...] Son roman *Les Quatre Filles du Dr March* [...] tableau plein de charme de la vie américaine dans la seconde moitié du XIXᵉ siècle, remporta un si vif succès qu'elle en publia une suite en 1869.» *(Le Petit Robert 2)*

Mots clés: Adolescence - Famille - Amitié - États-Unis - Romantisme

Henri Bosco, *L'Enfant et la Rivière*

HENRI BOSCO (1888-1976)

Écrivain français. «Dès son premier roman [...] apparaît cette alternance du mystère et de la réalité quotidienne, au sein d'un monde paysan régi par des croyances ancestrales. [...] «Je n'écris pas – dit-il –: je transcris – et ce sont des hallucinations que je transcris.» *(Le Petit Robert 2)*

Mots clés: Sens de la vie - Adolescence - Relations jeunes-adultes - Eau - Aventures - Nature

Joseph Kessel, *Le Lion*

JOSEPH KESSEL (1898-1979)

Écrivain et journaliste français. Aviateur pendant la Seconde Guerre mondiale, il découvrit alors «cette fraternité virile au sein des combats, qui sera désormais le thème privilégié de son œuvre romanesque. [...] Cette littérature de l'action est souvent la matière romancée des grands reportages que J. Kessel est appelé à effectuer au cours de sa carrière de journaliste; il est curieux du monde qu'il sait évoquer de façon réaliste et vivante. [...] *Le Lion* se passe au Kenya.» *(Le Petit Robert 2)*

Mots clés: Amitié - Animaux - Lion - Afrique - Kenya - Paradis - Blancs - Noirs

Mark Twain, *Les Aventures de Tom Sawyer*

MARK TWAIN (1835-1910)

Écrivain américain. «Il commence à travailler à l'âge de 12 ans. Il est typographe, prospecteur, pilote de bateau et finalement journaliste. Son œuvre est marquée par un humour et une critique de la société américaine. [...] Son écriture originale et sa description du langage populaire en font un des plus importants écrivains américains.» *(CEC Intermédiaire)*

Mots clés: Aventures - États-Unis - Humour - Enfance - Amour - Espiègleries

Richard Wright, *Black Boy: jeunesse noire*

RICHARD WRIGHT (1908-1960)

Écrivain américain. «L'auteur raconte sa difficile enfance dans le sud des États-Unis. [...] Richard Wright est un des premiers auteurs noirs des États-Unis qui a donné un point de vue noir sur la société américaine.» *(De la lecture... à la culture,* Services documentaires multimédia inc.)

Mots clés: Autobiographie - Racisme - États-Unis - Tolérance - Isolement - Culpabilité - Errance

J'apprends Comment faire

LE TITRE ET L'AUTEUR OU L'AUTEURE

1 Les noms cités dans l'encadré sont ceux d'auteurs et d'auteures de romans.

A **Relève** les noms que tu connais.

B Pour chacun des noms que tu as relevés, **indique** :
- s'il s'agit d'un auteur québécois ou d'une auteure québécoise;
- si tu connais un de ses romans;
- si tu as déjà lu un de ses romans et, si oui, lequel.

> Ginette Anfousse, Isaac Asimov, la comtesse de Ségur, Chrystine Brouillet, Antoine de Saint-Exupéry, Dominique Demers, Sylvie Desrosiers, Christiane Duchesne, François Gravel, Jack London, Suzanne Martel, Daniel Pennac, Raymond Plante, Sonia Sarfati, Daniel Sernine, Robert Soulières.

2 **A** **Précise** le ou les éléments mis en évidence dans chacun des titres de l'encadré ci-dessous (personnages, lieux, action).

Un titre peut mettre plus d'un élément en évidence.

B **Précise** dans chaque cas si ce titre te donne envie de lire le roman.

> - *Aller retour*
> - *Antoine et Alfred*
> - *Le Club des cinq*
> - *L'enfant qui disait n'importe quoi*
> - *La Vraie Histoire du chien de Clara Vic*
> - *L'Arrivée des inactifs*
> - *Le Bagarreur*
> - *L'Église fantôme*
> - *La Fille à la mini-moto*
> - *L'Ordinateur égaré*

L'ILLUSTRATION DE LA PREMIÈRE DE COUVERTURE

3 **Observe** bien les deux premières de couverture ci-dessous.

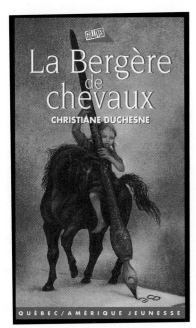

A **Décris** en quelques phrases chacune des illustrations.

B Quels éléments mettent-elles en évidence (personnages, lieux, action) ?

C Quelle illustration te donne le plus envie de connaître l'histoire qu'elle évoque ? **Explique** pourquoi.

LA QUATRIÈME DE COUVERTURE

4 **Observe** les quatrièmes de couverture ci-dessous.

A Quels moyens ont été utilisés sur ces quatrièmes de couverture pour te donner envie de lire le roman ?

Au besoin, consulte les moyens énumérés à la page 39.

B Lequel aurais-tu le plus envie de lire ? Pourquoi ?

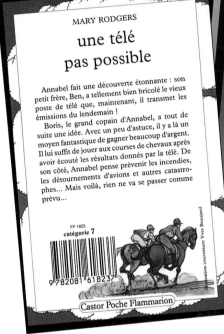

MARY RODGERS

une télé pas possible

Annabel fait une découverte étonnante : son petit frère, Ben, a tellement bien bricolé le vieux poste de télé que, maintenant, il transmet les émissions du lendemain !

Boris, le grand copain d'Annabel, a tout de suite une idée. Avec un peu d'astuce, il y a là un moyen fantastique de gagner beaucoup d'argent. Il lui suffit de jouer aux courses de chevaux après avoir écouté les résultats donnés par la télé. De son côté, Annabel pense prévenir les incendies, les détournements d'avions et autres catastrophes... Mais voilà, rien ne va se passer comme prévu...

FP 1823
catégorie 7

9 782081 618237

Castor Poche Flammarion

SÉRIE CHAIR DE POULE

LE FANTÔME DE L'AUDITORIUM
Spectacle maudit ?

Mary et son ami Patrick ont obtenu en récompense les rôles principaux dans la pièce de fin d'année « Le fantôme de l'auditorium ». Mais qui s'amuse à faire des plaisanteries qui frôlent la tragédie pendant les répétitions ? Qui essaie de saboter le spectacle ? La pièce serait-elle maudite ?

ATTENTION DANGER
FRISSONS GARANTIS
ATTENTION DANGER

À PARTIR DE 9-10 ANS

9 782227 729131

TEXTE INTÉGRAL / CODE PRIX : BP 7

LE DÉBUT DU ROMAN

5 **Lis** les extraits qui suivent. Il s'agit de deux débuts de romans différents.

Comme des acrobates miniatures, les dernières feuilles d'automne me tombent dessus. J'ai les mains glacées, les pieds gelés et les nerfs en boule. J'ai l'impression de me tenir dans des souliers trop grands: ceux d'un détective ! Je ne suis pourtant qu'un simple journaliste du monde des arts et du spectacle. Or, depuis une heure, caché derrière des arbres, j'attends la fin du jour pour m'élever au-dessus de cette clôture métallique, sans que personne me voie. J'ai l'impression de jouer les Sherlock Holmes, Arsène Lupin et Terminator, tout cela dans la même soirée, tout cela par un temps glacial, et tout cela à cause du patron du journal où je travaille:

– Jacques! avait lancé M. Corriveau. Faut que tu perces ce mystère!

Yvon BROCHU, *On n'est pas des monstres*,
© Québec/Amérique Jeunesse,
coll. «Gulliver», 1992.

Il n'y avait rien que Guillaume détestait plus que le premier jour d'école. Chaque année, le même cauchemar recommençait. Cette fois-ci, il devait affronter Mme Fafard, une nouvelle maîtresse qui ne semblait pas très sympathique. Ses cheveux étaient noirs et lisses, coiffés par en arrière, et ses lèvres barbouillées de rouge couleur sang. Elle portait une robe brune décorée de boutons dorés qui la faisait ressembler à un général de l'armée. Et elle ne connaissait pas Guillaume, ce qui la rendait plus terrifiante: elle ne pouvait donc pas savoir qu'il avait un très gros problème.

François GRAVEL, *Guillaume*,
© Québec/Amérique Jeunesse,
coll. «Gulliver», 1995.

A Dans chaque extrait, **relève** les mots et les expressions qui indiquent:
– où va se dérouler l'action;
– quels seront les personnages;
– quelle pourrait être l'intrigue.

B Lequel de ces deux extraits te donne le plus envie d'en savoir davantage ? Pourquoi ?

Je sais comment faire quand je lis

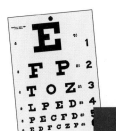

POUR RECONNAÎTRE LES FACTEURS QUI SUSCITENT L'ENVIE DE LIRE UN ROMAN

SYNTHÈSE DES STRATÉGIES DE LECTURE

Quand ça va bien !

Quand tu trouves à la librairie ou à la bibliothèque un roman que tu as envie de lire :

- prends le temps d'examiner la couverture : tu pourras y découvrir des éléments qui te fourniront des pistes de lecture intéressantes ;
- lis le début du roman et essaie d'imaginer la suite pour te mettre en appétit.

Consignes

Observe la couverture reproduite à la page suivante et **trouves-y** les renseignements suivants :

1. Selon toi, qui est le héros ou l'héroïne de ce roman ?

2. Où se déroule l'histoire ?

3. Quels indices te permettent d'imaginer certains éléments de l'histoire ? **Résume** en quelques phrases ce qui se passe dans ce roman selon toi.

4. **Précise** quels éléments de la couverture pourraient susciter l'envie de lire ce roman.

Jean-Côme Noguès
Le faucon déniché

Jean-Côme Noguès
Le faucon déniché

Martin a un secret : il cache un jeune faucon qu'il réussit à apprivoiser. C'est une aventure dangereuse car, en ce temps-là, un petit paysan risque la prison s'il garde pour lui l'oiseau réservé aux chasses du seigneur.

Mais Martin s'en moque, il refuse de se soumettre et rien ne l'arrêtera.

Pour les 8-12 ans

9 782010 164750   32.0636.4 - 10.1994   Code prix H5

D'après Pierre Faucheux / Illustration de Christophe Durud

Si tu es en panne

STRATÉGIES

À l'école, on te demande de lire un roman que tu n'as pas choisi. Or, ni le titre, ni la couverture, ni la première page ne te donnent envie de lire ce roman. Comment faire ?

1.
Identifie le héros ou l'héroïne de l'histoire à l'aide de la couverture ou en lisant le début du roman.

2.
Essaie de découvrir où l'histoire se déroule.

3.
Sur une feuille, **décris** brièvement comment tu imagines le héros ou l'héroïne et les lieux où l'histoire se déroule.

4.
À l'aide du titre, de l'illustration et, s'il y a lieu, de la quatrième de couverture, essaie de trouver des indices qui te permettent d'imaginer certains éléments de l'histoire.

5.
Sur une feuille, en une phrase, **imagine** une situation dans laquelle pourrait se retrouver le héros ou l'héroïne.

Ce court exercice te permettra sûrement d'apprécier l'un ou l'autre des éléments du roman. De plus, tu voudras probablement vérifier si ce que tu as imaginé est juste. Tu devrais donc avoir deux bonnes raisons de lire le roman !

Je fais le point

1. Quelles stratégies as-tu trouvées les plus utiles ?

2. Peut-être as-tu besoin d'activités supplémentaires pour maîtriser la compétence à reconnaître ce qui suscite l'envie de lire un roman ? Si oui, ton enseignant ou ton enseignante t'en remettra.

Je sais comment faire quand j'écris

POUR IMAGINER UN UNIVERS NARRATIF

• FICHE DESCRIPTIVE •

Préalables:
- Atelier 3: *Reconnaître ce qui suscite l'envie de lire un roman* (pages 36 à 48).
- Ateliers de grammaire 3, 4 et 5 (voir *Mes ateliers de grammaire*).

Objectifs:
- Écrire un court texte pour présenter les composantes de l'histoire d'un roman que tu aimerais écrire.
- Mettre en pratique des stratégies de révision de texte:
  - *Je révise et je corrige les verbes* (page 358).
  - Les autres stratégies que tu connais et dont tu as encore besoin.

La couverture

Tu as écrit un roman et tu dois en concevoir la couverture.

Contraintes d'écriture

1. **Trouve** le titre de ton roman.
2. En quelques phrases, **présente** les personnages, les lieux et l'action qui pourraient influencer la conception de l'illustration de la couverture.
3. **Essaie d'imaginer** une illustration qui te donnerait, à toi, envie de lire le livre simplement à la regarder. Fais-en une courte description et, si tu le désires, fais-en aussi le croquis.
4. **Imagine** maintenant le contenu de la quatrième de couverture de ton roman. Tu peux utiliser un ou plusieurs des procédés ci-dessous:
   - poser des questions pour piquer la curiosité des lecteurs ou des lectrices;
   - présenter un extrait du roman particulièrement évocateur;
   - présenter le héros ou l'héroïne de manière attachante;
   - présenter un condensé de l'histoire de manière à susciter l'envie d'en savoir davantage;
   - mentionner les prix littéraires que tu as remportés.

J'évalue

Complète les deux énoncés suivants :

1. «J'ai trouvé cet atelier (facile/difficile/intéressant/etc.) ✎ ▇ parce que ✎ ▇.»

2. «Les activités que j'ai réalisées dans les étapes *J'apprends comment faire* et *Je sais comment faire...* m'ont révélé que je maîtrise (peu/assez bien/très bien/etc.) ✎ ▇ la compétence à reconnaître les facteurs qui suscitent l'envie de lire un roman.

ATELIER D'INTÉGRATION

LIRE UN TEXTE DE TYPE NARRATIF
ET PARTICIPER À UNE DISCUSSION

Miyuki Tanobe, *Florentine perdue dans ses pensées* (1982).

Plaisir de lire

PROJET : Lire un roman et participer à l'émission de télévision plaisir de lire pour en parler.

ÉTAPES :

1. Choisir un roman et le lire (Passeport-lecture).
2. Planifier ma participation à l'émission.
3. Me préparer.
4. Faire un essai.
5. Évaluer ma démarche.

La lecture, un passeport pour le monde

Tu sais maintenant que lire, c'est comme voyager. Cette année, tu feras au moins quatre voyages intéressants puisque le programme *Passeport-lecture* t'amènera à lire quatre romans. Chacun te fera connaître des personnes, des paysages, des façons différentes de voir le monde. Comme tout voyageur ou toute voyageuse, tu t'arrêteras et tu compareras l'univers de chacun de ces romans à ton propre univers.

Première destination

Le projet de communication orale présenté à la page précédente exige que tu lises un roman, le premier dans le cadre du programme *Passeport-lecture*.

Le roman que tu liras, c'est un peu comme un nouveau pays que tu visiterais. As-tu choisi ta première destination ou t'a-t-elle été imposée ? Peut-être n'es-tu pas seul ou seule à décider ?

Remplis une fiche *Identification du roman* en suivant le modèle de la page 41.

Durée du voyage

Ton voyage sera-t-il de courte ou de longue durée ?

Impressions de voyage

Après avoir lu ton roman, il serait utile que tu notes les raisons qui t'ont donné envie de le lire et que tu précises s'il correspond à ce que tu avais imaginé. Cela te rendra la tâche plus aisée au moment de ta participation à l'émission.

Pour ce faire, remplis une fiche *Mes premières impressions* en suivant le modèle de la page 41.

Bonne lecture ! Bon voyage !

Tous les élèves de la classe ont lu des romans différents. Il serait intéressant maintenant de discuter des **raisons qui ont incité chacun et chacune à lire un roman** en particulier.

Cette discussion pourrait se tenir au cours d'une émission de télévision où chaque élève prendra la parole au moins une fois **pendant deux ou trois minutes** pour présenter:

- les renseignements qui permettront d'identifier le roman qu'il ou elle a lu;
- les éléments qui ont suscité l'envie de lire ce roman;
- ses réactions personnelles à la suite de la lecture du roman.

Ton enseignant ou ton enseignante pourra agir comme animateur ou animatrice de l'émission et faire les interventions nécessaires à son bon déroulement.

L'objectif de la discussion sera de permettre à chaque élève de la classe de **choisir un nouveau roman à lire** parmi tous ceux qui seront présentés.

Pour te préparer à participer à la discussion, à partir de l'information recueillie, remplis une fiche semblable à celle ci-contre.

Je planifie ma participation à la discussion

1. Le sujet de l'émission de télévision:
2. L'œuvre dont je parlerai:
3. L'objectif de la discussion:
4. Le mode de déroulement de l'émission:
5. Les trois éléments dont je parlerai:
6. Tenue de l'émission:
   Date:
   Jour de la semaine:
   Nombre de minutes allouées à chaque personne:

Me préparer

Afin de pouvoir bien présenter l'œuvre que tu as lue, **relis** tes deux fiches *Identification du roman* et *Mes premières impressions*. Tu pourras utiliser ces fiches pour présenter les facteurs qui ont suscité chez toi l'envie de lire ce roman en particulier.

Remplis ensuite une fiche sur laquelle tu donneras tes impressions de lecture. Les questions contenues dans le modèle qui suit pourront te guider.

Mes impressions de lecture

Titre du roman : ✎ ▭

1. La lecture de ce roman t'a-t-elle rappelé certains événements de ta vie ? Lesquels ? Ces événements sont-ils tristes ou heureux ? ✎ ▭

2. As-tu trouvé ce roman intéressant ? Pourquoi ? ✎ ▭

3. Quel personnage as-tu le plus apprécié ? Pourquoi ? ✎ ▭

4. Recommanderais-tu la lecture de ce roman à tes camarades ? Pourquoi ? ✎ ▭

Faire un essai

Tu es maintenant prêt ou prête à faire un essai. Relis d'abord le texte d'introduction de cet atelier, à la page 51. Assure-toi ensuite que tu as tout en main pour parler des trois éléments imposés, soit les fiches *Identification du roman*, *Mes premières impressions* et *Mes impressions de lecture*, de même que le roman que tu as lu afin que les élèves comprennent bien de quoi tu parles.

Voici une liste des critères qui guideront ton enseignant ou ton enseignante dans l'évaluation de ta participation à la discussion.

CRITÈRES D'ÉVALUATION

☑ 1. L'élève a transmis des informations sur les facteurs qui ont suscité son envie de lire le roman.

☑ 2. L'élève a tenu compte de ses destinataires.

☑ 3. Les propos de l'élève ont suscité l'intérêt de son auditoire (manifesté notamment par des questions).

☑ 4. L'élève a présenté son exposé de façon claire.

☑ 5. L'élève a respecté les consignes relatives à la durée de l'exposé.

☑ 6. L'élève a respecté le sens généralement attribué aux mots.

☑ 7. La prononciation et le débit de l'élève ont facilité la compréhension de sa présentation.

☑ 8. L'intonation de l'élève était propre à susciter l'intérêt de son auditoire.

Déroulement de la discussion

Ton enseignant ou ton enseignante te précisera comment se déroulera la discussion.

Évaluer ma démarche

Rédige un court texte qui rendra compte de ta participation à la discussion. Les suggestions ci-dessous pourront t'aider à le faire.

J'évalue ma participation à la discussion

Dans la première phrase, tu pourrais dire de quoi tu as parlé au cours de la discussion.

Dans la deuxième phrase, tu pourrais indiquer si tu as toujours, parfois ou rarement tenu compte des réactions de ton auditoire.

Dans la troisième phrase, tu pourrais préciser si tu as été capable de répondre aux questions de ton auditoire pour clarifier une information.

Dans la quatrième phrase, tu pourrais préciser comment était ton débit et, s'il était trop rapide ou trop lent, tenter d'expliquer pourquoi.

Dans la cinquième phrase, tu pourrais préciser si, par ton intonation, tu as suscité l'intérêt de ton auditoire.

Dans la sixième phrase, tu pourrais indiquer si tu es satisfait ou satisfaite de ta participation et préciser les points que tu amélioreras la prochaine fois.

3 LES MOTS

«La peinture est source de lumière et les mots en jaillissent.»

Vincent VAN GOGH

Vincent Van Gogh, *La chambre de Van Gogh à Arles* (1889). Super Stock.

**LES MOTS
ET MOI**

Écrire un texte
pour faire connaître
la relation que j'entretiens
avec les mots.

Dans ces tableaux de Vincent Van Gogh et René Magritte, les objets, pris isolément, sont un peu comme les mots dans un texte.

La séquence que tu entreprends maintenant te permettra de découvrir le monde des mots. Il te faudra développer ta compétence à **comprendre le sens des mots**.

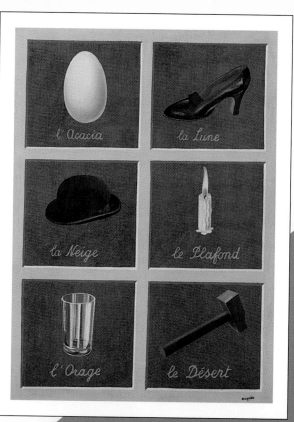

René Magritte, *La clé des songes* (1930). ADAGP / Kinémage.

**COMPÉTENCES
À DÉVELOPPER**

- Comprendre le sens des mots
- Lire un texte de type descriptif
- Écrire un texte de type descriptif

**ATELIERS D'ACQUISITION
DE CONNAISSANCES**

**ATELIER
D'INTÉGRATION**

RECONNAÎTRE L'ORIGINE ET LES PROCÉDÉS DE FORMATION DES MOTS

Fernando Botero, *Ma chambre*, détail (1978).
© Fernando Botero / Marlborough Gallery.

J'explore

Almas Tremblay a été le président fondateur et directeur général de la compagnie TRANSMISSION qui est demeurée une entreprise familiale. Aujourd'hui, sa petite-fille, secondée par une équipe beaucoup moins nombreuse qu'autrefois mais très spécialisée, dirige cette maison.

Il est 7 h 59. Catherine compose le numéro de la combinaison qui déverrouille la porte d'entrée. Avant d'enlever son manteau, elle allume l'écran cathodique de son micro-ordinateur. Dans son environnement ergonomique, d'où elle dirige les opérations de la compagnie, plane un silence feutré. Avant de consulter son agenda électronique, elle jette un coup d'œil du côté du photocopieur, vérifie si les documents relatifs à l'inventaire des stocks ont été photocopiés en nombre suffisant et s'assure que le compte rendu de la réunion précédente a été rédigé en bonne et due forme. Puis la consultation de son agenda lui rappelle qu'elle doit expédier par télécopieur l'ordre du jour de la réunion qui se tiendra à 10 h précises en conférence téléphonique. Elle dispose de quinze minutes pour planifier sa journée avant de se plier au rituel sacré du café matinal avec ses collègues de la télématique.

1 Si Almas Tremblay se retrouvait derrière le bureau de sa petite-fille, il serait sûrement dépaysé.

A Peux-tu nommer des machines et des façons de travailler qui lui seraient inconnues?

B Choisis un appareil qu'il ne connaîtrait pas et essaie de trouver comment on lui a donné son nom.

2 Regroupe les annotations du texte en deux catégories. Explique pourquoi tu les as regroupées ainsi.

3 Complète l'énoncé suivant:
«Les activités 1 et 2 m'ont permis de découvrir que les mots ✎ ▨ .»

La langue a constamment besoin de mots nouveaux pour désigner de nouvelles réalités.

1. On peut **former des mots** :
   - **par dérivation**, en ajoutant des préfixes ou des suffixes à des mots qui existent déjà;
   - **par composition**, en combinant et en réunissant ou non par un trait d'union :
     - des mots qui existent déjà;
     - des éléments grecs ou latins entre eux ou à des mots qui existent déjà.
2. **Une famille de mots** est un regroupement de mots formés par dérivation à partir d'un même mot.
3. On peut aussi introduire des **mots nouveaux** dans la langue française en faisant des **emprunts** à d'autres langues.

Les mots sont la matière première de ton cours de français. Ils te permettent d'exprimer ta pensée, d'exposer tes idées, d'entrer en contact avec la pensée des autres. Mieux tu les connais, mieux tu peux t'en servir pour bien lire et bien écrire.

Tu dois savoir que la majorité des mots utilisés en français sont issus du latin et du grec, mais tu dois aussi savoir que tant qu'une langue est vivante, des mots naissent pour décrire de nouvelles réalités et d'autres disparaissent parce qu'ils ne servent plus à rien.

Pour bien comprendre le sens des mots, il est parfois très utile de savoir comment ils ont été formés.

DES PROCÉDÉS DE FORMATION DES MOTS

De tout temps, de nouvelles réalités (inventions, nouvelles modes, décou-
vertes scientifiques, etc.) ont nécessité la création de mots nouveaux. Il suffit
de penser à l'invention du téléphone ou de la télévision, à l'apparition des préoccu-
pations écologiques, à l'orthodontie, etc.

Les principaux procédés pour former des mots sont la dérivation et la composition. L'étude de ces procédés te permettra, dans plusieurs cas, de mieux
comprendre le sens des mots et de reconnaître les familles de mots auxquelles ils
appartiennent.

La dérivation

La dérivation est un procédé qui permet de créer des mots nouveaux en
ajoutant des éléments à un mot déjà existant pour modifier sa signification.
Par exemple, le mot COPIE est la base sur laquelle on s'est appuyé pour nommer le
télécopieur. Le mot de base (COPIE), c'est le radical. On appelle préfixe l'élément
placé avant le radical (télé) et suffixe, l'élément placé après le radical (eur).

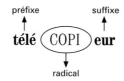

**Le radical peut subir de légères modifications quand on y ajoute un préfixe
ou un suffixe. Par exemple, le radical COPIE perd son E quand on lui greffe
un suffixe qui commence par un *e*. On écrira téléCOPIeur et non
téléCOPIEeur.**

Chaque mot nouveau formé par dérivation (préfixation/suffixation) prend un
sens qui lui est propre. Ainsi, une COPIE, c'est la reproduction d'un texte écrit.

En ajoutant à ce mot le suffixe **-eur** (qui signifie *instrument*), on introduit un
élément qui vient en préciser la nature. Le COPI**eur** est un instrument qui sert à la
reproduction d'un texte.

En ajoutant à ce dernier mot le préfixe **télé-** (qui signifie *loin*, *à distance*), on
obtient le mot *télécopieur*. Le **télé**COPI**eur** est l'appareil capable de reproduire des
documents à distance en utilisant le réseau téléphonique.

On peut donc créer des mots en ajoutant un préfixe ou un suffixe à un radical.

Avec ces ajouts, le mot n'exprime plus la même chose, on dit qu'il subit des transformations de sens.

De plus, il peut subir des transformations de nature. Par exemple, un nom peut se transformer en verbe (**re**COPI**er**), en adjectif (COPI**able**), etc. Le schéma suivant résume le procédé de la dérivation.

Avant ← → Après

PRÉFIXE ← RADICAL → SUFFIXE

– **modifie** le sens du radical; – **ne change jamais** la nature du mot (*copie* est un nom et *photocopie* aussi).	– partie **essentielle et fondamentale** du mot, celle qui exprime le **sens principal ou général** du mot.	– **complète** le sens du radical; – **peut changer** la nature du mot (*matin* est un nom; *matinal* est un adjectif).

LES FAMILLES DE MOTS

L'habitude d'ajouter des préfixes et des suffixes à des mots de base (radicaux) a donné lieu à des familles de mots. Le fait de reconnaître la famille à laquelle appartient un mot peut t'aider à en saisir le sens.

Voici deux exemples de familles de mots issues des mots *jour* et *lever*.

séJOUR
aJOURné — aJOURnement
JOURnée — **JOUR** — JOURnal
JOURnal/iste — JOURnal/ier

enLEVer
LEVant — préLÈVement
LEVain — **LEVer** — éLEVage
LEVure — LEVier

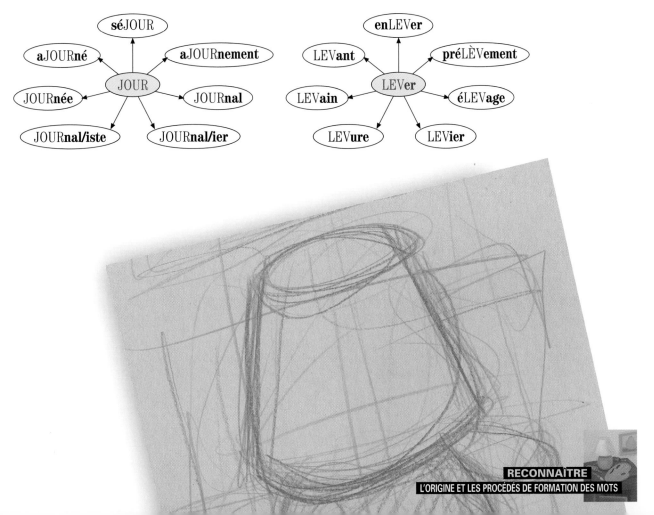

Parfois, avant d'écrire un texte, il peut être utile de constituer une banque de mots. L'élaboration de familles de mots liées au sujet du texte est un des moyens pour y arriver.

___STRATÉGIE___ **Découvrir le sens d'un mot formé par dérivation.**

Si tu rencontres un mot dont tu ne connais pas le sens:

1. Vérifie d'abord s'il s'agit d'un mot formé par dérivation.
2. Si tu penses y reconnaître un préfixe ou un suffixe, cherches-en le sens dans un dictionnaire ou dans un tableau des préfixes et suffixes.
3. Isole le radical, puis tente de définir le mot.
4. Vérifie ta définition dans le dictionnaire.

La composition

MOTS COMPOSÉS DE PLUSIEURS MOTS

La composition est un procédé qui permet de créer des mots en combinant des mots déjà existants.

Les mots *ordre du jour, compte rendu, point de vue, fine bouche, timbre-poste, laissez-passer, station-service* et *porte-parole* sont des mots qui ont été formés par composition.

Parmi ces mots composés, les plus faciles à reconnaître sont ceux qui s'écrivent toujours avec un trait d'union (*sous-sol, sous-verre, procès-verbal*, etc.).

Certains mots composés sont le résultat d'une combinaison de mots qui ont chacun leur sens propre, mais qui, réunis, évoquent dans notre esprit une image unique et non pas des images distinctes. Ainsi, le mot *pomme de terre* traduit une seule réalité: quand on te demande si tu veux manger des pommes de terre, c'est à un légume que tu penses et non pas à un fruit rouge et juteux, puis à de la terre.

BREF,

La composition est un procédé qui permet de créer des mots en combinant des mots déjà existants.

MOTS COMPOSÉS D'ÉLÉMENTS GRECS OU LATINS

Certains mots sont entièrement composés d'éléments grecs ou latins. Ce type de combinaison est surtout utilisé pour nommer des inventions ou des réalités issues du monde de la science ou de la technologie.

Ainsi, les éléments grecs ou latins suivants ont servi à composer des mots dont on peut découvrir le sens si on connaît la signification des éléments.

Éléments grecs

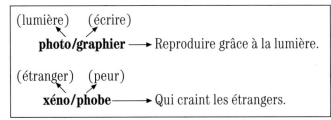

Éléments latins

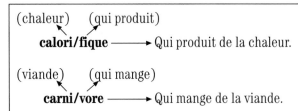

(lumière) (écrire)
photo/graphier ⟶ Reproduire grâce à la lumière.

(étranger) (peur)
xéno/phobe ⟶ Qui craint les étrangers.

(chaleur) (qui produit)
calori/fique ⟶ Qui produit de la chaleur.

(viande) (qui mange)
carni/vore ⟶ Qui mange de la viande.

MOTS COMPOSÉS PLUS DIFFICILES À RECONNAÎTRE

Dans certains cas, il faut regarder les mots à la loupe pour les reconnaître comme des mots composés parce qu'à l'usage, on a fini par les écrire sans trait d'union.

vin/aigre   marche/pied   tourne/vis   alcoo/test

STRATÉGIE   **Découvrir le sens d'un mot composé.**

Si tu rencontres un mot dont tu ne connais pas le sens :

1. **Vérifie** d'abord s'il s'agit d'un mot formé d'éléments grecs ou latins.

2. **Décompose-le** et essaie de définir chacun de ses éléments.

3. Tente ensuite de définir le mot et **vérifie** ta définition dans le dictionnaire.

À lire pour le plaisir
Drôle de lettre !, page 123.

BREF,

Il existe différents types de combinaison :

– **combinaison de mots reliés par un trait d'union;**

– **combinaison de mots sans trait d'union;**

– **combinaison d'éléments grecs ou latins;**

– **combinaison de mots difficiles à reconnaître.**

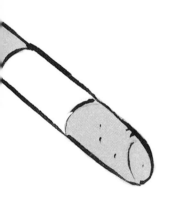

LES EMPRUNTS

Au cours des siècles, **le vocabulaire de base de notre langue**, composé en majeure partie de mots issus du latin et du grec, **s'est enrichi d'un nombre considérable de mots empruntés à d'autres langues**. Nos emprunts à l'anglais sont parmi les plus nombreux, mais nous devons aussi bon nombre de mots à l'allemand, à l'arabe, à l'italien, au russe, aux langues amérindiennes et à plusieurs autres.

Langue d'emprunt	Mots empruntés
Allemand	choucroute, képi, obus, trinquer, valse...
Anglais	clown, record, stock, toast, football, sandwich...
Langues amérindiennes ...	totem, ouananiche, mocassin...
Arabe	alcool, algèbre, carafe, chiffre, nuque, zénith...
Russe	cosaque, mazout, steppe, vodka...
Polonais	mazurka, polka...
Tchèque	calèche...
Hébreu	chérubin, éden, géhenne, sabbat, tohu-bohu...
Langues africaines	baobab, bamboula, chimpanzé...

ATTENTION !

Certains mots de la langue anglaise sont considérés comme des emprunts acceptés, mais plusieurs autres sont considérés comme des anglicismes qu'il faut éviter d'utiliser (*popcorn* pour *maïs soufflé*, *fan* pour *ventilateur*, etc.). Avant d'utiliser un terme anglais, il est préférable de chercher dans un dictionnaire pour savoir s'il s'agit vraiment d'un emprunt.

Somme toute... tant et aussi longtemps que la **langue française** sera vivante, elle **évoluera** et s'adaptera aux réalités auxquelles elle doit faire face **pour survivre**. C'est pourquoi elle continuera **d'emprunter des mots aux langues étrangères** et de **former de nouveaux mots** par **dérivation** et par **composition**.

LES DICTIONNAIRES

Dans la plupart des dictionnaires, on trouve des pages dans lesquelles sont regroupés les préfixes, les suffixes, les éléments (racines) grecs ou latins. Il est plus facile de trouver le sens d'un mot si on connaît la signification des éléments dont il est formé.

J'apprends Comment faire

Tout au long des activités proposées dans cette étape, tu trouveras des indications telles que:

2/2 ⟹ P. 5 ET 6 ☞ **C** ET **D**

Voici comment tu dois les interpréter:

Si tu vois: 2/2 ⟹ P. 5 ET 6 ☞ **C** ET **D**

cela signifie: Fais les activités qui précèdent (**A** et **B**). Si tu n'as pas réussi ces deux activités (2/2) ⟹ relis les explications des pages 5 et 6 ☞ puis fais les activités **C** et **D**. Si tu as réussi les deux activités, passe au numéro suivant.

Si tu vois: 8/8 ⟹ AIDE ☞ NR

cela signifie: Fais les activités qui précèdent. Si tu n'as pas réussi ces huit activités (8/8), ⟹ demande de l'aide ☞ puis refais les activités non réussies (NR).

Attention!

Cherche dans ton dictionnaire les pages où sont présentées les listes de préfixes, de suffixes et de racines grecques et latines. Tu en auras besoin pour faire les activités de cette étape.

LA DÉRIVATION

1   **Isole** le préfixe des verbes suivants.

> Le radical est toujours le mot le plus court qu'on peut trouver à l'intérieur d'un mot formé par dérivation. N'oublie pas que le radical peut avoir subi de légères modifications lorsqu'on lui a accolé un préfixe ou un suffixe.
>
> Exemple: **sou**/LEVER (le préfixe est *sou*).

A	attirer	**E**	recourber
B	arrondir	**F**	entailler
C	enterrer	**G**	entourer
D	parfaire	**H**	retrouver

8/8 ⟹ P. 58 ET 59 ☞ **I**, **J**, **K**, **L** ET **M**

I repeindre

J rabattre

K définir

L recoudre

M survenir

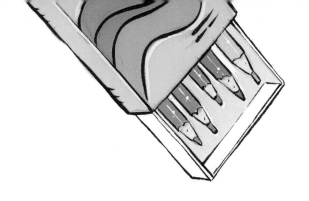

2 **Forme** deux nouveaux mots en ajoutant un ou des suffixes aux mots suivants.

Consulte un dictionnaire pour t'assurer que les mots que tu formes existent vraiment.

A plant

B camp

C ami

3/3 ➠ P. 58 ET 59 ☞ **D** ET **E**

D jour

E collègue

3 Tu sais que l'ajout ou le changement d'un suffixe peut changer la nature d'un mot. Utilise des suffixes pour transformer :

A ces noms en adjectifs *(mort, malade, joie, plainte)*;

B ces adjectifs en noms *(triste, haut, rapide, aéré, vrai, cordial, saumâtre, conductible)*;

12/12 ➠ AIDE ☞ **C** ET **D**

C ces verbes en noms *(préciser, encourager, courir, prévenir)*;

D ces adjectifs en adverbes *(joyeux, vif, calme, grand)*.

4 Lis la phrase suivante :

La qualité des communications interpersonnelles a une importance capitale dans la classe de français.

A **Isole** le seul mot qui comporte un préfixe.

B **Trouve** le radical de ce mot.

C Par le procédé de dérivation, **forme** trois mots à l'aide de ce radical.

D **Forme** trois mots à l'aide de son préfixe.

4/4 ➠ P. 58 ET 59 ☞ NR

5 Comme les héros de bandes dessinées, il t'arrive peut-être, au hasard des conversations, de créer des mots pour servir ta cause. Lis la bande dessinée ci-dessous, puis réponds aux questions.

A Quel mot Mafalda a-t-elle inventé dans la bande dessinée ?

B Invente un autre mot que Mafalda aurait pu utiliser.

2/2 ➠ AIDE ☞ NR

QUINO, *La Bande à Mafalda*, © Éditions Glénat, 1981

6 Trouve le plus de mots possible (au moins 15) appartenant à la même famille que le mot *tour*.

> Pour t'aider, place des préfixes comme *re-* ou *dé-* devant ce mot; tu en trouveras ainsi plusieurs. Consulte ensuite un tableau de préfixes pour en découvrir d'autres. Procède de la même manière avec les suffixes.

15/15 ➠ AIDE ☞ NR

7 Dans les expressions suivantes, les mots en italique ont pour origine le mot *main* (du latin *manus*). Trouve le sens de chacun de ces mots en recourant à leur radical commun (le mot *main*).

> Exemple:
> Une *menotte* d'enfant: petite main.

A Une *manette* de jeu.

B Un texte *manuscrit*.

C Un outil *maniable*.

D La *manipulation* des marionnettes.

4/4 ➠ AIDE ☞ **E**, **F** ET **G**

E La *manivelle* de la fenêtre.

F Un emploi de *manœuvre*.

G Une *manufacture* de vêtements.

LA COMPOSITION

8 Certains mots sont formés à partir d'éléments grecs ou latins. Dans les phrases ci-dessous, identifie les éléments (grecs ou latins) qui forment les mots en caractères gras et donne la signification de chaque mot.

A Mots composés avec des éléments grecs.

> Connais-tu le nom de cette femme de sciences **autodidacte** qui signa d'un **pseudonyme** son **autobiographie**? Elle se prénommait Marie-Philippe. C'était une femme excentrique qui participait à tous les concours **hippiques**.

4/4 ➠ DICTIONNAIRE OU TABLEAUX DE RACINES GRECQUES ☞ NR

B Mots composés avec des éléments latins.

> En cherchant un **ovipare insectivore** et un **quadrupède omnivore**, ils se retrouvèrent dans une forêt dense.

4/4 ➠ DICTIONNAIRE OU TABLEAUX DE RACINES LATINES ☞ NR

9 Lis d'abord le texte encadré, puis fais les activités ci-dessous.

A Décompose les mots en caractères gras (isole leurs radicaux ou identifie les éléments qui les composent) et donne leur signification.

B Nomme le procédé utilisé pour former les mots *aérodrome* et *centre-ville*.

C Trouve les quatre mots qui sont devenus des adverbes par l'ajout d'un suffixe.

D Trouve un mot inventé par l'auteur pour décrire les habitants du monde aquatique.

4/4 ➠ AIDE ET TABLEAUX ☞ NR

UN MONDE AQUATIQUE

Bientôt, nous amorçâmes la descente sur la planète. Elle était entièrement recouverte d'eau, sur une très faible épaisseur il est vrai, puisque les toits des bâtiments en **émergeaient**. Sur l'**aérodrome**, lorsque les Pisciens retirèrent leur scaphandre, j'eus vite fait de me convaincre qu'ils ressemblaient beaucoup à des hommes, à cette différence près que leurs membres étaient étrangement tordus et **déformés**. On me fit monter dans une sorte de barque, particulière en ceci qu'elle avait une grande ouverture dans sa coque et qu'elle était pleine d'eau à ras bord. Ainsi **immergés**, nous naviguâmes lentement en direction du centre-ville. Je demandai si l'on ne pourrait pas boucher les trous et écoper l'eau; je posai ensuite d'autres questions, mais mes compagnons n'y répondirent point, se contentant de noter fiévreusement mes moindres paroles.

Stanislas LEM, *Autres mondes, autres mers.*
Treizième voyage, © Denoël.

Je sais comment faire quand je lis

POUR RECONNAÎTRE L'ORIGINE ET LES PROCÉDÉS DE FORMATION DES MOTS

SYNTHÈSE DES STRATÉGIES DE LECTURE

Quand ça va bien !

- Lorsque tu lis, exerce-toi à détecter les mots qui se cachent à l'intérieur de certains autres. Puis prends le temps de les décomposer: radical, préfixe, suffixe et autres éléments. Tu trouveras ainsi des renseignements précieux pour en comprendre le sens.

- Si tu connais le sens de plusieurs éléments qui composent un mot, mets tes connaissances à profit pour tenter de définir ce mot.

- Pour t'entraîner à reconnaître les divers éléments qui composent un mot, applique-toi à décomposer des mots faciles. Cette habitude s'avérera très utile quand tu rencontreras des mots inconnus.

Consignes

Lis le texte de la page suivante et utilise tes nouvelles connaissances pour **rédiger une définition** des mots écrits en caractères gras.

LES RECLUS VOLONTAIRES DE BIOSPHÈRE 2

Près de Tucson, dans le désert de l'Arizona, s'élève une immense serre de verre et d'acier, **1** **Biosphère** 2, d'une surface de 1,5 hectare, qui tient à la fois de la Pyramide du Louvre, du Grand Palais et du Forum des Halles.

Quatre hommes et quatre femmes – **2** **scientifiques**, **3** **techniciens** ou **4** **ingénieurs**, âgés de vingt-sept à quarante-six ans, sauf le médecin, un professeur de soixante-sept ans – ont choisi de vivre en reclus volontaires pendant deux ans sur ce modèle réduit de la planète Terre. Dans cette nouvelle arche de Noé **5** **immobile**, en plus des huit humains, on ne rencontre pas moins de trois mille huit cents espèces animales et **6** **végétales** vivant dans sept systèmes **7** **climatiques** différents, de la forêt tropicale humide à la savane épineuse, en passant par un marais d'eau **8** **saumâtre**, une plage baignée par un lagon bordé d'un récif corallien, une mer de sept mètres de profondeur animée de **9** **mini-marées** **10** **artificielles**... et, enfin, une ferme avec basse-cour et jardin potager.

[...] Biosphère 2 a-t-elle un réel intérêt scientifique ? Les milieux scientifiques sont très partagés sur le sujet. En tout cas, les pionniers de Biosphère 2 croient dur comme fer à leur mission : ils souhaitent pouvoir, un jour peut-être, poursuivre leur expérience sur Mars.

Jean-Claude ROUY, *Le Monde*, 6 novembre 1991.

Je fais le point

1. Quelles stratégies as-tu trouvées les plus utiles ?
2. Peut-être as-tu besoin d'activités supplémentaires pour maîtriser la compétence à reconnaître l'origine et les procédés de formation des mots ? Si oui, ton enseignant ou ton enseignante t'en remettra.

Je sais comment faire quand j'écris

POUR FORMER DES MOTS NOUVEAUX

• FICHE DESCRIPTIVE •

Préalables :
- Atelier 4 : *Reconnaître l'origine et les procédés de formation des mots* (pages 56 à 69).
- Ateliers de grammaire 7 et 8 (voir *Mes ateliers de grammaire*).

Objectifs :
- Décrire une machine de ton invention en cinq phrases.
- Utiliser un des procédés que tu connais pour former des mots.
- Mettre en pratique des stratégies de révision de texte :
  - *Je révise et je corrige les groupes du nom*, nos 1, 2 et 3 (page 358) ;
  - Les autres stratégies que tu connais et dont tu as encore besoin.

Tu aimes les défis ?

Si tu devais inventer une machine capable de résoudre avec humour les problèmes scolaires des jeunes de ton âge, quelles seraient ses caractéristiques ? Quel nom lui donnerais-tu ? Tu peux utiliser tous les procédés que tu connais pour former des mots.

Lis les textes proposés ci-dessous ; tu y trouveras peut-être des idées.

- *Des robots simples d'esprit* (*Mon encyclopédie*, page 104)
- *L'invention extra-terrestre* (*Mon encyclopédie*, page 110)
- *Des «éducodollars» pour motiver les élèves* (*Mon encyclopédie*, page 131)

BANQUE DE MOTS

POUR ENRICHIR TON VOCABULAIRE...

- Relis les trois textes proposés et relèves-y tous les mots que tu pourrais utiliser pour décrire une machine.
- Dans un dictionnaire de synonymes, trouve des mots que tu pourrais utiliser à la place du mot *machine*.
- Enfin, dans un dictionnaire analogique, regarde sous les entrées *imaginer*, *machine*, *invention* et relève des mots qui pourraient t'aider à décrire ta machine.

Contraintes d'écriture

Rédige un texte de cinq phrases pour décrire cette machine. Dans chacune d'elles, tu pourrais répondre à une des questions suivantes :

Première phrase : Quel défi dois-tu relever ?

Deuxième phrase : Dans quel but dois-tu relever ce défi ?

Troisième phrase : Quelles seraient les caractéristiques de ta machine ?

Quatrième phrase : Quel nom lui donnerais-tu ?

Cinquième phrase : Crois-tu que ton invention pourra vraiment résoudre les problèmes scolaires des jeunes de ton âge ?

Complète les deux énoncés suivants :

1. «J'ai trouvé cet atelier (facile/difficile/intéressant/etc.) ✎ ▨▨ parce que ✎ ▨▨ .»

2. «Les activités que j'ai réalisées dans les étapes *J'apprends comment faire* et *Je sais comment faire*... m'ont révélé que je maîtrise (peu/assez bien/très bien/etc.) ✎ ▨▨ la compétence à reconnaître l'origine et les procédés de formation des mots.»

COMPRENDRE
LE SENS DES MOTS

Fernando Botero, *Ma chambre,* détail (1978).
© Fernando Botero / Marlborough Gallery.

J'explore

PREMIER JOUR D'ÉCOLE

Encore aujourd'hui, Martin se souvient de son premier jour à l'école

secondaire. Avant même d'y mettre les pieds, il savait qu'un bruit

Circuler, se propager. — y courait. La nouvelle directrice avait les cheveux rasés et un

chrysanthème tatoué sur la cheville gauche. Elle habitait un

minuscule studio qu'elle avait aménagé dans un ancien édifice — Qui existe depuis longtemps.

Logement constitué d'une pièce unique. — abandonné voisin de l'école. En plus de cultiver les légumes de — Travailler la terre pour lui faire produire des végétaux.

S'adonner à. — son jardin, elle cultivait la fantaisie et l'originalité. Mais les anciens

disaient aussi qu'elle cachait une main de fer dans un gant de — Prédécesseurs dans un métier, un service, une école, etc.

velours. «Ce sera bien !», s'était dit Martin.

1 Lorsque tu lis un texte, si tu rencontres un mot dont tu ne connais pas le sens, que fais-tu ? Tu poursuis ta lecture ou tu cherches la signification du mot ? Dans ce dernier cas, quels moyens utilises-tu parmi les suivants ?

A Tu le remplaces par un synonyme.

B Tu analyses le contexte.

C Tu cherches dans un dictionnaire.

2 Tu connais les mots qui ont été surlignés dans le premier texte. À ton avis, pourquoi a-t-on fait ces annotations ?

En 1982, Gabriel García Márquez, un prolifique auteur de Colombie, *?caractéristique? ?* ─ lieu?
a remporté le prix Nobel de littérature pour les <u>nombreux</u> romans
qu'il a écrits. Dans un de ses romans, *Cent ans de solitude*, il narre *?* ─ action?
l'<u>histoire</u> des habitants d'un village qui perdent la mémoire parce
qu'ils combattent la peste et ne dorment plus. Aureliano, un des
habitants, conçoit un système d'étiquetage qui leur permet de se
rappeler les choses essentielles.

***

«Avec un badigeon trempé dans l'encre, il marqua chaque chose
à son nom: *table, chaise, horloge, porte, mur, lit, casserole*. Il se
rendit dans l'enclos et marqua les animaux comme les <u>plantes</u>: *? ? plantes?*
vache, bouc, cochon, poule, manioc, malaga, bananier. Peu à peu
[...] il se rendit compte que le jour pourrait bien arriver où l'on
reconnaîtrait chaque chose grâce à son inscription, mais où l'on
ne se souviendrait plus de son usage. Il se fit alors plus explicite.
? objet?
L'écriteau qu'il <u>suspendit</u> au garrot de la <u>vache</u> fut un modèle de
la manière dont les gens [...] entendaient lutter contre l'oubli:
Voici la vache, il faut la traire tous les matins pour qu'elle produise
du lait et le lait, il faut le faire bouillir pour le mélanger avec du
café et obtenir du café au lait.»

Gabriel GARCÍA MÁRQUEZ, *Cent ans de solitude*,
© Seuil, 1968.

3 Selon toi, pour quelle raison la personne qui a lu le deuxième texte a-t-elle mis des points d'interrogation au-dessus de certains mots?

4 Complète l'énoncé suivant:
«Les activités 1, 2 et 3 m'ont permis de découvrir que ✎ ▨▨▨.»

LES CONNAISSANCES DE CET ATELIER
EN BREF

1. **Certains mots ont un seul sens**: ce sont généralement des mots spécialisés, propres aux domaines technique ou scientifique.

2. **D'autres mots peuvent avoir des sens différents** selon le contexte dans lequel ils sont employés.

3. Lorsque tu lis, il t'arrive de rencontrer **des mots dont tu ignores le sens**. Il y a plusieurs façons de découvrir le sens d'un mot:
   - en reconnaissant les éléments de **formation du mot**;
   - en le remplaçant par un **synonyme**;
   - en analysant le **contexte** dans lequel il est utilisé;
   - en recourant au **dictionnaire**.

4. En regroupant certains mots d'un texte autour d'une même idée, on peut découvrir le sujet et les aspects du sujet traités dans le texte.

   On appelle **champ lexical** un regroupement de mots autour d'une même idée.

LE SENS DES MOTS

La langue française comporte une quantité incroyable de mots, mais il faut que tu saches que **certains mots peuvent adopter des sens différents selon le contexte dans lequel ils sont présentés.**

Avec le temps, les mots ont évolué. D'une part, comme tu as pu le constater dans l'atelier précédent, leur forme a changé. D'autre part, leur sens, d'abord unique, s'est diversifié. Voilà pourquoi, aujourd'hui, de très nombreux mots possèdent plusieurs sens en plus de leur sens d'origine.

Des mots qui ont un seul sens

Certains mots ont un seul sens. Le plus souvent, **il s'agit de termes spécialisés**, à caractère technique ou scientifique, comme les mots *téléviseur, ordinateur, télécopieur*, etc.

Dans les ouvrages techniques, dans les articles de revues scientifiques et spécialisées ou dans les textes informatifs, les écrits doivent être sans équivoque. Les mots servent alors à transmettre l'information de manière que tout le monde comprenne la même chose. Les linguistes appellent ce phénomène la **monosémie**; ils disent que les mots qui ont un seul sens sont **monosémiques**.

BREF,
Certains mots ont un seul sens. Il s'agit souvent de termes spécialisés.

Des mots qui ont plusieurs sens

D'autres mots peuvent prendre plusieurs sens. Le mot *courir*, que tu as vu dans le texte de l'étape ***J'explore***, en est un bel exemple.

Ainsi, on peut dire:
> Avant même d'y mettre les pieds, il savait qu'un bruit y **courait**.

On peut aussi dire:
> Les élèves **couraient** dans les corridors de l'école.

Dans la première phrase, le mot *courait* signifie *se propageait*; on pourrait le remplacer par le synonyme *circulait*. Dans la deuxième phrase, *couraient* signifie *se déplacer rapidement*; on pourrait le remplacer par le synonyme *galopaient*.

Les linguistes appellent ce phénomène la **polysémie**. Ils disent que les mots qui ont plusieurs sens sont **polysémiques**. Plusieurs facteurs peuvent faire varier le sens d'un mot:

1. le contexte;
2. le choix de la préposition;
3. l'intégration du mot dans une expression.

1. LE CONTEXTE

Les mots peuvent changer de sens selon le contexte dans lequel on les utilise. Ainsi, dans la phrase *Elle est **fixée***, tu n'as pas les renseignements nécessaires pour déterminer le sens du mot ***fixée***: signifie-t-il *attachée* ou *décidée*? Par contre, si on précise le contexte, il n'y a plus d'ambiguïté.

> * Cette lampe est **fixée** au mur.
> * Mélanie est **fixée**: elle poursuit ses études.

2. LE CHOIX DE LA PRÉPOSITION

La préposition (*à*, *de*, *pour*, *sans*, *par*, etc.) qui suit un verbe peut en faire varier le sens. Ainsi, dans les exemples suivants, le verbe ***profiter*** prend des sens différents selon qu'il est accompagné de la préposition ***à*** ou de la préposition ***de***.

> * Cette rencontre **profite à** *(est utile pour)* tous les élèves.
> * Certaines élèves **profitent de** *(saisissent l'occasion de)* cette rencontre pour organiser une classe verte.

BREF,
D'autres mots peuvent prendre plusieurs sens.

BREF,
Les mots peuvent changer de sens selon le contexte.

BREF,
La préposition qui suit un verbe peut en faire varier le sens.

3. L'INTÉGRATION DU MOT DANS UNE EXPRESSION

BREF,

Les mots prennent des sens précis lorsqu'ils sont utilisés dans des expressions consacrées.

Certains mots peuvent prendre de nouveaux sens dans des expressions consacrées. Une expression, c'est un groupe de mots devenus inséparables pour exprimer une idée, une réalité, une attitude, etc. Par exemple, le mot *échelle* prend des sens différents selon l'expression dont il fait partie.

> - Robert a appuyé **l'échelle** *(objet)* contre un mur.
> - Sara s'est élevée dans **l'échelle** *sociale (hiérarchie)*.
> - Il est temps de **tirer** **l'échelle** *(d'arrêter)*.

ATTENTION !

Si tu ne connais pas le sens d'une expression, tu peux généralement le trouver dans un dictionnaire en cherchant sous l'entrée du nom qui la compose. Par exemple, pour connaître la signification de l'expression *entre chien et loup*, tu cherches le mot *chien* ou le mot *loup* dans un dictionnaire.

RECONNAÎTRE LES DIVERS SENS D'UN MOT

Lorsque tu consultes un dictionnaire, tu trouves souvent une multitude de sens pour un seul mot. Ces divers sens peuvent être regroupés en trois catégories : le sens propre, le sens analogique et le sens figuré.

Le sens propre

BREF,

Le sens propre d'un mot, c'est celui qu'il avait à l'origine, au moment de sa création.

Le sens propre d'un mot, c'est celui qu'il avait à l'origine, au moment de sa création. C'est celui qui a justifié son apparition. C'est le premier sens que donne le dictionnaire.

Ainsi, le mot *studio* vient du latin *studium* qui signifie *étude*. Dans *Le Petit Robert*, le premier sens que l'on donne à ce mot, c'est «atelier d'artiste». C'est son sens propre.

Le sens analogique

BREF,

Le sens analogique d'un mot, c'est celui qui se rapproche de son sens premier (ou de son sens propre).

Le sens analogique d'un mot, c'est celui qui se rapproche de son sens premier (ou de son sens propre). Certains mots peuvent avoir plusieurs sens analogiques. Comme tu peux le constater dans l'article du dictionnaire qui définit le mot *studio*, à la page suivante, en établissant des liens, on a par la suite utilisé le mot *studio* pour désigner d'autres lieux où l'on peut travailler ou habiter.

Sous le mot *tableau*, dans *Le Petit Robert*, tu liras qu'au sens propre, il s'agit d'une «œuvre picturale exécutée sur un support rigide et autonome». Tu trouveras aussi un sens analogique au mot *tableau* : «Panneau plat. Panneau destiné à recevoir une inscription, une annonce.»

STUDIO [stydjo] n. m. – 1829; mot angl. de l'it. «atelier d'artiste», lat. *studium* «étude» **1.** Atelier d'artiste. Atelier de photographe d'art. ◊ (1908) Ensemble des locaux aménagés pour les prises de vues cinématographiques. *Un studio de cinéma. Les grands studios de Hollywood, de Rome. Tourner en studio* (cf. *En intérieur**) *ou en extérieur. Plateaux, équipement électrique, sonore d'un studio.* – Local aménagé pour les enregistrements (radio, télévision, maison de disques). *Studio insonorisé. À vous les studios !* (après une émission en extérieur). **2.** Logement formé d'une seule pièce principale. *Petit studio.* → **studette. 3.** Salle de spectacle de petite dimension qui donne des spectacles, passe des films à audience restreinte. *Studios d'art et d'essai.*

Le Nouveau Petit Robert, 1993.

 sens analogique

sens propre

Le sens figuré

Le sens figuré, c'est celui qui fait image. Avec le sens figuré, on crée des images en associant ou en rapprochant des mots de façon inattendue comme dans *raser les murs* ou encore *avoir la main heureuse*.

Dans le texte proposé à la page 70 de l'étape *J'explore*, tu peux lire la phrase suivante :

> En plus de **cultiver** les légumes de son jardin, elle **cultivait** la fantaisie et l'originalité.

Dans la première partie de cette phrase, le verbe *cultiver* est utilisé au sens propre ; dans la deuxième partie, il est utilisé au sens figuré. La directrice de l'école cultive la fantaisie comme si, au lieu de travailler la terre pour faire pousser des légumes, elle faisait travailler ses méninges pour faire germer des idées. Dans les dictionnaires, l'indication **fig.** ou **Fig.** annonce habituellement le ou les différents sens figurés d'un mot.

Au cours d'une lecture, lorsque tu rencontres des mots dont tu connais le sens, tu peux supposer qu'il s'agit du sens propre ou du sens analogique. Pour vérifier si les mots sont employés au sens figuré, il faut regarder autour de ceux-ci pour trouver des indices. Par exemple, dans l'expression *cultiver la fantaisie*, c'est le mot *fantaisie* qui te révèle que le mot cultiver est utilisé au sens figuré. Habituellement, ce sont les légumes que l'on cultive et non la fantaisie. Une vérification dans le dictionnaire te permettra de t'en assurer.

STRATÉGIE **Reconnaître les divers sens d'un mot.**

Lorsque tu lis un texte, tu peux rencontrer un mot que tu connais mais dont l'utilisation te surprend. Pour en trouver le sens exact, essaie de le remplacer par un synonyme.

BREF,

Le sens figuré d'un mot, c'est celui qui fait image.

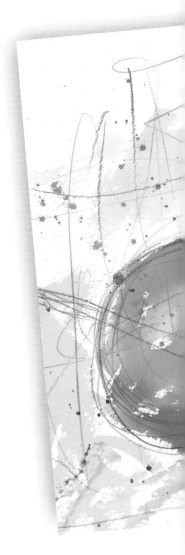

TROUVER LE SENS DES MOTS

Habituellement, quand tu lis un texte, tu comprends l'ensemble des mots qui le composent. Tu es capable de préciser s'il décrit un lieu, une personne, une réalité ou le fonctionnement d'un objet. Tu peux aussi dire s'il raconte une histoire ou s'il relate un événement de l'actualité. Bref, tu sais DE QUOI il est question. **Dans un texte, ce sont les mots qui désignent tous les éléments dont on parle.** Parmi l'ensemble des mots qui composent un texte, il y a tous ceux dont tu connais le sens et quelques autres dont tu ignores la signification.

Les mots connus

Si tu connais le sens d'un mot, tu sais ce qu'il représente et ce qu'il désigne. Ainsi, dans le texte proposé à la page 71 de l'étape *J'explore*, quand tu lis le mot *chaise*, tu peux l'imaginer en bois noir et une autre personne de la classe peut l'imaginer en métal blanc. Mais peu importe, puisque dans les deux cas, ce sera un objet sur lequel on peut s'asseoir. **Ainsi, quand tu rencontres un mot connu, tu peux te représenter ce qu'il désigne ou te référer à l'idée qu'il suggère.**

Les mots inconnus

Toujours dans le texte de la page 71, il y a le mot *malaga*. Combien de personnes autour de toi peuvent se représenter ce mot?

Pour la plupart, c'est probablement **un mot inconnu qu'ils ne peuvent associer à une image mentale.** Ils n'en ont jamais entendu parler! Ils n'en ont jamais vu!

Il existe différents moyens, autres que le dictionnaire, pour t'aider à comprendre le sens des mots que tu ne connais pas. Tu peux, par exemple, recourir à l'une ou l'autre des stratégies suivantes.

Trouver le sens d'un mot inconnu.

1. Observer les éléments de formation du mot.

1. **Vérifie** d'abord s'il s'agit d'un mot formé par dérivation.

2. Si tu penses y reconnaître un préfixe ou un suffixe, **cherches-en le sens** dans un dictionnaire ou dans un tableau des préfixes et suffixes.

3. **Isole** le radical, puis tente de définir le mot.

4. **Vérifie** également s'il s'agit d'un mot composé, formé d'éléments grecs ou latins.

5. **Décompose-le** et essaie de définir chacun de ses éléments.

6. **Tente de définir** le mot.

7. Dans chacun des cas, **vérifie** ta définition dans le dictionnaire.

$$\text{Un animal } \textbf{bipède} \longrightarrow \text{bi/pède} \longrightarrow \textit{donc } \text{un animal } \textbf{à deux pieds}.$$

deux — pieds

2. Trouver un synonyme.

Si tu crois avoir deviné le sens du mot, **remplace-le** par un synonyme et **vérifie** si le sens que tu as trouvé convient à l'ensemble de la phrase et du texte.

Ces touristes **emmurés** dans un tunnel se sont évanouis très vite.

synonyme → emprisonnés

3. Étudier le contexte.

Il existe toutefois des mots dont on n'arrive pas à trouver le sens à l'aide des moyens précédents. Il faut alors franchir une étape plus difficile, c'est-à-dire étudier le contexte.

1. **Détermine** d'abord si le mot désigne une personne, un objet, un animal ou un lieu. S'il s'agit d'un nom propre ou si le mot est précédé d'un déterminant, il désigne probablement une personne, un objet, un animal, un lieu, etc.

déterminant

Il suspend un écriteau au **garrot** de la vache.

2. **Cherche** dans le reste de la phrase ou du texte les mots ou les groupes de mots qui pourraient indiquer s'il s'agit d'une personne, d'un objet, d'un animal, d'un lieu, etc.

objet

Il suspend un écriteau au **garrot** de la vache.

on suspend quelque chose (un écriteau) à quelque chose (au garrot)

3. S'il s'agit d'un objet, **cherche** les mots ou les groupes de mots du texte qui pourraient indiquer son utilité, sa couleur, son poids, sa grandeur, etc.

objet que la vache porte

Il suspend un écriteau au **garrot** de la vache.

on suspend quelque chose (un écriteau) à quelque chose (au garrot)

> **BREF,**
> Pour trouver le sens d'un mot inconnu, tu peux procéder de l'une ou l'autre des façons suivantes:
> – observer la formation du mot;
> – trouver un synonyme;
> – étudier le contexte;
> – chercher le mot dans un dictionnaire.

4. **S'il s'agit d'un lieu**, cherche les mots ou les groupes de mots qui pourraient t'aider:
   - à trouver sa situation géographique;
   - à déterminer s'il s'agit du nom d'un pays, d'une ville, d'une région, d'un quartier, etc.;
   - à trouver les personnes qui y habitent et la langue qu'on y parle;
   - à identifier les renseignements qu'on fournit sur ce lieu.

5. **Si le mot ne désigne ni une personne, ni un objet, ni un animal, ni un lieu,** détermine s'il introduit une caractéristique en vérifiant si tu peux le remplacer par un autre adjectif.

   > grand
   >
   > En 1982, Gabriel García Márquez, un **prolifique** auteur de Colombie, a remporté le prix Nobel de littérature pour les nombreux romans qu'il a écrits.

6. **S'il s'agit d'une caractéristique**, essaie de déterminer à l'aide du sens du texte s'il s'agit d'une caractéristique favorable ou défavorable.

   > En 1982, Gabriel García Márquez, un **prolifique** auteur de Colombie, a remporté le prix Nobel de littérature pour les nombreux romans qu'il a écrits.
   >
   > favorable

4. Trouver le sens d'un mot en utilisant le dictionnaire.

Si aucune des stratégies précédentes ne te permet de trouver le sens du mot, tu peux toujours en chercher la définition dans un dictionnaire. Plus tu utiliseras cet outil, plus tu l'apprécieras.

REPÉRER LES CHAMPS LEXICAUX

Si on te demandait de décrire un visage à une personne devenue aveugle, il te faudrait, comme le ferait un peintre avec ses pinceaux et ses couleurs, décrire avec des mots chacune des parties de ce visage: les yeux, le nez, la bouche, les sourcils, etc. Comme une balise, chacun de ces mots permettrait à la personne qui t'écoute de te suivre sur le sentier de cette description. Il en est de même lorsque tu lis.

Définition du champ lexical

BREF,

Le champ lexical est constitué d'un ensemble de mots ou de groupes de mots qui se rapportent à une idée commune.

Le champ lexical est constitué d'un ensemble de mots ou de groupes de mots qui, dans un texte, se rapportent à une idée commune.

Exemple :

actions du chasseur

Quand Deinonychus a faim, il cherche un troupeau de dinosaures herbivores. Même les plus gros ne lui font pas peur. Il se cache et les observe à distance. Puis, avec d'infinies précautions, il s'approche le plus près possible, sans se faire voir. Alors, il bondit sur sa victime.

vocabulaire de la chasse

Deinonychus s'accroche à sa proie avec les griffes de ses pattes avant et lui plante ses dents dans le cou pour l'empêcher de se débattre trop vivement. Puis, très vite, il lui enfonce ses énormes griffes dans le corps. La proie

parties du corps

succombe rapidement et Deinonychus commence son repas. Mais il faut qu'il se défende car d'autres carnivores, beaucoup moins bons chasseurs que lui, sont attirés et essaient de profiter du festin.

MAZIN, Jean-Michel, *Au temps des dinosaures*,
© Nathan, 1992.

On utilise les champs lexicaux pour développer les différents aspects d'un sujet et pour créer des effets.

POUR ENRICHIR TON VOCABULAIRE...

Avant d'écrire un texte, il peut parfois être utile de constituer une banque de mots. Construire un champ lexical est un des moyens pour y arriver.

STRATÉGIE **Repérer les champs lexicaux.**

Il n'existe pas de méthode particulière pour repérer les champs lexicaux dans un texte. Cependant, le titre fournit un indice important. Après avoir lu tout le texte, essaie d'imaginer les divers aspects qui pourraient être traités dans ce texte et, si tu le peux, avec un marqueur, **surligne** les mots et les expressions reliés à ces aspects. Une fois le marquage terminé, il te sera facile d'effectuer des regroupements de mots selon les aspects traités.

LES DICTIONNAIRES

Jusqu'où ton intuition peut-elle t'aider à utiliser le contexte pour découvrir le sens des mots inconnus ? Quand tu lis par plaisir, il n'est pas nécessaire de connaître la signification exacte de tous les mots inconnus que tu rencontres. La plupart du temps, le contexte te permet de comprendre le texte de façon globale sans recourir au dictionnaire. Mais si tu dois effectuer une tâche précise et connaître le sens exact d'un mot pour la réussir, tu devras utiliser un dictionnaire. Si tu sais chercher, tu y trouveras la réponse souhaitée.

Les dictionnaires ne fournissent pas tous les mêmes renseignements. Certains se bornent à donner la définition des mots. D'autres ajoutent la prononciation du mot, son origine, des références historiques, des synonymes, des antonymes, des mots de même famille, etc. Observe bien les articles de dictionnaires qui sont reproduits ici et tu pourras constater ces différences.

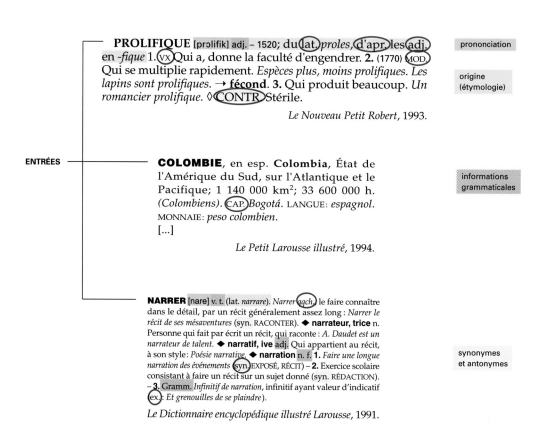

ENTRÉES

prononciation

origine (étymologie)

informations grammaticales

synonymes et antonymes

PROLIFIQUE [prolifik] adj. – 1520; du lat. *proles*, d'apr. les adj. en *-fique* **1.** vx Qui a, donne la faculté d'engendrer. **2.** (1770) MOD Qui se multiplie rapidement. *Espèces plus, moins prolifiques. Les lapins sont prolifiques.* → **fécond**. **3.** Qui produit beaucoup. *Un romancier prolifique.* ◊ CONTR Stérile.

Le Nouveau Petit Robert, 1993.

COLOMBIE, en esp. **Colombia**, État de l'Amérique du Sud, sur l'Atlantique et le Pacifique; 1 140 000 km²; 33 600 000 h. (*Colombiens*). CAP. *Bogotá*. LANGUE: *espagnol*. MONNAIE: *peso colombien*.
[...]

Le Petit Larousse illustré, 1994.

NARRER [nare] v. t. (lat. *narrare*). *Narrer qqch*, le faire connaître dans le détail, par un récit généralement assez long : *Narrer le récit de ses mésaventures* (syn. RACONTER). ◆ **narrateur, trice** n. Personne qui fait par écrit un récit, qui raconte : *A. Daudet est un narrateur de talent.* ◆ **narratif, ive** adj. Qui appartient au récit, à son style: *Poésie narrative.* ◆ **narration** n. f. **1.** *Faire une longue narration des événements* (syn. EXPOSÉ, RÉCIT) – **2.** Exercice scolaire consistant à faire un récit sur un sujet donné (syn. RÉDACTION). – **3.** Gramm. *Infinitif de narration*, infinitif ayant valeur d'indicatif (ex.: *Et grenouilles de se plaindre*).

Le Dictionnaire encyclopédique illustré Larousse, 1991.

MES CONNAISSANCES

Trouve maintenant une façon personnelle et originale d'expliquer à quelqu'un tes nouvelles connaissances sur le sens des mots.

J'apprends
Comment faire

Reconnaître les divers sens d'un mot

Le sens d'un mot selon le contexte

1 **Observe** le mot *signe* dans les phrases ci-dessous. **Explique** le sens particulier de ce mot dans chacune des phrases en utilisant les mots et les expressions qui apparaissent dans l'encadré.

> – annonce, promesse
> – marque distinctive
> – mouvement destiné à communiquer avec quelqu'un
> – en astrologie, sous l'influence de

A J'ai marqué mes manuels d'un **signe** distinctif.

B Je suis née sous le **signe** du Verseau.

C Les nuages à l'horizon sont **signe** de pluie.

3/3 ➡ AIDE ☞ **D** ET **E**

D L'arrivée des corneilles est un **signe** précurseur du printemps.

E Elle m'a fait un **signe** de la main.

2 **Récris** les phrases suivantes en remplaçant les mots ou les expressions en gras par un mot ou une expression synonyme qui en précisera le sens.

Si tu as un doute sur le sens du mot, n'hésite pas à consulter ton dictionnaire.

A Le **chef** n'aime pas la musique.

B J'étrennais un **couvre-chef** tout neuf.

C Je passe par le **chemin** habituel.

D Elle a **rebroussé chemin** pour le rencontrer.

4/4 ➡ AIDE ☞ **E** ET **F**

E Tu devras **te serrer la ceinture**.

F Ce vêtement est coupé par une **ceinture**.

Le sens d'un verbe selon la préposition

3 Voici trois verbes et une série de prépositions que tu pourrais utiliser avec l'un ou l'autre de ces verbes.

Verbes	Prépositions
– partir – passer – mettre	sur, à, en, devant, par, avec, de

A **Rédige** deux phrases avec chacun de ces verbes en utilisant une préposition différente.

B Dans chacune de tes phrases, **indique** le sens du verbe entre parenthèses.

Exemple :
Partir   1. Maude-Sophie **est partie de** *(a quitté)* Montréal.
   2. Martin-Pierre **est parti avec** *(a accompagné)* Noâ.

6/6 ➡ AIDE ☞ NR

Le sens d'un mot dans une expression

4 Dans chaque phrase, **remplace** l'expression en gras par une expression synonyme.

N'hésite pas, au besoin, à consulter un dictionnaire.

A Il **a pris en main** les intérêts de son frère.

B Tu **as eu la main heureuse** en agissant ainsi.

C Si tu **n'ouvres pas l'œil**, tu te feras doubler.

D Ils **ont fermé les yeux** sur ses bêtises.

4/4 ➡ AIDE ☞ **E**, **F**, **G** ET **H**

E J'**en ai par-dessus la tête**.

F Elle **est à la tête** d'une grande entreprise.

G Elle **est allée au front** pour défendre son pays.

H Il **a du front tout le tour de la tête**.

5 Les mots qui désignent des parties du corps ont donné naissance à de nombreuses expressions.

A Choisis quatre mots dans l'encadré ci-dessous et trouve une expression que tu utilises avec chacun d'eux.

B Rédige ensuite quatre phrases contenant chacune une expression connue.

cheveux	genou	œil
dents	jambe	oreille
dos	langue	
estomac	nez	

Exemple :

Dos : Avoir le dos tourné.

Je n'avais pas sitôt le dos tourné que les élèves chahutaient bruyamment.

8/8 ➥ AIDE ☞ NR

Le sens propre et le sens figuré

6 Lis le texte suivant, puis réponds aux questions.

La petite voiture vrombissait dans la nuit. Ses phares balayaient l'étroite chaussée. La route se promenait entre les grands étangs qui miroitaient silencieusement.

A Relève les deux verbes qui sont employés au sens figuré.

B Remplace ces verbes par un synonyme.

C Les synonymes que tu as trouvés pour remplacer ces verbes ont-ils tout à fait le même sens ?

3/3 ➥ AIDE ☞ NR

7 La bande dessinée ci-dessous fait sourire.

Explique pourquoi à l'aide des connaissances que tu possèdes maintenant sur le sens des mots.

QUINO, *La Bande à Mafalda*, © Éditions Glénat, 1981.

2/2 ➥ AIDE ☞ NR

Trouver le sens des mots inconnus

Observer les éléments de formation du mot

8 Les mots qui apparaissent dans la première colonne du tableau sont extraits de la dernière partie du texte *Ma petite vie* (*Mon encyclopédie*, page 112).

Reproduis ce tableau et, par dérivation (ajout de préfixes, de suffixes), **forme des familles de mots**.

4/4 ➡ AIDE ☞ E, F ET G

	Trouve un verbe à l'infinitif qui pourrait appartenir à la même famille de mots.	Trouve un nom qui pourrait appartenir à cette famille de mots.	Trouve un adjectif qui pourrait appartenir à cette famille de mots.
A tenir (ligne 25)			
B notant (ligne 26)			
C Trouvez (ligne 30)			
D découvrir (ligne 32)			
E lire (ligne 32)			
F décoller (ligne 38)			
G présente (ligne 42)			

9 Les mots de l'encadré sont extraits du texte *La naissance de l'écriture* (*Mon encyclopédie*, page 54).

> – Préhistoire (ligne 1)
> – alphabet (ligne 39)
> – cunéiforme (ligne 9)
> – hiéroglyphes (ligne 18)

Retrouve chacun des mots dans le texte et, selon ce que tu penses qu'ils signifient, **associe-les** à l'un ou l'autre des ensembles d'éléments grecs ou latins qui suivent.

Réponds de la manière suivante:
(insectes) (qui mange)
insecti/vore

A (coin) (qui a la forme de)
B (première lettre) (deuxième lettre)
C (avant) (histoire)

Trouver des synonymes

10 Tous les mots de cette activité sont extraits du texte *Le journal secret d'Adrien Mole, 13 ans ³/₄* (*Mon encyclopédie*, page 114).

– **Remplace** d'abord chaque mot par un **synonyme**.
– **Vérifie** ensuite si tu as bien trouvé le sens de chaque mot.

A résolutions (ligne 3) **D** tripoter (ligne 12)
B Suspendre (ligne 6) **E** dégoûtants (ligne 13)
C gentil (ligne 10) **F** patraque (ligne 28)

6/6 ➡ DICTIONNAIRE ☞ G, H, I, ET J

G veine (ligne 31)
H maquette (ligne 37)
I prunes (ligne 41)
J coffrera (ligne 52)

4/4 ➡ AIDE ☞ NR

12 Reprends l'activité du numéro 11 avec les mots suivants.

Repoussante géante (*Mon encyclopédie*, page 74)

A rafflésie (ligne 1)   **C** embaume (ligne 4)

B Coquette (ligne 1)   **D** malodorant (ligne 5)

4/4 ➡ DICTIONNAIRE ☞ **E**, **F**, **G** ET **H**

Steak d'escargot (*Mon encyclopédie*, page 75)

E achatine (ligne 4)

F titanesques (ligne 10)

Le mastodonte (*Mon encyclopédie*, page 75)

G séquoia (ligne 1)

H mastodonte (ligne 3)

EXPLORER DES CHAMPS LEXICAUX

13 À quelle discipline olympique associes-tu les groupes de mots suivants?

1. glace, patinoire, patins, musique, danse
2. glace, patinoire, patins, vitesse, équipe
3. montagne, ski, saut, bosses, neige
4. crawl, dos, papillon, nage, brasse

A Patinage de vitesse

B Natation

2/2 ➡ AIDE ☞ **C** ET **D**

C Patinage de fantaisie

D Ski de bosses

11 Supposons que tu n'avais pas compris le sens des mots ci-dessous en lisant le texte *La Rédac* (*Mon encyclopédie*, page 51).

– Pour chaque mot, **indique** si tu penses qu'il s'agit:
  - d'un mot qui désigne une personne, un animal, un objet, un lieu, un sentiment ou une activité;
  - d'un mot qui introduit une caractéristique;
  - d'un verbe.

– **Trouve** dans le contexte un ou plusieurs mots qui pourraient t'aider à en trouver le sens.

– Lorsque c'est possible, **remplace** chacun des mots par un synonyme et vérifies-en le sens.

A démarrage (ligne 1)

B R 18 G.T.L. (ligne 6)

C scintillaient (ligne 10)

3/3 ➡ AIDE ☞ **D**, **E** ET **F**

D dardait (ligne 18)

E caserai (ligne 19)

F se trémoussait (ligne 22)

14 **Forme** des champs lexicaux à l'aide des mots de l'encadré en les regroupant selon les suggestions données.

> bruit – fumet – saliver – rougeâtre – respirer – acoustique – succulent – tapoter – arôme – coucher de soleil – effleurer – sucré – saisir – humer – prendre – apercevoir – cécité – acidulé – faisceau – parfum – téléphone – musique – craquer – regard – palper – foncé – fragrance – empester – sonorité – flairer – savoureusement – ronfler – visibilité – tactile – heurter – mélodie

A Odorat   **B** Vue   **C** Goût

3/3 ➡ AIDE ☞ **C** ET **D**

D Toucher

E Ouïe

UTILISER LE DICTIONNAIRE

15 **Observe** les articles de dictionnaires reproduits aux pages 75 et 80 de l'étape *J'apprends*.

A À l'aide des annotations en couleur, **dresse la liste** des informations qu'on peut trouver dans ces articles de dictionnaires.

B Les mots encerclés dans ces articles sont des abréviations. **Trouve**, dans ton dictionnaire, la liste des abréviations et leur signification, puis **écris** la signification de chaque mot encerclé.

16 Dans *Mon encyclopédie*, page 40, tu trouves un article sur le mot *mot*.

A **Donne** l'information grammaticale contenue dans cet article.

B **Trouve**, dans l'article, au moins un synonyme de *mot*.

C Le mot *mot* a un sens premier. **Écris** une courte phrase dans laquelle tu utiliseras le mot *mot* dans son sens premier.

D Dans l'explication de la partie 2 de cet article, tu trouves l'abréviation **Fig**. **Écris** deux phrases et utilise dans chacune le mot *mot* dans un sens figuré différent.

7/7 ➡ AIDE ☞ NR

17 Pour cette activité, tu as besoin d'un dictionnaire.

Remplis un tableau semblable à celui ci-dessous pour chacun des mots donnés. Si ton dictionnaire ne contient pas l'information demandée, fais un X dans la case correspondante.

ENTRÉES	ORIGINE (étymologie)	INFORMATIONS GRAMMATICALES	SYNONYMES ou ANTONYMES
Exemple: prolifique	1520; du lat. *proles*, d'apr. les adj. en *-fique*	adj.	(CONTR. Stérile)
fantôme			
harmonie			
circumnavigation			

9/9 ➡ DICTIONNAIRE ☞ NR

18 Observe les quatre pages de diction-naires qui ont été reproduites dans *Mon ency-clopédie*, pages 40 à 43, en prêtant attention aux annotations qui ont été ajoutées.

A Écris le titre des quatre dictionnaires dont une page a été reproduite.

B Associe chacun de ces titres à l'une ou l'autre des définitions données dans l'encadré.

> – Recueil de mots présentés par ordre alphabé-tique et suivis de leur définition.
>
> – Recueil d'expressions regroupées selon l'or-dre alphabétique des mots qui les composent.
>
> – Dictionnaire qui regroupe les mots selon les ressemblances de sens.
>
> – Recueil de mots présentés par ordre alphabé-tique et suivis de synonymes ou d'anto-nymes.

4/4 ➠ AIDE ☞ NR

19 Dans la page 40 de *Mon encyclopédie*, trouve cinq expressions où le mot *mot* a un sens différent et utilise chacune dans une courte phrase.

5/5 ➠ AIDE ☞ NR

20 Dans la page 41, trouve un synonyme que tu pourrais utiliser pour remplacer chacun des mots ou expressions en gras dans les phrases suivantes.

A Vous m'avez donné vos instructions en **mots** très clairs.

B Cette phrase est une traduction **mot à mot** de l'anglais.

C *Adjectif* est le **mot** qui regroupe des mots comme *haut*, *blanc*, *long*, *frais*, *épuisé*, etc.

D Plusieurs conjonctions (et plusieurs préposi-tions) sont des **petits mots** invariables.

4/4 ➠ AIDE ☞ NR

21 Utilise les expressions suivantes dans de courtes phrases. Assure-toi que tu les utilises dans un sens approprié en consultant l'article du dictionnaire à la page 42.

A Au bas mot.

B Dire deux mots à quelqu'un.

C Sans mot dire.

3/3 ➠ AIDE ☞ NR

22 Tu dois écrire un texte sur les *mots*. À l'aide de l'article du dictionnaire analogique de la page 43, **constitue** une banque de mots qui pourraient caractériser les mots.

23 Indique quelle(s) sorte(s) de diction-naires tu pourrais consulter dans chacune des situations suivantes.

A Tu dois écrire un récit d'aventures dans lequel un personnage meurt d'effroi. Ton enseignant ou ton enseignante te demande de constituer d'abord une banque de mots qui pourraient exprimer la peur.

B Tu lis un article de revue sur un sujet que tu découvres et qui te passionne, mais il y a des mots que tu ne comprends pas. Ton enseignant ou ton enseignante te suggère de les remplacer par des mots qui ont le même sens.

C Tes parents ont été témoins d'un grave accident d'auto et ils reçoivent une *sommation*. Tu te demandes bien ce que signifie ce mot.

3/3 ➠ AIDE ☞ NR

Je sais Comment faire quand je lis

POUR COMPRENDRE LE SENS D'UN MOT

SYNTHÈSE DES STRATÉGIES DE LECTURE

Quand ça va bien !

- Pour reconnaître tous les sens qu'un mot peut prendre, habitue-toi à t'arrêter sur certains mots lorsque tu lis. Par exemple, si tu sais qu'un mot peut avoir plusieurs sens, prends le temps d'évoquer les divers sens qu'il peut avoir.

  Ainsi, au fil de tes lectures, tu développeras un réflexe qui te permettra de reconnaître si un même mot peut avoir plusieurs sens et si celui que tu lui attribues convient au contexte.

- Si tu rencontres un mot dont tu ignores le sens, quand tu lis pour ton plaisir, tu peux te contenter d'essayer de deviner ce qu'il signifie à l'aide du contexte.

Tu développeras ainsi des stratégies et des habiletés qui te seront très utiles lorsque tu liras des textes plus difficiles.

Consignes

Lis le texte de la page suivante et **remplace** les mots en gras par un synonyme après avoir utilisé l'une ou l'autre des stratégies présentées dans la colonne de droite.

> Exemple :
> ahuri : surpris

QUELLE JOURNÉE !

Les cheveux [1] **en bataille**, l'air complètement [2] **ahuri**, Amstramgramatchoum surgit soudain de son fauteuil. À le voir ainsi, on pourrait le prendre pour un [3] **pantin** sorti tout droit d'une boîte à surprise. Sans perdre une seconde, il [4] **plonge** les mains dans ses poches.

– Nom d'une pipe, où est-elle ?

Il en ressort un vieux [5] **ticket** de cinéma, quelques pièces de monnaie, un bout de papier froissé et un vieux bonbon.

– Allons bon, qu'est-ce que j'ai encore fait ?

Nerveusement, il fouille encore et avec un grand sourire [6] **exhibe** tout à coup une vieille montre.

– Enfin !

Hélas, sa joie n'est qu' [7] **éphémère**. Son sourire se change en grimace tandis qu'il regarde la montre en se grattant la tête.

– Ce n'est pas possible, [8] **marmonne**-t-il.

[9] **Perplexe**, il jette un second coup d'œil à sa montre. Deux [10] **précautions** valent mieux qu'une, c'est bien connu. Amstramgramatchoum doit se rendre à l'évidence : il est bel et bien plus de six heures et le soleil commence à [11] **plier bagages**. Amstramgramatchoum n'en revient pas.

– Mais comment cela se fait-il ?

Jacques PASQUET, *Méli-Mélo*,
© Québec/Amérique Jeunesse, coll. «Bilbo», 1986.

STRATÉGIES

1.
Si tu rencontres un mot que tu connais mais dont l'utilisation te surprend, peut-être s'agit-il d'un mot employé au sens figuré ou dans un sens différent de celui que tu connais.

- **Rappelle-toi** d'abord **le sens** que tu connais et vérifie, par analogie, quel aspect du mot pourrait t'aider à en trouver le sens dans ce contexte particulier.
- **Relis** ensuite le contexte et **vérifie** dans quelle mesure les autres mots de la phrase peuvent t'aider à en comprendre le sens.
- Essaie de **remplacer** ce mot par un synonyme.
- **Consulte** ton dictionnaire.

2.
Pour trouver le sens d'un mot inconnu, **cherche…**

- **dans le mot** :
  - essaie de reconnaître un autre mot à l'intérieur de ce mot ;
  - cherche des mots de la même famille ;
  - cherche un synonyme, un antonyme ;
- **dans la phrase** :
  - regarde les mots qui le précèdent et ceux qui le suivent ;
  - essaie de déterminer ce qu'il désigne (objet, personne, lieu…) ;
  - cherche des indices relatifs à son utilité, sa couleur, son poids, sa grandeur, etc. (si c'est un objet) ;
- **dans le texte** :
  - une définition, une comparaison, un titre, un intertitre, des notes de bas de page, etc. ;
- **dans le dictionnaire**.

Je fais le point

1. Quelles stratégies as-tu trouvées les plus utiles ?

2. Peut-être as-tu besoin d'activités supplémentaires pour maîtriser la compétence à comprendre le sens des mots. Si oui, ton enseignant ou ton enseignante t'en remettra.

Je sais Comment faire quand j'écris

POUR RESPECTER LA SIGNIFICATION DES MOTS

• FICHE DESCRIPTIVE •

Préalables :

– Atelier 5 : *Comprendre le sens des mots* (pages 70 à 90).
– Ateliers de grammaire 9 et 10 (voir *Mes ateliers de grammaire*).

Objectifs :

– Raconter un événement.
– Utiliser des mots en respectant leur signification.
– Mettre en pratique les stratégies de révision de texte :
  • *Je révise et je corrige les groupes du nom*, nos 1, 2, 3 et 4 (page 358) ;
  • Les autres stratégies de révision que tu connais et dont tu as encore besoin.

Te souviens-tu ?

Lis le texte *J'ai même essayé des sourires...* dans *Mon encyclopédie*, page 168.

Te souviens-tu de ce qui se passait dans ta tête la veille de ton entrée à l'école secondaire ? Avais-tu des appréhensions ? des peurs ? des inquiétudes ? Avais-tu hâte ? Est-ce un bon ou un mauvais souvenir ?

POUR ENRICHIR TON VOCABULAIRE...

– Dans le texte *J'ai même essayé des sourires*, relève les mots et les groupes de mots qui servent à exprimer des émotions, des sentiments.
– Trouve un synonyme et un antonyme pour chacun des mots relevés.

Contraintes d'écriture

1. **Rédige un texte de six phrases** pour décrire comment tu te sentais lors de ta première journée à l'école secondaire.
2. **Utilise au moins cinq mots ou groupes de mots** de ta banque de mots.

J'évalue

Complète les deux énoncés suivants :

1. «J'ai trouvé cet atelier (facile/difficile/intéressant/etc.) ✎ [   ] parce que ✎ [   ] .»

2. «Les activités que j'ai réalisées dans les étapes *J'apprends comment faire* et *Je sais comment faire...* m'ont révélé que je maîtrise (peu/ assez bien/très bien/etc.) ✎ [   ] la compétence à comprendre le sens des mots.»

LIRE ET ÉCRIRE
UN TEXTE DE TYPE DESCRIPTIF

Fernando Botero, *Ma chambre* (1978).
© Fernando Botero/Marlborough Gallery.

Les mots et moi

PROJET : Écrire un texte pour faire connaître à mon enseignant ou à mon enseignante la relation que j'entretiens avec les mots.

ÉTAPES :

1. Explorer le sujet.
2. Accumuler des matériaux (lire des textes).
3. Écrire mon texte (100 mots) et le réviser.
4. Évaluer ma démarche.

Fréquenter les mots des autres

Voici des mots : des mots courants, des mots savants ; des mots banals, des mots originaux ; des mots qui font rêver, pleurer, frémir, rire, sursauter, parler... Des mots tantôt tristes, tantôt joyeux ou ternes à tes yeux. Des mots tout seuls, sans décor, sans contexte.

NOIR croire **FOIRE** fjord **TRÉSOR** multicolore **CASTAFIORE** pion **BIDON** bedon **COTON**

cocon **BONBONS** tendresse **FORTERESSE** soldat **CRACHAT** débat **FORÇAT**

anticonstitutionnellement **FAIRE** grabataire **LÉGATAIRE** dictionnaire **FLAIR** millionnaire

PLÉNIPOTENTIAIRE damasquiner **TARABISCOTER** tomber **CÉPHALÉE** cloche **POCHE** strophe

APOSTROPHE anicroche **CRÈME** chrysanthème **DAHLIAS** lilas **COUR** tambour **TOPINAMBOUR**

cavalcade **TARTINADE** fanfaronnade **SERPENT** éléphant **BLANC**

Si tu avais à regrouper ces mots, en combien de catégories les classerais-tu ?

Deux catégories ?

- Ceux que tu aimes et ceux que tu n'aimes pas.
- Ceux que tu connais et ceux que tu ne connais pas.

Trois catégories ?

- Ceux qui sont agréables à entendre, désagréables ou neutres (qui ne te font aucune impression).
- Ceux qui te rappellent un bon souvenir, un mauvais souvenir et ceux qui ne te rappellent rien de particulier.

Quatre catégories ?

- Les mots blancs, les mots noirs, les mots rouges et les mots gris.

Choisis de quelle manière tu veux les regrouper et **écris tes regroupements** de mots sur une feuille sans indiquer les catégories que as retenues.

Fais lire ta feuille à un ou une élève et demande-lui de découvrir tes catégories.

Accumuler des matériaux

POURQUOI lire ?

L'activité précédente t'a permis d'amorcer une réflexion sur les relations que tu entretiens avec les mots. Certains auteurs ont écrit des textes qui traitent de ce sujet de façon explicite. En lisant ces textes, tu découvriras d'autres façons de voir les mots et tu pourras accumuler des matériaux pour réaliser ton projet.

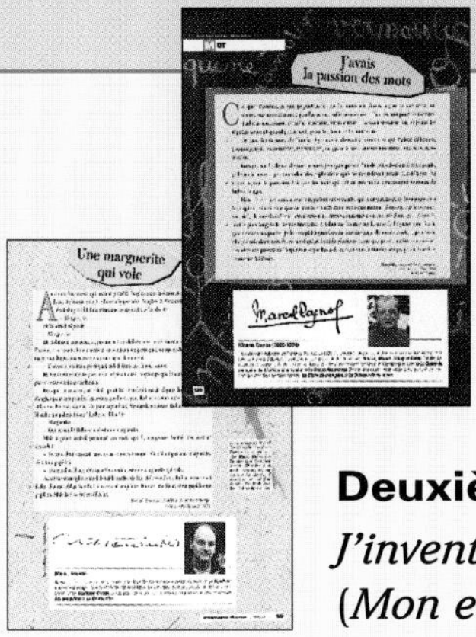

QUOI lire ?

Premier texte

J'avais la passion des mots, Marcel Pagnol (*Mon encyclopédie*, page 134)

Deuxième texte

J'inventais des mots, Jeanne Cressanges (*Mon encyclopédie*, page 135)

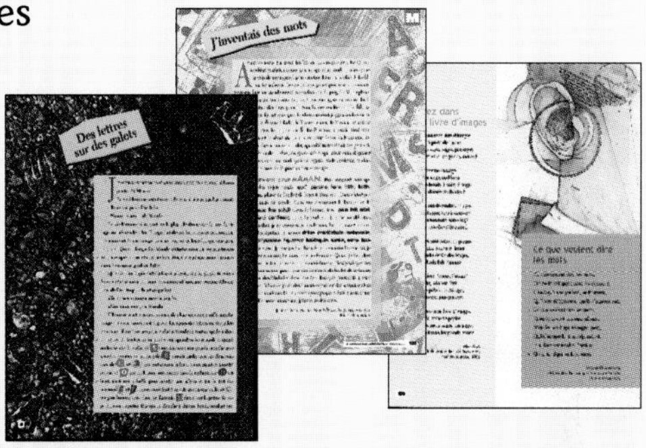

Troisième texte

Un des trois textes suivants :

- *Des lettres sur des galets*, Jean-Marie G. Le Clézio (*Mon encyclopédie*, page 4)
- *Une marguerite qui vole*, Michel Tournier (*Mon encyclopédie*, page 137)
- *Ce que veulent dire les mots*, Jacques Charpentreau (*Mon encyclopédie*, page 150)

COMMENT lire ?

Tu auras trois textes à lire. Tu découvriras d'abord le sens du **premier texte,** *J'avais la passion des mots*, **au fil des activités** qui l'accompagnent.

Tu liras ensuite le **deuxième texte,** *J'inventais des mots*, **en entier**, et tu répondras aux questions.

Enfin tu choisiras le **troisième texte** parmi ceux qui sont proposés et tu le **liras en entier** pour découvrir toi-même des matériaux qui t'aideront à réaliser ton projet.

Après la lecture de chacun des textes, remplis la fiche *Le texte en quelques mots* afin de rendre compte de ta compréhension globale du texte.

Planifier ma lecture

Je lirai des textes parce que ✎

Je lirai les textes suivants :

1. ✎
2. ✎
3. ✎

Comment lirai-je ces textes ?

Premier texte : ✎

Deuxième texte : ✎

Troisième texte : ✎

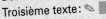

J'avais la passion des mots

Mon encyclopédie, page 134

Avant la lecture

Remplace le mot *mots* du titre par d'autres mots qui révéleraient ce qui te passionne.

PHILIPPE CAUBÈRE · NATHALIE ROUSSEL · DIDIER PAIN · THÉRÈSE LIOTARD

UN FILM DE
YVES ROBERT

D'APRÈS L'ŒUVRE DE
MARCEL PAGNOL
DE L'ACADÉMIE FRANÇAISE

LA GLOIRE DE MON PÈRE

...UIS NUCERA · YVES ROBERT avec JULIEN CIAMACA · VICTORIEN DELAMARE · PAUL CRAUCHET · JORIS MOLINAS
musique VLADIMIR COSMA   producteur délégué ALAIN POIRÉ
...F ALAZRAKI   montage PIERRE GILLETTE   direction JACQUES DUGIED   ... DE LA PRODUCTION MARC GOLDSTAUB et GUY AZZI
...ONT · GAUMONT PRODUCTION · PRODUCTIONS DE LA GUEVILLE · TF1 FILMS PRODUCTION
AVEC LA PARTICIPATION DU CENTRE NATIONAL DE LA CINÉMATOGRAPHIE

Devenu grand-père, Marcel Pagnol a eu envie de raconter ses souvenirs d'enfance. Ses romans *La Gloire de mon père*, *Le Château de ma mère* et *Le Temps des secrets* présentent avec fraîcheur un milieu familial simple.

Pendant la lecture

1

Lis le premier paragraphe
(lignes 1 et 2).

a) Relève le groupe de mots qui exprime clairement le sentiment qu'éprouvait Marcel Pagnol pour les mots.

b) Relève un nom qui désigne une activité que faisait Marcel Pagnol avec les mots et qui révèle ce sentiment.

2

Lis le deuxième paragraphe
(lignes 3 et 4).

a) Pourquoi Marcel Pagnol aimait-il particulièrement les mots *grenade*, *fumée*, *bourru*, *vermoulu* et *manivelle* ?

b) Prononce ces mots lentement, à voix basse. Partages-tu son sentiment ? Explique pourquoi en une courte phrase.

c) Trouve un synonyme des mots *bourru, vermoulu* et *manivelle*.

94

3

Lis le troisième paragraphe
(lignes 5 à 7).

a) Dans ton dictionnaire, trouve le <u>sens premier</u> des mots *damasquiné, florilège, filigrane, archiépiscopal* et *plénipotentiaire*.

b) Explique pourquoi, selon toi, Marcel Pagnol trouvait:

– **délicieux** les mots *damasquiné, florilège* et *filigrane*;

– **grandioses** les mots *archiépiscopal* et *plénipotentiaire*.

c) Écris cinq mots que tu trouves **délicieux** et cinq autres mots que tu trouves **grandioses** pour les mêmes raisons que Marcel Pagnol.

5

Lis le dernier paragraphe
(lignes 12 à 19).

Marcel Pagnol raconte qu'il a découvert un **mot monstre**:

anticonstitutionnellement.

a) Écris ce mot dans ton cahier et décompose-le (préfixe, radical, suffixe).

b) Selon toi, que désigne ce mot: une personne, une action ou une caractéristique?

c) Essaie de le définir dans tes propres mots. Vérifie ensuite ta définition dans le dictionnaire.

d) Cherche dans ton dictionnaire un mot qui pourrait devenir ton **mot monstre**. Écris-le plusieurs fois de manière à remplir cinq lignes de ton cahier et explique pourquoi tu l'as choisi.

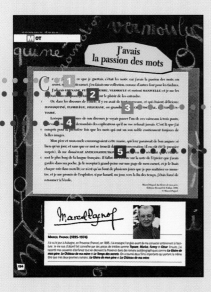

4

Lis le quatrième paragraphe
(lignes 8 à 11).

Dans la première phrase du quatrième paragraphe, le mot *vaisseau* est employé au sens figuré. À la place de quel mot au sens propre l'auteur l'a-t-il utilisé?

Le texte en quelques mots

J'avais la passion des mots

Le contenu du texte
Dans ce texte, on parle de ✎ ▢ .

L'organisation du texte
– Dans les trois premiers paragraphes, Marcel Pagnol découvre ✎ ▢ .
– Dans le dernier paragraphe, Marcel Pagnol parle du mot ✎ ▢ .

Le point de vue
Point de vue de l'auteur sur les mots:
▢ favorable, parce qu'il écrit ✎ ▢ .
▢ défavorable, parce qu'il écrit ✎ ▢ .

Maintenant que tu as lu tout le texte :

6 Dans les activités 1 à 5, tu as joué avec un certain nombre de mots : des mots de Marcel Pagnol et d'autres mots que tu as trouvés toi-même. Classe ces mots dans ce qui pourrait devenir une *tarte aux mots*. Tu peux aussi ajouter d'autres mots que ceux que tu as découverts en faisant ces activités.

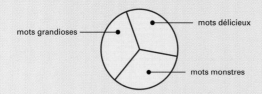

7 Marcel Pagnol affirme que ce qui lui plaisait dans les mots, c'était leur sonorité, *le plaisir de les entendre*. Relève dans tout le texte les mots qui pourraient faire partie d'un champ lexical lié à la sonorité.

POUR ENRICHIR TON VOCABULAIRE ...

Pour dire comment REGARDER et ÉCOUTER

Tout au long de l'année, tu liras des textes dans lesquels tu découvriras des mots nouveaux, des mots intrigants, des mots séduisants, **des mots qui te plairont.**

La rubrique *La passion des mots* te fournira l'occasion de réfléchir sur certains mots que tu découvriras. Certaines activités te permettront aussi d'enrichir ton vocabulaire et d'utiliser ces mots nouveaux dans tes propres textes.

1. Dans la première phrase du texte, Marcel Pagnol utilise le mot *guettais* pour décrire son rapport avec les mots.

L'encadré ci-contre présente une liste de nombreux autres verbes qui désignent différentes manières de **regarder**. Pour prouver que tu en connais le sens et que tu saurais les utiliser dans un texte, trouve un complément qui conviendrait à chacun.

Exemples : – *Guetter* un signal.
　　　　　 – *Repérer* quelqu'un.

Essaie d'abord de faire l'exercice sans dictionnaire. Compte le nombre de verbes que tu as réussi à utiliser, puis termine l'exercice à l'aide de ton dictionnaire.

a) admirer	m) guetter
b) apercevoir	n) lorgner
c) considérer	o) mirer
d) contempler	p) observer
e) dévisager	q) percevoir
f) discerner	r) regarder
g) distinguer	s) reluquer
h) entrevoir	t) remarquer
i) épier	u) repérer
j) espionner	v) scruter
k) examiner	w) surveiller
l) fixer	x) toiser

2. Marcel Pagnol dit aussi qu'il écoutait les mots. Voici une liste d'adverbes que tu pourrais utiliser avec le verbe *écouter*. Pour chacun de ces adverbes, forme une phrase qui pourrait répondre à la question *QUI est-ce que ou QU'est-ce que tu écoutes ainsi* ?

Exemple : J'écoute *distraitement* la radio.

a) silencieusement
b) attentivement
c) avidement
d) distraitement
e) passionnément
f) d'une oreille
g) sympathiquement
h) en rongeant son frein

Deuxième texte

TYPE DE TEXTE: **DESCRIPTIF**

CONTEXTE Les lettres ont toujours fasciné les écrivains, comme le prouvent les deux courts textes suivants.

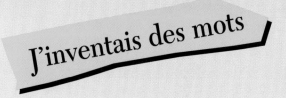
J'inventais des mots

Mon encyclopédie, page 135

L'alphabet de Hugo

Les voyelles existent pour le regard presque autant que pour l'oreille. Elles peignent des couleurs. On les voit. A et I sont des voyelles blanches et brillantes. O est une voyelle rouge. E et EU sont des voyelles bleues. U est la voyelle noire.

Journal de ce que j'apprends chaque jour, 1846-1847.

L'alphabet d'Arthur Rimbaud

A noir, E blanc, I rouge, U vert, O bleu: voyelles. Je dirai quelque jour vos naissances latentes.

«Voyelles», *Poésies.*

Avant la lecture

1. Selon toi, DE QUOI parle Jeanne Cressanges dans son texte ?

2. Observe le texte. Pourquoi penses-tu que certains mots sont mis en évidence ?

3. Quel nom donnerais-tu à quelqu'un qui invente des mots ? Réponds à la question en inventant toi-même un mot.

1 Au début du texte, Jeanne Cressanges révèle que lorsqu'elle était enfant, les lettres lui faisaient penser à des situations bien précises ou à des objets particuliers.

a) Quel mot de la ligne 2 et quel autre de la ligne 6 pourrais-tu remplacer par l'expression *me faisait penser à...*?

b) Trace un croquis qui rendrait compte de ce que les lettres U, V, B, D, A, Y et S évoquaient pour Jeanne Cressanges.

2 a) Dans le premier paragraphe, peut-être éprouves-tu de la difficulté à comprendre les mots *aiguillonnant* (ligne 5), *Pierrot* (ligne 7) et *malsonnante* (ligne 11). Parmi les moyens suggérés dans l'encadré, choisis celui que tu utiliserais pour découvrir le sens de chacun de ces mots.

La formation du mot.	Le contexte.
Un synonyme.	Le dictionnaire.

b) À la ligne 8 du premier paragraphe, par quel synonyme remplacerais-tu le mot *aggravais* : par *accentuais* ou par *diminuais* ? Justifie ton choix.

c) Trouve le sens de l'expression *en rire sous cape*, à la fin du premier paragraphe, à partir du sens des mots qui la composent.

3 Le rectangle ci-dessous contient les 26 lettres de l'alphabet. Observe-les pendant quelques secondes et choisis-en deux qui t'inspirent particulièrement.

A B C D E F G H I J K L M N O
P Q R S T U V W X Y Z

a) Dans une courte phrase, explique à la manière de Jeanne Cressanges à quoi ces deux lettres te font penser.

b) Ébauche un croquis pour rendre l'idée que suscite dans ton esprit chacune des lettres retenues.

4 a) Quel rapprochement Jeanne Cressanges fait-elle entre les lettres dans le premier paragraphe et certains mots dans le deuxième paragraphe ? Justifie ta réponse en citant deux exemples.

b) Trouve trois autres mots qui auraient pu apparaître dans sa liste.

5 Trouve deux autres mots qui, comme ceux de Jeanne Cressanges, évoquent pour toi :

a) la lumière et la chaleur;

b) la nourriture;

c) la tendresse.

6 Au milieu du deuxième paragraphe, Jeanne Cressanges parle des mots dont elle ne connaissait pas le sens.

a) Fais le relevé de ces mots (il y en a dix).

b) Parmi ces dix mots, dresse la liste de ceux dont tu ne connais pas le sens.

c) Parmi les moyens suggérés dans l'encadré ci-dessous, choisis celui que tu utiliserais pour découvrir le sens de chacun de ces mots et indique-le dans une phrase comme celle-ci:

«Pour trouver le sens du mot ✎ ▮▮▮, j'ai utilisé ✎ ▮▮▮.»

> – Le contexte.
> – Un mot de même famille.
> – Un synonyme.
> – Les éléments qui composent le mot.
> – Le dictionnaire.

d) Maintenant, rédige de courtes phrases contenant chacun de ces mots.

7 Jeanne Cressanges avait imaginé deux sens pour la phrase *Les hirondelles sur le toit tiennent des conciliabules*.

a) Quels sont ces deux sens?

b) Comment est-elle arrivée à donner ces deux sens à cette phrase?

c) Quels moyens aurait-elle pu utiliser pour trouver le sens du mot *conciliabule*? Utilise un de ces moyens et rédige une réponse qui commencerait par: «Lorsque les hirondelles tiennent des conciliabules, elles ✎ ▮▮▮.»

8 En lisant le texte de Jeanne Cressanges, tu as découvert de nouveaux mots qui pourraient servir à faire une tarte aux mots. Puise des mots dans le texte et utilises-en d'autres que tu as découverts dans les activités 1 à 6 pour compléter la tarte suivante.

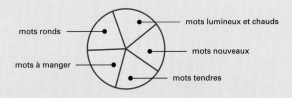

mots ronds — mots lumineux et chauds

mots à manger — mots nouveaux

mots tendres

9 a) Imagine que quelqu'un te demande le sens du mot *maître-mot*. Quels moyens pourrais-tu lui suggérer pour le découvrir?

b) Trouve un autre mot composé formé avec le mot *maître*.

Réagir au texte

Ce texte m'a permis de découvrir qu'on peut aimer les mots à cause de ✎ ▮▮▮.

Évaluer ma démarche de lecture

– J'ai particulièrement bien réussi les activités ✎ ▮▮▮.

– J'ai éprouvé des difficultés dans les activités ✎ ▮▮▮ parce que ✎ ▮▮▮.

– J'ai utilisé les moyens suivants pour surmonter mes difficultés: ✎ ▮▮▮.

– À la lecture du prochain texte, je porterai une attention particulière à ✎ ▮▮▮.

LA PASSION DES MOTS

POUR ENRICHIR TON VOCABULAIRE ...

Pour nuancer les sentiments

Jeanne Cressanges commence son texte en écrivant : *Avant les mots, j'ai* ***aimé*** *les lettres*. On peut aimer de différentes manières : un peu, beaucoup, passionnément, à la folie ! L'encadré ci-contre contient une liste de verbes ou de locutions verbales qui veulent tous dire ***aimer*** à des degrés divers. Pour prouver que tu en comprends le sens et que tu pourrais les utiliser dans un texte, trouve un complément pour chacun.

Exemple : Tenir à son chien.

a) chérir
b) adorer
c) idolâtrer
d) être épris de
e) être féru d'amour pour
f) brûler pour
g) s'éprendre de
h) affectionner
i) tenir à
j) aimer
k) prendre plaisir à

Troisième texte

TYPE DE TEXTE : **DESCRIPTIF**

Avant la lecture

Tu sais maintenant qu'on peut aimer les lettres et les mots pour une foule de raisons : pour leur sonorité, pour leur forme, pour les sentiments qu'ils suscitent, pour les bons souvenirs qu'ils nous rappellent, pour les rêves qu'ils font naître...

1. En un mot, dis ce qu'évoquent pour toi les titres suivants :
- *Des lettres sur des galets*, Jean-Marie G. Le Clézio (*Mon encyclopédie*, page 4) ;
- *Une marguerite qui vole*, Michel Tournier (*Mon encyclopédie*, page 137) ;
- *Ce que veulent dire les mots*, Jacques Charpentreau (*Mon encyclopédie*, page 150).

2. Observe les pages de *Mon encyclopédie* où se trouvent ces textes et exprime en un mot ce que chacune éveille en toi.

3. Choisis maintenant un texte parmi les trois et lis-le attentivement.

Le texte en quelques mots

Titre du texte : ✎

Le contenu du texte
Dans ce texte, on parle de ✎ .

L'organisation du texte
Ce texte contient ✎ paragraphes. Voici de quoi il est question dans chacun de ces paragraphes :
- 1er par. : ✎ ;
- 2e par. : ✎ ;
- etc.

Le point de vue
Quel est le point de vue de l'auteur de ce texte sur son sujet ? ✎

Après la lecture

1 a) Dans ton cahier, inscris le titre du texte et indique ce qui intéresse surtout l'auteur dans les mots.

b) Détermine si l'auteur du texte que tu as choisi se rapproche plus de Marcel Pagnol ou de Jeanne Cressanges. Réponds en complétant l'énoncé suivant:

«Dans le texte (titre du texte) ✎ ▭, l'auteur (nom de l'auteur) ✎ ▭ manifeste un intérêt pour (les lettres/les mots/les phrases/etc.) ✎ ▭ à cause de (leur sonorité/leur forme/ce qu'ils évoquent/etc.) ✎ ▭. Cet intérêt ressemble à celui de (Marcel Pagnol/Jeanne Cressanges) ✎ ▭.»

2 Dans le texte que tu as choisi, relève neuf mots qui pourraient te servir à faire une tarte aux mots à trois pointes contenant chacune trois mots.

Réagir au texte

Ce texte m'a permis de découvrir qu'on peut aimer ✎ ▭ à cause de ✎ ▭.

Évaluer ma démarche de lecture

– J'ai particulièrement bien réussi les activités ✎ ▭.

– J'ai éprouvé des difficultés dans les activités ✎ ▭ parce que ✎ ▭.

– J'ai utilisé les moyens suivants pour surmonter mes difficultés: ✎ ▭.

– Désormais, lorsque je lirai un texte de type descriptif, je porterai une attention particulière à ✎ ▭.

De la lecture à l'écriture

Titres des textes:
– J'avais la passion des mots
– J'inventais des mots
– ✎ ▭

Les activités de lecture que tu viens de terminer visaient à te permettre d'accumuler des matériaux afin d'écrire un texte sur ta relation avec les mots. **En quelques phrases**, précise maintenant quels éléments des textes lus pourraient t'être utiles pour l'écriture de ton propre texte.

Dans la première phrase, tu pourrais préciser quel texte tu as trouvé le plus difficile à lire et expliquer pourquoi.

Dans la deuxième phrase, tu pourrais dire lequel des trois textes tu as préféré et expliquer pourquoi.

Dans la troisième phrase, tu pourrais expliquer ce que tu as découvert au sujet de ta relation avec les mots.

Écrire mon texte

Voici maintenant le moment d'écrire un texte de type descriptif dans lequel tu feras part à ton enseignant ou à ton enseignante de la relation que tu entretiens avec les mots.

Texte à écrire

<u>POURQUOI ÉCRIRE ?</u>

Pour faire connaître ce que représentent les mots pour moi.

<u>QUOI ÉCRIRE ?</u>

Dix lignes (100 mots) dans lesquelles je parle de ma relation avec les mots.

<u>À QUI ÉCRIRE ?</u>

À mon enseignant ou à mon enseignante de français.

◆ <u>RESSOURCES DOCUMENTAIRES PERMISES :</u>

– dictionnaire, grammaire, textes de l'étape <u>Accumuler des matériaux.</u>

◆ <u>ÉLÉMENTS NOTIONNELS À APPLIQUER ET À VÉRIFIER :</u>

– l'utilisation du sens propre et du sens figuré d'un mot;
– l'utilisation d'un champ lexical précis;
– les accords dans le groupe du nom (voir <u>Je révise et je corrige les groupes du nom</u>, nos 1, 2 et 3, page 358);
– les éléments notionnels vus dans les ateliers précédents (utilise les stratégies dont tu as encore besoin).

> **Planifier l'écriture de mon texte**
>
> 1. Pourquoi écrirai-je un texte ?
> 2. Sur qui ou sur quoi écrirai-je ce texte ?
> 3. À qui mon texte est-il destiné ?

Contraintes d'écriture

Tu as lu trois textes dans lesquels les auteurs exprimaient leurs sentiments face aux mots. C'est maintenant à ton tour de dire **ce que représentent les mots pour toi**.

Pour vérifier si tu peux mettre en pratique ce que tu as appris, tu écriras un texte d'une dizaine de lignes qui décrira la relation que tu entretiens avec un mot en particulier ou les mots en général, un peu à la manière des textes que tu as lus.

Marche à suivre

1. Consulter ma banque de mots

Tout au long de cette séquence sur les mots, tu as constitué une banque de mots qui pourraient servir à exprimer des goûts, des sentiments, des émotions, des sensations.

À l'aide de cette banque, **construis un champ lexical** qui t'aidera à exprimer ton rapport avec les mots.

2. Préciser le sujet de mon texte

1. **Dresse une liste de mots que tu aimes** particulièrement et **rédige une courte phrase** pour expliquer pourquoi tu aimes ces mots.

2. **Dresse une liste de mots que tu n'aimes pas** et **rédige une courte phrase** pour expliquer pourquoi tu ne les aimes pas.

3. **Choisis** maintenant de quelle manière tu as envie de parler de ta relation avec les mots:
   – **à la manière de Marcel Pagnol;**
   – **à la manière de Jeanne Cressanges;**
   – **à la manière de J.-M. G. Le Clézio, de Michel Tournier ou de Jacques Charpentreau;**
   – **à ta manière** si ta relation avec les mots est différente de celles décrites par les auteurs des textes que tu as lus.

4. **En tenant compte de ton choix, rédige** une courte phrase pour résumer le rapport que tu entretiens avec un mot en particulier ou avec les mots en général.

3. Rédiger le début du texte

Décide **comment tu commenceras ton texte**. Essaie de trouver une formule qui attirera l'attention du destinataire, c'est-à-dire ton enseignant ou ton enseignante.

4. Rédiger le brouillon

Rédige **le brouillon de ton texte** en respectant le plus possible les décisions prises dans les activités précédentes. **Fais des pauses** pour relire ton texte et vérifier les éléments qui apparaissent dans la fiche *Réviser la langue et le contenu de mon texte*.

5. Réviser le texte

Avant de transcrire ton brouillon, relis-le afin de vérifier une dernière fois tous les éléments présentés dans la fiche *Réviser la langue et le contenu de mon texte*.

Vérifie aussi si tu as respecté les critères d'évaluation qui guideront ton enseignant ou ton enseignante dans sa correction, soit le respect du sujet, l'utilisation adéquate des mots et les accords dans les groupes du nom.

Tu pourras ainsi améliorer encore ton texte.

Réviser la langue et le contenu de mon texte

1. Ai-je effectué correctement la tâche imposée ?

2. Ai-je tenu compte des destinataires ?

3. Mon texte traduit-il le point de vue adopté au départ ? Ce point de vue est-il maintenu ?

4. Mes phrases sont-elles grammaticales et acceptables ?

5. Les mots que j'ai utilisés sont-ils bien orthographiés (voir page 360) ?

6. Les accords dans les groupes du nom sont-ils faits correctement (voir page 358, nos 1, 2 et 3) ?

Relire mon texte

Avant de transcrire mon texte au propre, je dois le relire :

– une première fois pour vérifier la langue et le contenu, et apporter les corrections nécessaires ;

– une deuxième fois, à l'aide des stratégies apprises, pour vérifier si mes phrases sont bien construites.

Rédige un court texte pour rendre compte de ta démarche d'écriture.

J'évalue ma démarche d'écriture

Titre du texte: ✎ ▢   **Date de production:** ✎ ▢

Dans la première phrase, tu pourrais dire si tu as aimé écrire ce texte et expliquer brièvement pourquoi.

Dans la deuxième phrase, tu pourrais dire si la lecture des textes de l'étape **Accumuler des matériaux** t'a aidé à écrire ton texte et expliquer comment.

Dans la troisième phrase, tu pourrais mentionner la plus grande difficulté que tu as éprouvée et expliquer comment tu l'as surmontée.

Complète les énoncés suivants:

«J'ai (peu/assez/beaucoup/etc.) ✎ ▢ aimé faire ce projet parce que ✎ ▢.» J'ai (assez bien/bien/ très bien/etc.) ✎ ▢ réussi à écrire un texte dans lequel je décris ma relation avec les mots. Dans l'atelier d'intégration *Les mots et moi*, j'ai (rarement/assez souvent/la plupart du temps/etc.) ✎ ▢ réussi à mettre en pratique les notions que j'avais acquises en lecture sur le sens des mots.»

4 LES PHRASES

Alex Colville, *Boy, Dog and School Bus* (1960). Drabinsky and Friedland Galleries.

ans les deux toiles présentées ici, tu peux observer que des personnes ou des objets sont en relation les uns avec les autres. Si tu examines attentivement le détail qui accompagne la toile d'Alex Colville, tu peux constater qu'en regardant, observant, analysant une partie de la toile, tu en arrives à mieux comprendre la toile entière. Il en est de même avec les phrases dans un texte.

La séquence que tu entreprends maintenant te permettra d'acquérir des connaissances liées aux **phrases** et au **texte de type descriptif**.

DES PHRASES, DES PHRASES, DES PHRASES...

Écrire un texte pour me faire connaître à des jeunes d'un pays étranger.

COMPÉTENCES À DÉVELOPPER

- Comprendre le sens des phrases
- Lire un texte de type descriptif
- Écrire un texte de type descriptif

ATELIERS D'ACQUISITION DE CONNAISSANCES

Ateliers :

ATELIER D'INTÉGRATION

Pablo Picasso, *Portrait de Maya à la poupée* (1938). Vis Art / Super Stock.

COMPRENDRE
LE SENS D'UNE PHRASE

Jan Vermeer, *Le peintre et son modèle*, détail (1662-1665). Super Stock.

J'explore

LES ARAIGNÉES

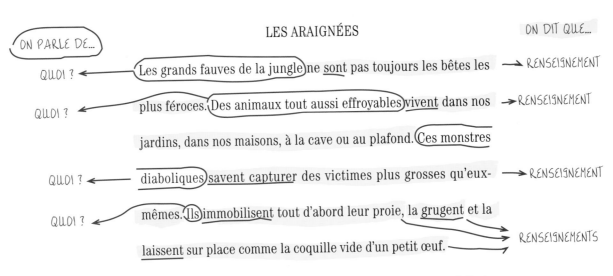

ON PARLE DE...

QUOI ? ← Les grands fauves de la jungle ne <u>sont</u> pas toujours les bêtes les → RENSEIGNEMENT

QUOI ? ← plus féroces. Des animaux tout aussi effroyables <u>vivent</u> dans nos → RENSEIGNEMENT

jardins, dans nos maisons, à la cave ou au plafond. Ces monstres

QUOI ? ← diaboliques <u>savent capturer</u> des victimes plus grosses qu'eux- → RENSEIGNEMENT

QUOI ? ← mêmes. Ils <u>immobilisent</u> tout d'abord leur proie, la <u>grugent</u> et la

laissent sur place comme la coquille vide d'un petit œuf. → RENSEIGNEMENTS

ON DIT QUE...

D'après *Tout l'Univers*, tome X, © Livre de Paris.

---

1 Le titre de ce paragraphe indique qu'il sera question des araignées dans le texte. Dans quelles phrases du texte parle-t-on vraiment des araignées ?

2 Relève dans le texte les renseignements que l'auteur fournit sur les araignées.

3 Les phrases de ce texte sont considérées comme faciles à comprendre. Le sont-elles pour toi ? Explique pourquoi.

4 Complète l'énoncé suivant:
« Les activités 1, 2 et 3 m'ont permis de découvrir que les phrases contiennent ✎ ▨ . »

LES CONNAISSANCES DE CET ATELIER

EN BREF

Pour bien comprendre le sens d'une phrase, il faut pouvoir :

1. répondre à la question *DE QUI ou DE QUOI parle-t-on dans la phrase ?* ;
2. relever le ou les **RENSEIGNEMENTS** que la phrase contient.

J'apprends

Lorsque tu lis un texte, tu comprends habituellement de quoi on parle. Tu peux vite découvrir s'il y est question de hiboux, de dauphins ou de patins à roues alignées et, au fil de ta lecture, tu peux relever les renseignements qu'on te fournit sur le sujet.

Comprendre un texte signifie donc être capable de répondre aux deux questions suivantes :

1. DE QUI ou DE QUOI parle-t-on dans le texte ?
2. Quels RENSEIGNEMENTS le texte contient-il sur le sujet ?

Ainsi, dans le texte d'exploration (page 108), il est question des araignées (QUOI) et on apprend qu'elles *vivent dans nos jardins, savent capturer des victimes,* etc.

Mais, pour bien saisir le sens d'un texte, il est essentiel, tout au long de sa lecture, de bien saisir **le sens de chacune des phrases** qui le constituent en trouvant la réponse à la question *DE QUI ou DE QUOI parle-t-on dans la phrase ?* et en identifiant le ou les **RENSEIGNEMENTS** qu'elle contient.

BREF,

Comprendre un texte, c'est :

1. découvrir DE QUI ou DE QUOI on parle dans le texte ;
2. relever les RENSEIGNEMENTS qu'il contient.

BREF,

Comprendre une phrase, c'est :

1. découvrir DE QUI ou DE QUOI on parle dans la phrase ;
2. relever le ou les RENSEIGNEMENTS qu'elle contient.

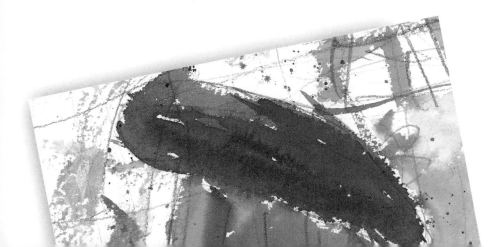

COMPRENDRE
LE SENS D'UNE PHRASE

109

IDENTIFIER DE QUI OU DE QUOI ON PARLE DANS LA PHRASE

QUOI ?

Ces petites bêtes affamées dévorent une quantité incroyable d'insectes nuisibles.

Une phrase contient presque toujours un verbe conjugué. La réponse à la question *DE QUI ou DE QUOI parle-t-on dans la phrase ?* se trouve habituellement avant le verbe conjugué. Dans une phrase ne contenant qu'un verbe conjugué, **cette réponse correspond au sujet grammatical.**

DE QUI ou DE QUOI parle-t-on dans la phrase ?	
Ces petites bêtes affamées	**+** dévorent une quantité incroyable d'insectes nuisibles.

ATTENTION !

Il peut arriver que, dans certaines phrases, la réponse à la question *DE QUI ou DE QUOI parle-t-on dans la phrase ?* contienne plusieurs éléments.

DE QUI ou DE QUOI parle-t-on dans la phrase ?	
Les mouches, les fourmis et les abeilles	**+** font partie de la famille des insectes.

RELEVER LES RENSEIGNEMENTS DANS LA PHRASE

QUOI ?　　　　　RENSEIGNEMENT

Ces petites bêtes affamées dévorent une quantité incroyable d'insectes nuisibles.

Au fil de ta lecture, après avoir trouvé dans chaque phrase la réponse à la question *DE QUI ou DE QUOI parle-t-on dans la phrase ?*, pour prouver que tu l'as bien comprise, tu dois aussi trouver le ou les RENSEIGNEMENTS qu'elle contient. Le RENSEIGNEMENT est habituellement constitué d'un verbe conjugué et, s'il y a lieu, des mots qui le complètent dans la phrase. Ainsi, dans l'exemple ci-dessus, on parle de *Ces petites bêtes affamées* (QUOI) et le RENSEIGNEMENT qu'on apprend à leur sujet est qu'elles *dévorent une quantité incroyable d'insectes nuisibles.*

DE QUI ou DE QUOI parle-t-on dans la phrase ?	+	RENSEIGNEMENT

PHRASE = | Ces petites bêtes affamées | **+** | <u>dévorent</u> une quantité incroyable d'insectes nuisibles. |

ou :

PHRASE = | QUI ? ou QUOI ? + RENSEIGNEMENT |

BREF,

P = Q + R

<u>STRATÉGIE</u> **Rendre compte de sa compréhension d'une phrase.**

Si on te demandait de rendre compte de ta compréhension d'une phrase, tu pourrais le faire à l'aide d'un organisateur graphique. **Un organisateur graphique est un moyen visuel qui permet de représenter une phrase.** Voici à quoi pourrait ressembler l'organisateur graphique de la phrase donnée en exemple :

BREF,

Un organisateur graphique est un moyen visuel qui permet de représenter une phrase.

Ces petites bêtes affamées + dévorent une quantité incroyable d'insectes nuisibles.

ATTENTI○N !

Lorsqu'on dit que le **RENSEIGNEMENT** contient *le verbe conjugué et, s'il y a lieu, les mots qui le complètent dans la phrase*, il est possible que, parmi les mots qui le complètent, on trouve aussi un verbe conjugué.

DE QUI ou DE QUOI parle-t-on dans la phrase ?	+	RENSEIGNEMENT
Ces monstres diaboliques	**+**	<u>attendent</u> que leurs victimes **soient** à leur portée.

À lire pour le plaisir
Ont-ils de la conversation ?, page 103.

MES CONNAISSANCES
EN BREF

Trouve maintenant une façon personnelle et originale d'expliquer à quelqu'un tes nouvelles connaissances sur la phrase.

COMPRENDRE
LE SENS D'UNE PHRASE

J'apprends Comment faire

DE QUI OU DE QUOI PARLE-T-ON DANS LA PHRASE ?

1 Avant le verbe conjugué, **ajoute** un mot ou un groupe de mots qui répond à la question *DE QUI ou DE QUOI parle-t-on dans la phrase ?*

A ✎ ▮▮▮ est la capitale du Québec.

B ✎ ▮▮▮ sont arrivés les premiers à la soirée de Michaël.

C ✎ ▮▮▮ est reconnu comme le roi des animaux.

3/3 ➡ AIDE ☞ D ET E

D ✎ ▮▮▮ sont des matières scolaires de première secondaire.

E ✎ ▮▮▮ nous présente des films et des émissions variées.

2 Dans les phrases suivantes, **relève** les mots ou les groupes de mots qui répondent à la question *DE QUI ou DE QUOI parle-t-on dans la phrase ?*

A L'eau fut l'une des premières sources d'énergie exploitées par les humains.

B Elle a donné naissance au moulin à eau et à la machine à vapeur.

C Cette dernière invention a grandement contribué au développement de l'industrie au 19e siècle.

3/3 ➡ P. 110 ☞ D ET E

D Frank Zamboni a inventé une machine à refaire la glace en 1940.

E Ces machines sont distribuées dans le monde entier.

3 Pour répondre aux questions posées, **rédige** des phrases complètes. Dans chacune d'elles, **encercle** les mots ou les groupes de mots qui répondent à la question *DE QUI ou DE QUOI parle-t-on dans la phrase ?*

A Quelle est la capitale du Canada ?

B Quel animal peut traverser le désert sans boire d'eau ?

C Quels sont les prénoms de ton père et de ta mère ?

D Quel oiseau hulule la nuit ?

E Qui est ton enseignant ou ton enseignante de français ?

5/5 ➡ AIDE ☞ NR

LES RENSEIGNEMENTS DANS LA PHRASE

4 **Transcris** les phrases suivantes et **surligne** les RENSEIGNEMENTS qu'elles contiennent.

A Mon frère et ma sœur étudient à la même école.

B Ma mère et sa sœur travaillent dans la même ville.

C Felipe se doutait bien que sa mère lui achèterait un cadeau d'anniversaire.

3/3 ➡ AIDE ☞ D, E ET F

D Pieter a émigré au Canada en 1990.

E Mes amis ne sont pas tous nés au Québec.

F J'aime beaucoup mon cours de français cette année.

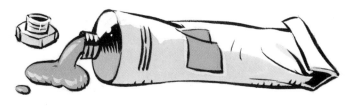

5 **Fais un organisateur graphique** semblable à celui ci-dessous pour rendre compte de ta compréhension des phrases qui suivent.

> Les loups + chassent les renards.

A Les grands fauves de la jungle ne sont pas toujours les bêtes les plus féroces.

B Les araignées immobilisent d'abord leur proie.

C Les araignées et de nombreux insectes sont d'une grande utilité pour l'espèce humaine.

3/3 ➡ P. 110 ET 111 ☞ **D** ET **E**

D Elles laissent leur proie sur place comme la coquille vide d'un petit œuf.

E Certaines espèces d'araignées sont inoffensives.

Mets tes connaissances en pratique lorsque tu écris

Consignes

– **Rédige cinq phrases** que tu considères faciles sur un sujet de ton choix.

– **Applique** ensuite la stratégie de révision **SES** (**S**ouligne, **E**ncercle, **S**urligne) qui apparaît dans l'encadré et, s'il y a lieu, fais les corrections nécessaires.

Banque
DE **M**ots

POUR ENRICHIR TON VOCABULAIRE...

- Choisis d'abord ton sujet.
- Dresse ensuite une liste de mots que tu connais, reliés à ce sujet, et que tu pourrais utiliser dans tes phrases.
- Complète ta liste en relevant des mots nouveaux reliés à ce sujet dans des articles de revues ou dans des ouvrages spécialisés.

1. Souligne d'abord chaque verbe conjugué.

2. Encercle la réponse à la question *DE QUI ou DE QUOI parle-t-on dans la phrase ?*

La réalisation d'un organisateur graphique aide à comprendre le sens d'une phrase.

3. Surligne le RENSEIGNEMENT (le verbe conjugué et, s'il y a lieu, les mots qui le complètent).

J'apprends

Dans les textes que tu lis habituellement, les phrases ne sont pas toujours aussi courtes et aussi faciles à comprendre que celles que tu as examinées dans les pages précédentes. Souvent, les auteurs choisissent de communiquer plusieurs RENSEIGNEMENTS dans une même phrase.

Il est important de savoir que, dans certaines phrases, il peut y avoir plusieurs RENSEIGNEMENTS et plusieurs réponses à la question *DE QUI ou DE QUOI parle-t-on dans la phrase ?*

PLUSIEURS RENSEIGNEMENTS RATTACHÉS À UN SEUL ÉLÉMENT

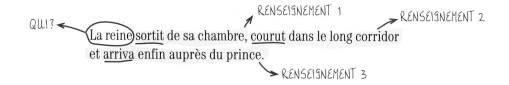

QUI? — La reine sortit de sa chambre, courut dans le long corridor et arriva enfin auprès du prince.

RENSEIGNEMENT 1
RENSEIGNEMENT 2
RENSEIGNEMENT 3

BREF,

Il existe des phrases qui contiennent plusieurs RENSEIGNEMENTS rattachés à un seul élément.

Pour éviter des répétitions, **une personne peut décider, dans la même phrase, d'attribuer plusieurs RENSEIGNEMENTS à un seul élément.** On sera alors en présence d'UNE phrase contenant plusieurs verbes conjugués, comme l'illustre l'exemple ci-dessus, plutôt que de TROIS phrases comme dans l'exemple qui suit :

> **La reine** sortit de sa chambre. **La reine** courut dans le long corridor. **La reine** arriva enfin auprès du prince.

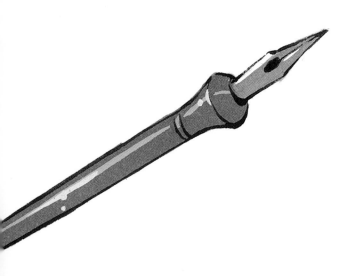

Dans un tel cas, il est inutile de répéter DE QUI on parle. Il vaut mieux construire une phrase qui contient plusieurs RENSEIGNEMENTS rattachés à un seul élément.

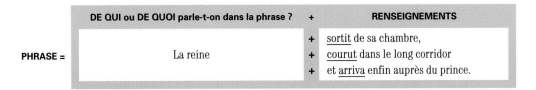

DE QUI ou DE QUOI parle-t-on dans la phrase ?	+	RENSEIGNEMENTS
PHRASE = La reine	+ + +	<u>sortit</u> de sa chambre, <u>courut</u> dans le long corridor et <u>arriva</u> enfin auprès du prince.

ou :

PHRASE = | QUI ? ou QUOI ? + RENSEIGNEMENT 1
+ RENSEIGNEMENT 2
+ RENSEIGNEMENT 3 |

Des indices

Le nombre de **verbes conjugués**, **la virgule** et **les marqueurs de relation** sont des indices qui permettent de découvrir que la phrase contient plusieurs RENSEIGNEMENTS portant sur un seul élément.

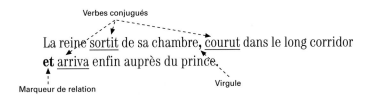

Verbes conjugués

La reine sortit de sa chambre, courut dans le long corridor
et arriva enfin auprès du prince.

Marqueur de relation   Virgule

<u>STRATÉGIE</u> **Rendre compte de sa compréhension d'une phrase.**

Si on te demandait de rendre compte de ta compréhension d'une phrase contenant plusieurs RENSEIGNEMENTS rattachés à un seul élément, tu pourrais utiliser un organisateur graphique semblable à celui qui suit :

La reine + sortit de sa chambre,
+ courut dans le long corridor
+ et arriva enfin auprès du prince.

PLUSIEURS RENSEIGNEMENTS RATTACHÉS À PLUSIEURS ÉLÉMENTS

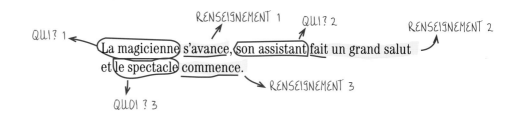

Il est possible que des phrases contiennent plusieurs RENSEIGNEMENTS rattachés à plusieurs éléments.

Ainsi, dans l'exemple ci-dessus, on trouve trois verbes conjugués: *s'avance*, *fait* et *commence*, qui donnent lieu à **trois RENSEIGNEMENTS**. Et chacun de ces renseignements est rattaché à un élément différent. Ainsi, si on te demandait *DE QUI ou DE QUOI parle-t-on dans cette phrase ?*, il te faudrait répondre: *La magicienne, son assistant et le spectacle.*

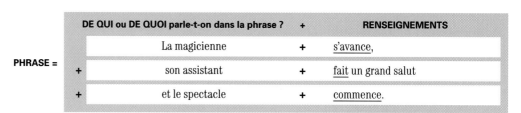

ou :

PHRASE =

	QUI ? ou QUOI ? + RENSEIGNEMENT
+	QUI ? ou QUOI ? + RENSEIGNEMENT
+	QUI ? ou QUOI ? + RENSEIGNEMENT

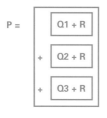

Des indices

Les indices qui te permettent de reconnaître ces phrases sont **le nombre de verbes conjugués** (exemple: *s'avance, fait, commence*), **la virgule** et **les marqueurs de relation** comme *et, mais, car, or, ni, donc,* etc.

Rendre compte de sa compréhension d'une phrase.

Si on te demandait de rendre compte de ta compréhension d'une phrase contenant plusieurs RENSEIGNEMENTS rattachés à plusieurs éléments, tu pourrais le faire à l'aide d'un organisateur graphique semblable à celui qui suit:

La magicienne + s'avance,

+ son assistant + fait un grand salut

+ et le spectacle + commence.

MES CONNAISSANCES

EN BREF

Trouve maintenant une façon personnelle et originale d'expliquer à quelqu'un tes nouvelles connaissances sur la phrase.

J'apprends Comment faire

PLUSIEURS RENSEIGNEMENTS RATTACHÉS À UN SEUL ÉLÉMENT

1 Transcris les phrases suivantes. Pour chacune des phrases:

– souligne d'abord le ou les verbes conjugués;

– encercle ensuite les mots ou les groupes de mots qui répondent à la question *DE QUI ou DE QUOI parle-t-on dans la phrase?*;

– enfin, surligne les mots ou les groupes de mots qui constituent des RENSEIGNEMENTS.

A Certains oiseaux vivent dans le sud pendant l'hiver et émigrent dans le nord pendant l'été.

B L'eau de cette région goûte le soufre et présente une couleur un peu jaunâtre.

C Cette jeune artiste fait de la danse, écrit de la poésie et s'intéresse à la mise en scène.

3/3 ➡ AIDE ☞ NR

2 Fais maintenant l'organisateur graphique de chacune des phrases du numéro précédent.

3/3 ➡ P. 114 ET 115 ☞ NR

3 Récris les phrases suivantes en évitant la répétition des mots soulignés. Représente ensuite tes nouvelles phrases par un organisateur graphique.

En récrivant tes phrases, fais attention à l'utilisation de la virgule et des marqueurs de relation.

A Monsieur Gauvin parle beaucoup. Monsieur Gauvin rit bruyamment. Monsieur Gauvin raconte des histoires extraordinaires.

B Molière rencontra Scaramouche. Molière abandonna son idée de devenir avocat. Molière se consacra au théâtre.

2/2 ➡ AIDE ☞ C ET D

C La pluie tombait. La pluie inondait les pavés. La pluie noyait les plantes.

D Les amies d'Akli apprécient les vacances. Les amies d'Akli aiment jouer à la pétanque.

COMPRENDRE
LE SENS D'UNE PHRASE

117

4 **Rédige** des phrases complètes qui contiennent plusieurs RENSEIGNEMENTS rattachés à un seul élément et qui répondent aux questions suivantes.

> N'oublie pas qu'un RENSEIGNEMENT contient <u>un verbe conjugué</u> et, s'il y a lieu, <u>les mots qui le complètent</u>.

A Qu'ont fait les amis de Shamir hier soir ?

B À quoi les enfants passent-ils leur temps ?

C Comment les adultes passent-ils leur journée ?

D Que fait un joueur de hockey ?

4/4 ➟ AIDE ☞ NR

PLUSIEURS RENSEIGNEMENTS RATTACHÉS À PLUSIEURS ÉLÉMENTS

5 **Transcris** les phrases suivantes. Pour chacune d'elles :

- **souligne** d'abord le ou les verbes conjugués;

- **encercle** ensuite les mots ou les groupes de mots qui répondent à la question *DE QUI ou DE QUOI parle-t-on dans la phrase ?*;

- enfin, **surligne** les mots ou les groupes de mots qui constituent des RENSEIGNEMENTS.

A Certains jeunes font jouer leur musique très fort et leurs parents en sont contrariés.

B La collection de disques de sa mère est immense et Laurence y a trouvé des disques remarquables.

2/2 ➟ P. 116 ET 117 ☞ **C**

C Suzie écoute du «country», Marc-André apprécie la musique d'ascenseur et Simon se déguise en Liberace.

6 **Fais** maintenant l'organisateur graphique de chacune des phrases du numéro précédent.

3/3 ➟ P. 116 ET 117 ☞ NR

7 **Rédige** des phrases complètes qui contiennent plusieurs RENSEIGNEMENTS rattachés à plusieurs éléments et qui répondent aux questions suivantes.

A Que font les élèves et les enseignants en fin de semaine ?

1/1 ➟ AIDE ☞ **B** ET **C**

B Que font Samuel et Karina pour gagner un peu d'argent de poche ?

C Comment les oiseaux et les êtres humains se déplacent-ils ?

Mets tes connaissances en pratique lorsque tu écris

Consignes

- Pour chacun des organisateurs graphiques qui suivent, rédige deux phrases.

- Applique ensuite la stratégie de révision SES (**S**ouligne, **E**ncercle, **S**urligne) qui est illustrée dans l'encadré de la page 113 et, s'il y a lieu, fais les corrections nécessaires.

a) $P = \begin{array}{l} Q + R1 \\ + R2 \\ + R3 \end{array}$

b) $P = \begin{array}{l} Q1 + R \\ + \boxed{Q2 + R} \\ + \boxed{Q3 + R} \end{array}$

Je sais comment faire quand je lis

POUR COMPRENDRE LE SENS D'UNE PHRASE

SYNTHÈSE DES STRATÉGIES DE LECTURE

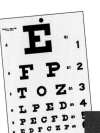

Quand ça va bien !

- Quand tu lis des phrases faciles à comprendre, il est simple pour toi d'identifier DE QUI ou DE QUOI on parle dans ces phrases et de trouver les RENSEIGNE-MENTS qu'elles contiennent. Dans le cas de phrases plus longues, prends le temps de vérifier si tu peux relever toutes les réponses à la question *DE QUI ou DE QUOI parle-t-on dans la phrase ?* de même que tous les RENSEIGNEMENTS qui s'y rattachent.

  Tu développeras ainsi des **automatismes** qui te seront très utiles lorsque tu seras en présence de phrases plus difficiles à comprendre.

Consignes

Les phrases du texte ci-dessous sont faciles à comprendre. Rends compte de ta compréhension des phrases ▢4, ▢6 et ▢7 à l'aide d'**organisateurs graphiques**.

Si tu as de la difficulté à comprendre d'autres phrases, fais-en l'organisateur graphique.

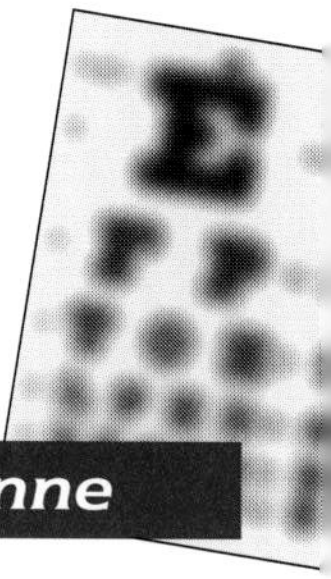

UNE PARTIE DE HOCKEY

▢1 L'équipe de l'école Gratton a encore remporté la finale provinciale de hockey féminin. ▢2 Cette puissante équipe est composée de jeunes filles de 14 à 16 ans. ▢3 Marie-Claude Normandin a marqué les trois premiers buts de l'école Gratton. ▢4 La partie avait lieu au magnifique centre sportif Choquette et la foule était fort déçue de voir son équipe vivre des difficultés si tôt dans la partie. ▢5 Les Étincelles n'étaient pas au bout de leur peine. ▢6 La gardienne Josée Côté arrêta avec brio un puissant lancer, chuta et se blessa malheureusement au poignet. ▢7 Celle-ci quitta la glace et la gardienne substitut la remplaça. ▢8 La partie se termina par le score de 7 à 1. ▢9 L'équipe de l'école Gratton était nettement trop forte.

▢10 Marie-Claude Normandin et sa troupe se sont donc classées pour le championnat nord-américain. ▢11 La Californie accueillera ce prestigieux tournoi. ▢12 Ces hockeyeuses ont bien de la chance !

Si tu es en panne

STRATÉGIES

Pour identifier DE QUI ou DE QUOI on parle dans la phrase et les RENSEIGNEMENTS qu'elle contient:

1.
Relève chaque verbe conjugué.

2.
Trouve le sujet grammatical de chacun à l'aide de la formule:

C'est... qui + **verbe**.

3.
Surligne les groupes du verbe.

Au besoin, **recours à un organisateur graphique**.

Je fais le point

1. Quelles stratégie as-tu trouvées les plus utiles pour comprendre le sens des phrases ?
2. Peut-être as-tu besoin d'activités supplémentaires pour maîtriser la compétence à comprendre le sens des phrases ? Si oui, ton enseignant ou ton enseignante t'en remettra.

Je sais comment faire quand j'écris

POUR MIEUX ÉCRIRE DES PHRASES

• FICHE DESCRIPTIVE •

Préalables :
- Atelier 6 : *Comprendre le sens d'une phrase* (pages 108 à 122).
- Ateliers de grammaire 1, 2 et 3 (voir *Mes ateliers de grammaire*).

Objectifs :
- Écrire trois phrases contenant un ou plusieurs RENSEIGNEMENTS rattachés à un ou plusieurs éléments.
- Mettre en pratique des stratégies de révision de texte :
  - La stratégie **SES : S**ouligne, **E**ncercle, **S**urligne (page 113) ;
  - *Je révise et je corrige les phrases*, n°s 1 et 2 (page 360) ;
  - Les autres stratégies que tu connais et dont tu as encore besoin.

Une rencontre

Observe les toiles de Colville et de Picasso aux pages 106 et 107. Chacune représente une rencontre entre deux personnages. Choisis celle que tu préfères.

POUR ENRICHIR TON VOCABULAIRE...

- Dresse une liste de verbes que tu pourrais utiliser pour décrire une rencontre.
- Dans un dictionnaire de synonymes, trouve des mots que tu peux utiliser au lieu du mot *rencontre*.

Contraintes d'écriture

1. Rédige trois phrases différentes pour décrire cette rencontre. Chaque phrase devra correspondre à l'un des modèles suivants et **tous les modèles** devront être utilisés.

a) P = $\boxed{\text{Q + R}}$

b) P = $\boxed{\text{Q1 + R}}$ + $\boxed{\text{Q2 + R}}$

c) P = $\boxed{\begin{array}{l}\text{Q + R1} \\ \text{+ R2} \\ \text{+ R3}\end{array}}$

2. **Applique les stratégies de révision de texte** demandées dans la fiche descriptive de la page 121.
3. **Transcris tes phrases au propre** et fais-les ensuite lire à un ou une camarade pour vérifier en quoi vos descriptions de la rencontre se ressemblent ou diffèrent.

J'évalue

Complète les deux énoncés suivants:

1. «J'ai trouvé cet atelier (facile/difficile/intéressant/etc.) ✎ ____ parce que ✎ ____ .»
2. «Les activités que j'ai réalisées dans les étapes ***J'apprends comment faire*** et ***Je sais comment faire...*** m'ont révélé que je maîtrise:
   - (peu/assez bien/très bien/etc.) ✎ ____ la compétence à comprendre le sens d'une phrase;
   - (peu/assez bien/très bien/etc.) ✎ ____ la compétence à écrire une phrase.»

Jan Vermeer,
Le peintre et son modèle,
détail (1662-1665). Super Stock.

J'explore

LES MANCHOTS ROYAUX

Quand? *Quand?*
(Chaque année) (pendant l'été austral,) les fjords de la Géorgie
Pourquoi?
retentissent de milliers de chants (parce que les manchots royaux
Quand?
font la noce)! (Après de brèves épousailles,) Madame pond un œuf.
Quand?
(Deux mois plus tard,) les jeunes éclosent. Ils sont recouverts d'un
en duvet
duvet marron [qui les protégera contre les rigueurs de l'hiver à
les poussins
venir.] Incapables de se débrouiller seuls, les poussins sont en effet
Pendant combien de temps? Quand?
coincés sur l'île (neuf longs mois.) (Pendant leur croissance,) les
Pourquoi?
parents se relaient en mer (pour les approvisionner en poissons,)
poissons
[qu'ils regurgitent sous forme de bouillie.]

Science et vie Junior, n° 67.

1 Ces phrases sont jugées plus difficiles à comprendre que celles étudiées dans l'atelier 6. Essaie de déterminer pourquoi.

2 Certaines parties de ce texte sont mises entre parenthèses et d'autres entre crochets. Si tu lis le texte en omettant ces parties, que constates-tu?

3 Complète l'énoncé suivant:

«Les activités 1 et 2 m'ont permis de constater que certaines phrases peuvent être plus difficiles à comprendre parce que ✎ ▨ .»

LES CONNAISSANCES DE CET ATELIER

EN BREF

Divers facteurs rendent les phrases plus difficiles à comprendre :

1. La présence de mots ou de groupes de mots qui indiquent les **circonstances** (*Où ?, Quand ?, Comment ?,* etc.) dans lesquelles se déroule le fait ou l'action dont on parle dans la phrase.

2. La présence de mots ou de groupes de mots qui apportent des **précisions** sur certains noms dans la phrase.

3. La présence de plus d'un **RENSEIGNEMENT** dans la phrase.

4. La présence de nombreux **pronoms**.

J'apprends

Parfois, certaines phrases sont plus difficiles à comprendre parce qu'elles sont plus longues. En effet, il n'est pas rare de trouver des phrases qui s'étirent sur plusieurs lignes. Si ces phrases sont si longues, c'est souvent parce qu'elles contiennent des mots ou des groupes de mots qui introduisent des circonstances de temps, de lieu, de manière, etc.

LES CIRCONSTANCES

Quand ? (Chaque année) *Quand ?* (pendant l'été austral,) (les fjords de la Géorgie) retentissent de milliers de chants (parce que les manchots *Pourquoi ?* royaux font la noce.)

Bien lire un texte, c'est être capable d'en dégager l'essentiel, soit :
— identifier DE QUI ou DE QUOI on parle dans les phrases ;
— trouver les RENSEIGNEMENTS qu'elles contiennent.

Mais il faut aussi être capable de relever d'autres détails importants que chaque phrase contient, tels **les circonstances**.

Par exemple, si l'auteur du texte de la page 123 avait simplement voulu dire que la femelle du manchot pond un œuf, il aurait pu écrire :

Madame pond un oeuf.

Toutefois, s'il avait voulu fournir **des détails pour préciser *Où ?*, *Quand ?*, *Dans quel but ?* et *Malgré quoi ?*** la femelle pond un œuf, la phrase aurait pu ressembler à celle-ci :

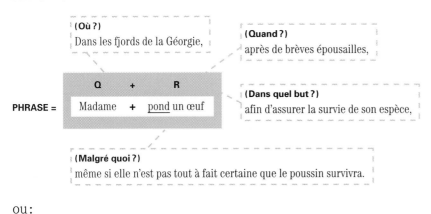

Où ?
(Dans les fjords de la Géorgie, *Quand ?* après de brèves épousailles,)

Madame pond un œuf *Dans quel but ?* (afin d'assurer la survie de son

espèce, *Malgré quoi ?* même si elle n'est pas tout à fait certaine que le

poussin survivra.)

Les circonstances, qui ont la particularité de pouvoir être déplacées dans la phrase ou même supprimées, viennent donc se greffer aux éléments essentiels, soit la réponse à la question *DE QUI ou DE QUOI parle-t-on dans la phrase ?* et le ou les RENSEIGNEMENTS.

(Où ?) Dans les fjords de la Géorgie,	**(Quand ?)** après de brèves épousailles,

	(Dans quel but ?) afin d'assurer la survie de son espèce,

PHRASE =

Q	+	R
Madame	+	pond un œuf

(Malgré quoi ?) même si elle n'est pas tout à fait certaine que le poussin survivra.

ou :

```
      ┌ Circonstance ┐              ┌ Circonstance ┐
PHRASE =  │ QUI ? ou QUOI ?  +  RENSEIGNEMENT │
```

Des indices

Certains indices te permettent de repérer les groupes de mots qui indiquent des circonstances dans la phrase.

BREF,

Des indices permettent de repérer les circonstances:

– la virgule;

– les marqueurs de relation;

– la possibilité de déplacer ou de supprimer le groupe de mots.

Ces indices sont:

– la virgule;

– les marqueurs de relation comme *sans que, afin de, parce que, depuis que, lorsque,* etc.;

– la possibilité de déplacer ou de supprimer le groupe de mots tout en conservant une phrase qui a du sens.

- (Après de brèves épousailles,) Madame pond un œuf.
- Madame pond un œuf (après de brèves épousailles).
- Madame pond un œuf.

L'accumulation de circonstances

BREF,

L'accumulation de circonstances rend la phrase plus difficile à comprendre.

Lorsqu'une phrase contient de nombreuses circonstances et lorsque, en plus, certaines circonstances sont placées au début, il peut être difficile de trouver la réponse à la question *DE QUI ou DE QUOI parle-t-on dans la phrase ?* et le ou les RENSEIGNEMENTS qu'elle contient.

Pour arriver plus facilement à comprendre une phrase longue contenant de nombreuses circonstances, tu pourrais avoir recours à l'une ou l'autre des stratégies suivantes.

STRATÉGIES **Trouver les éléments essentiels d'une phrase.**

1. Marquer la phrase.

BREF,

Pour mieux comprendre une phrase contenant plusieurs circonstances, on peut:

– marquer la phrase;

– *récrire* la phrase dans sa tête en plaçant toutes les circonstances à la fin;

– faire l'organisateur graphique de la phrase.

Pour t'aider à isoler la réponse à la question *DE QUI ou DE QUOI parle-t-on dans la phrase ?* de même que les RENSEIGNEMENTS, tu pourrais procéder de la façon suivante:

1. Relève dans la phrase les mots ou les groupes de mots qui répondent à des questions comme *Où ?, Quand ?, Dans quel but ?, Malgré quoi ?*, etc. et vérifie si ces mots peuvent être déplacés ou supprimés dans la phrase. Si oui, tu es alors en présence de circonstances que tu peux mettre entre parenthèses. Écris alors au-dessus la question à laquelle chaque circonstance répond.

2. Souligne ensuite le verbe conjugué qui ne fait pas partie des circonstances.

3. Encercle la réponse à la question *DE QUI ou DE QUOI parle-t-on dans la phrase ?*

4. Surligne le RENSEIGNEMENT (le verbe conjugué et, s'il y a lieu, les mots qui le complètent).

Où ?   Quand ?
(Dans les fjords de la Géorgie, après de brèves épousailles,)

Dans quel but ?
(Madame) pond un œuf (afin d'assurer la survie de son

Malgré quoi ?
espèce, même si elle n'est pas tout à fait certaine que le

poussin survivra.)

2. *Récrire* la phrase dans sa tête.

Tu peux aussi *récrire* la phrase dans ta tête en regroupant toutes les circonstances l'une à la suite de l'autre, à la fin de la phrase.

> Madame pond un œuf (dans les fjords de la Géorgie,) (après de brèves épousailles,) (afin d'assurer la survie de son espèce,) (même si elle n'est pas tout à fait certaine que le poussin survivra).

3. Faire un organisateur graphique.

Voici à quoi pourrait ressembler l'organisateur graphique d'une phrase contenant de nombreuses circonstances :

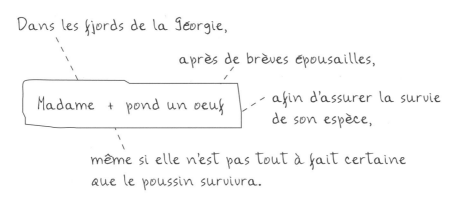

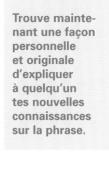

À lire pour le plaisir
***Le Bourgeois gentilhomme**, page 172.*

J'apprends Comment faire

LES CIRCONSTANCES

1 Parmi les questions proposées dans le rectangle, choisis celle à laquelle répond chaque groupe de mots en caractères gras.

Quand ?	Dans quel but ?	Comment ?
Où ?	Malgré quoi ?	Pourquoi ?

A **En 1967,** le maire Drapeau inaugura l'inoubliable Exposition universelle.

B **À Chicago,** un spectateur a pu avoir accès au vestiaire des champions de la série.

C La *Joconde* est protégée par une vitre **parce qu'elle a déjà été objet de vandalisme.**

D **Avec un peu d'aide,** les élèves plus faibles arriveront sûrement à s'en tirer.

E **Bien que les couleuvres aient un air dégoûtant,** elles sont totalement inoffensives.

F **En marchant sur un fil,** ce clown arrive à jongler avec quatre torches en feu.

6/6 ➡ AIDE ☞ NR

2 Pour chacune des phrases suivantes, élabore un organisateur graphique qui rend compte de ta compréhension.

Inspire-toi de l'exemple donné à la page 127.

> Pour t'aider à isoler les groupes de mots qui précisent des circonstances, cherche ceux qui répondent à des questions comme *Quand ?, Dans quel but ?, Comment ?, Où ?, Malgré quoi ?, Pourquoi ?,* etc.

A Marie a acheté une belle grosse citrouille afin de décorer sa maison.

B Dorénavant, les mouches seront chassées grâce au système mis au point par les chercheurs de l'université.

C D'une manière ou d'une autre, les citoyens s'attendent à une hausse de leur compte de taxes.

D À partir de ce moment-là, même s'il continuait à lire son horoscope quotidiennement, Dieudonné ne crut plus vraiment à l'astrologie.

4/4 ➡ AIDE ☞ **E**, **F** ET **G**

E Les ours s'approchent des campements parce qu'ils perçoivent l'odeur de la nourriture.

F La fourmi, même si elle n'est pas très grosse, arrive à traîner des feuilles d'arbres.

G Si la France veut remporter ce tournoi de volley-ball, lorsque ses athlètes se rendront à Melbourne, en juin, elle devra battre l'Afrique du Sud.

3 **A** Le schéma qui suit représente une phrase qui contient une réponse à la question *DE QUI ou DE QUOI parle-t-on dans la phrase ?*, un RENSEIGNEMENT et deux circonstances.
Écris une nouvelle phrase qui contiendra les mêmes éléments.

> Transcris d'abord la phrase contenue dans l'organisateur graphique pour bien en comprendre la structure.

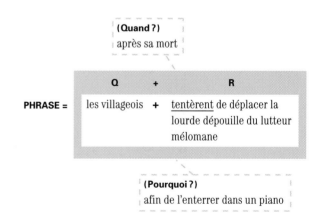

(Quand ?) après sa mort

PHRASE = | Q | + | R |
les villageois + tentèrent de déplacer la lourde dépouille du lutteur mélomane

(Pourquoi ?) afin de l'enterrer dans un piano

B Le schéma qui suit représente une phrase qui contient une réponse à la question *DE QUI ou DE QUOI parle-t-on dans la phrase?*, un RENSEIGNEMENT et une circonstance.

Écris une nouvelle phrase qui contiendra les mêmes éléments.

> Transcris d'abord la phrase contenue dans l'organisateur graphique pour bien en comprendre la structure.

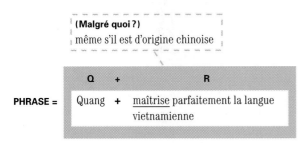

```
(Malgré quoi?)
même s'il est d'origine chinoise

              Q    +         R
PHRASE =   Quang  +  maîtrise parfaitement la langue
                     vietnamienne
```

2/2 ⟹ AIDE ☞ NR

4 Lis bien le texte ci-dessous, puis réponds aux questions qui suivent.

> Le 6 avril 1980, la veille de la fête de Pâques, je venais au monde. Cette année, j'ai treize ans! En secret, pour célébrer mon anniversaire, ma mère et mes amies ont organisé une fête. Comme c'était samedi, elles ont eu de la difficulté à me surprendre. Mon père m'a emmenée travailler avec lui afin que je ne sache pas ce qu'on préparait dans mon dos. J'étais très choquée de devoir l'aider le jour de mon anniversaire.
>
> En revenant à la maison, trois heures plus tard, je retrouve toutes mes amies qui me chantent: «*Joyeux anniversaire, joyeux anniversaire!*»
>
> (Texte de Roxan, élève de première secondaire)

A **Relève** dans le texte les cinq groupes de mots qui indiquent des circonstances répondant à la question *Quand?*

B **Relève** dans le texte deux groupes de mots qui précisent des circonstances répondant à la question *Dans quel but?*

C Un des groupes de mots placés en début de phrase répond à la question *Comment?* **Relève** ce groupe de mots.

D Un groupe de mots placé en début de phrase répond à la question *Pourquoi?* **Relève** ce groupe de mots.

4/4 ⟹ AIDE ☞ NR

5 Dans chacune des phrases du texte du numéro 4, **trouve** la réponse à la question *DE QUI ou DE QUOI parle-t-on dans la phrase?*

6 Dans les phrases suivantes, on a retiré les mots qui introduisent des circonstances. **Complète** chaque phrase en ajoutant un mot qui convient.

> Trouve d'abord la question à laquelle pourrait répondre le mot que tu ajouterais (*Quand?*, *Dans quel but?*, *Comment?*, *Où?*, *Malgré quoi?*, *Pourquoi?*, etc.).

A ✎ ▨ il était malade, Patrick n'a pas participé au tournoi.

B ✎ ▨ ce temps, les truites se rassemblent pour remonter la rivière.

C Les poules ne volent pas très bien ✎ ▨ leurs ailes sont trop petites.

D ✎ ▨ de préparer son voyage, Louise consulte les guides de voyage sur le Québec.

4/4 ⟹ AIDE ☞ E ET F

E ✎ ▨ reconnaître les champignons comestibles, il est préférable de suivre un cours.

F ✎ ▨ les écoles disposaient de plus d'argent, elles achèteraient davantage d'ordinateurs.

7 **Complète** chaque phrase en ajoutant un RENSEIGNEMENT qui tient compte de la circonstance donnée.

> Rappelle-toi! Un renseignement contient un verbe conjugué et, s'il y a lieu, des mots qui le complètent. Il n'y a pas qu'une bonne réponse possible.

A Même si elle est très pauvre, Monica ✎ ▨.

B Parce qu'il ne voulait pas salir ses bottes neuves, Jean-Claude ✎ ▨.

C Afin de lui permettre de briser le record du plus grand nombre de points dans une partie, l'entraîneur ✎ ▨.

D À minuit, les experts en météorologie ✎ ▨.

4/4 ➡ AIDE ☞ E ET F

E L'infirmier ✎ ▨ en faisant le ménage de la chambre 34.

F Tous les matins, Jason ✎ ▨ pour payer sa nouvelle guitare.

8 Dans *Mon encyclopédie* ou dans un article de revue de ton choix:
– **relève** cinq phrases contenant un groupe de mots qui indiquent une circonstance;
– **fais un organisateur graphique** de ces phrases selon le modèle de la page 127.

9 À partir des observations que tu as faites jusqu'à maintenant, **explique** en une phrase le rôle de la virgule dans les phrases contenant des groupes de mots qui précisent des circonstances.

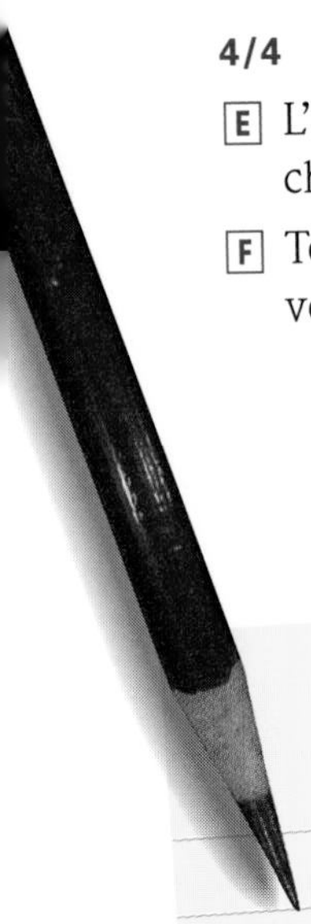

Mets tes connaissances en pratique lorsque tu écris

Consignes

Observe bien la phrase ci-dessous:

La voiture filait à toute allure.

– Cette phrase pourrait être enrichie. **Récris-la** afin que le lecteur ou la lectrice trouve réponse à chacune des questions suivantes: *Pourquoi? À quel moment? À quel endroit? Malgré quel problème? À quelle condition?*
– **Applique** ensuite la stratégie de révision **ISESV** (**I**sole, **S**ouligne, **E**ncercle, **S**urligne, **V**érifie) qui apparaît dans l'encadré et, s'il y a lieu, fais les corrections nécessaires.

1. (Isole) les groupes de mots qui indiquent des circonstances à l'aide de parenthèses et note au-dessus la question à laquelle chaque circonstance répond.

2. Souligne le verbe conjugué qui ne fait pas partie des circonstances.

3. Encercle la réponse à la question *DE QUI ou DE QUOI parle-t-on dans la phrase?*

Quand?
(Chaque fois que tu écris, tu ressens le besoin d'ajouter des
Pourquoi?
circonstances à tes phrases afin de les rendre plus explicites.)

4. Surligne le RENSEIGNEMENT (le verbe souligné et, s'il y a lieu, les mots qui le complètent).

5. Vérifie si tu as bien utilisé la virgule pour isoler les circonstances lorsque c'est nécessaire.

J'apprends

En plus de l'accumulation de circonstances, la présence de nombreux mots ou groupes de mots apportant des précisions sur des noms peut rendre les phrases plus longues et plus difficiles à comprendre.

LES PRÉCISIONS SUR LE NOM

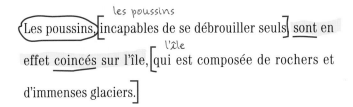

les poussins

(Les poussins,[incapables de se débrouiller seuls] sont en

l'île
effet coincés sur l'île,[qui est composée de rochers et

d'immenses glaciers.]

Dans le texte d'exploration sur les manchots royaux (page 123), l'auteur ne s'est pas contenté de décrire des circonstances. Il a également voulu fournir des détails sur certains éléments du texte. Par exemple, dans la phrase où il dit que *les poussins sont en effet coincés sur l'île*, il a senti le besoin de préciser qu'il s'agissait de poussins *incapables de se débrouiller seuls*. **Ce type de précision porte généralement sur un nom, où qu'il soit dans la phrase.**

BREF,

On peut trouver des précisions sur des noms placés dans n'importe quelle partie de la phrase.

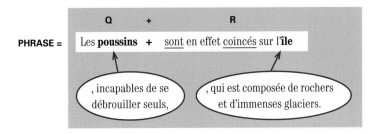

	Q	+	R
PHRASE =	Les **poussins**	+	sont en effet coincés sur l'**île**

, incapables de se débrouiller seuls,

, qui est composée de rochers et d'immenses glaciers.

ou :

PHRASE = | QUI ? ou QUOI ? + RENSEIGNEMENT |
(Précision)   (Précision)

BREF,

P = | Q + R |
(Préc.) (Préc.)

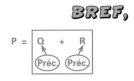

Des indices

Pour repérer les groupes de mots qui constituent des précisions sur un nom contenu dans la phrase, tu peux prêter attention aux indices suivants.

– Souvent, les précisions sont placées entre **virgules**:

>   Quang [, mon ami chinois,] parle très bien le français.

– **Les pronoms relatifs** comme *qui, que, dont, où, lequel, auquel,* etc. introduisent parfois un groupe de mots apportant une précision:

>   L'ami chinois [**dont** je vous parle] s'appelle Quang.

– Dans certains cas, **le deux-points** (:) annonce une énumération, laquelle vient souvent préciser un nom contenu dans le RENSEIGNEMENT.

>   La bicyclette de Pierre est équipée de pièces de très grande qualité: [un dérailleur dernier cri,] [une chaîne très solide] [et un pédalier en alliage résistant].

Le grain de sable dans l'engrenage: la précision formant écran

Il peut arriver que **plus d'une précision** ou encore **une très longue précision** se glissent **entre la réponse à la question** *DE QUI ou DE QUOI parle-t-on dans la phrase?* (le sujet grammatical) **et le RENSEIGNEMENT** (le verbe conjugué et les mots qui le complètent). On dit alors qu'il y a un écran entre les deux éléments essentiels de la phrase, **ce qui la rend plus difficile à comprendre.** En voici un exemple:

>   Ce point stratégique, ouvert à la navigation océanique et situé à plus de 1 500 km à l'intérieur du continent nord-américain, fait de Montréal le plus grand port du monde.
>
>   Gaston CÔTÉ, *La Terre, planète habitée,* © Éditions CEC, 1992.

On sait que la phrase parle de *Ce point stratégique,* mais on peut se demander quel RENSEIGNEMENT vient la compléter.

Dans un tel cas, pour t'aider à comprendre la phrase, utilise l'une ou l'autre des stratégies de la page suivante.

STRATÉGIES   **Trouver les éléments essentiels d'une phrase.**

1. Marquer la phrase.

BREF,

1. **Relève** dans la phrase les mots ou les groupes de mots qui apportent des précisions sur un nom et vérifie si, en lisant la phrase et en omettant ces mots ou groupes de mots, celle-ci demeure grammaticale. Si oui, tu es en présence de précisions que tu peux mettre entre crochets. Indique alors au-dessus le nom qui est précisé.

2. **Souligne** ensuite le verbe conjugué qui ne fait pas partie des précisions.

3. **Encercle** la réponse à la question *DE QUI ou DE QUOI parle-t-on dans la phrase ?*

Pour mieux comprendre une phrase contenant plusieurs précisions, on peut:

– marquer la phrase;

– *récrire* la phrase dans sa tête en omettant les mots ou les groupes de mots qui apportent ces précisions;

– faire l'organisateur graphique de la phrase.

ce point stratégiaue

(Ce point stratégique,) ouvert à la navigation océanique et

ce point stratégiaue

situé à plus de 1 500 km à l'intérieur du continent nord-

américain, fait de Montréal le plus grand port intérieur du

monde.

4. **Surligne** le RENSEIGNEMENT (le verbe souligné et, s'il y a lieu, les mots qui le complètent).

2. *Récrire* la phrase dans sa tête.

Tu peux aussi *récrire* la phrase dans ta tête en omettant les précisions. Ainsi, la phrase qui précède pourrait se lire :

Ce point stratégique, ~~ouvert à la navigation océanique et situé à plus de 1 500 km à l'intérieur du continent nord-américain~~, fait de Montréal le plus grand port intérieur du monde.

3. Faire un organisateur graphique.

Si tu devais élaborer un organisateur graphique pour représenter cette phrase, cela pourrait prendre la forme suivante:

Ce point stratégiaue + fait de Montréal le plus grand
                          port intérieur du monde.

ouvert à la
navigation océaniaue

et situé à plus de 1 500 km à l'intérieur
du continent nord-américain

MES CONNAISSANCES

EN BREF

Trouve maintenant une façon personnelle et originale d'expliquer à quelqu'un tes nouvelles connaissances sur la phrase.

COMPRENDRE
LE SENS D'UNE PHRASE DIFFICILE

133

J'apprends Comment faire

LES PRÉCISIONS SUR LE NOM

1 **Complète** les phrases ci-dessous par une des caractéristiques présentées dans l'encadré. Assure-toi que chaque phrase a du sens.

> – une île qui compte quelque cinq millions d'habitants
> – que capte d'abord l'oreille externe
> – à qui j'avais promis une sortie au restaurant
> – qui sont allés voir ce film de science-fiction
> – à qui je me suis adressée
> – une invention californienne

A La personne ✎ ▨ m'a donné d'excellents renseignements.

B Pierre et Marcel, ✎ ▨ , ne l'ont pas méritée.

C Les hommes et les femmes ✎ ▨ en sont sortis tout ébahis.

D La Sicile, ✎ ▨ , a été rattachée à l'Italie en 1860.

E La Zamboni, ✎ ▨ , permet de refaire la glace en quelques minutes.

F Les sons, ✎ ▨ , sont renvoyés vers le tympan par le canal auditif.

6/6 ⟹ AIDE ☞ NR

2 **Fais l'organisateur graphique** des phrases suivantes en t'inspirant des modèles qui se trouvent aux pages 127 et 133.

A Le cœur est composé de deux ventricules: le gauche et le droit.

B La joueuse frappe la balle avec laquelle elle avait réalisé son albatros.

C Surpris de ne pas avoir eu de bons résultats, l'inventeur se découragea.

D Les chevaux qui nous appartiennent sont tous des champions.

4/4 ⟹ P. 127 ET 133 ☞ **E**, **F** ET **G**

E Les pêcheurs aiment bien attraper des poissons qui leur rendent la vie dure.

F Épuisée par sa journée de chasse, la louve retourne auprès de ses petits.

G Le requin, que certains films ont présenté comme un animal terrifiant, ne fait en réalité que très peu de victimes.

3 **Rétablis l'ordre** des mots et des groupes de mots afin de former des phrases. **Vérifie** ta réponse en faisant un organisateur graphique pour chaque phrase.

A sont priés de se présenter au service à la clientèle / qui ont perdu leurs bagages / les voyageurs

B le Canada, les États-Unis et le Mexique / ce traité commercial / a été signé par trois grands pays américains

C ai bien aimé mon séjour à La Havane / j'/ la merveilleuse capitale de Cuba

D ébloui par le soleil / le conducteur / qui s'amenait en sens inverse / n'a pu éviter le camion

4/4 ⟹ AIDE ☞ NR

4 Associe les phrases de l'encadré suivant à l'un ou l'autre des organisateurs graphiques représentés plus bas.

> a) Les musiciens qui jouent de la musique dans les parcs ne sont pas connus.
>
> b) J'ai grandement apprécié la lecture de ce roman qui raconte la vie d'un artiste-peintre.
>
> c) Le roman que j'ai lu la semaine dernière a été écrit par une auteure qui connaît beaucoup de succès.

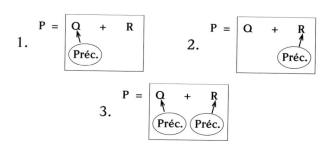

1. P = Q + R (Préc. → Q)

2. P = Q + R (Préc. → R)

3. P = Q + R (Préc. → Q, Préc. → R)

3/3 ➡ AIDE ☞ NR

5 Dans les phrases suivantes, trouve un mot ou un groupe de mots qui introduit une précision et qui répond à la question posée entre parenthèses.

A Mon oncle Luc, *(Quel est le lien de famille entre Martine et Luc ?)*, fête son cinquième anniversaire de mariage.

B Ma mère, *(Quel trait physique caractérise ma mère ?)*, se tient à la droite de son frère sur cette photo.

C Sylvain parle au photographe *(Quelle responsabilité avait le photographe durant cette fête ?)*.

3/3 ➡ AIDE ☞ **D** ET **E**

D *(Comment se sent Gertrude ?)*, Gertrude a dû aller se coucher pendant la fête.

E Le gâteau, *(Comment les invités ont-ils trouvé le gâteau ?)*, s'est mangé en un rien de temps.

6 Dans *Mon encyclopédie* :

– **relève** cinq phrases contenant un groupe de mots qui introduit une précision sur un nom ;

– pour montrer que tu les as bien comprises, **élabore un organisateur graphique** pour chaque phrase en t'assurant de placer les précisions au bon endroit, dans une bulle.

LE GRAIN DE SABLE DANS L'ENGRENAGE : LA PRÉCISION FORMANT ÉCRAN

7 Récris les phrases en omettant tous les mots et les groupes de mots qui apportent des précisions sur un nom.

> Pour te faciliter la tâche, essaie d'abord d'identifier DE QUI ou DE QUOI on parle dans la phrase et d'y trouver le ou les RENSEIGNEMENTS qu'elle contient.

A Certaines plantes, comme celles que l'on retrouve au sommet de très hautes montagnes, ne doivent pas être piétinées ni arrachées.

B Pierre, qui n'a jamais été très sérieux dans la vie, se pose aujourd'hui de sérieuses questions sur son avenir, et Fabien, que tout le monde surnomme *Fab*, tente par tous les moyens de hausser sa moyenne en mathématiques.

C Catherine, cette jeune étudiante reconnue pour son esprit scientifique et son grand scepticisme, ne croit pas du tout à l'astrologie.

3/3 ➡ AIDE ☞ NR

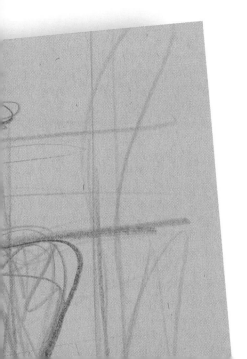

Mets tes connaissances en pratique lorsque tu écris

Consignes

Suppose que tu doives écrire un roman de science-fiction dans lequel s'affronteront un bon et un méchant.

— **Donne** d'abord **un nom** à chaque personnage.
— Pour chacun, **rédige trois phrases** dans lesquelles tu introduiras des **précisions** qui feront ressortir des caractéristiques physiques et psychologiques.
— **Applique** ensuite la stratégie de révision ISES (**I**sole, **S**ouligne, **E**ncercle, **S**urligne) qui apparaît dans l'encadré et, s'il y a lieu, fais les corrections nécessaires.

POUR ENRICHIR TON VOCABULAIRE...

- Avant d'écrire tes phrases, dresse deux listes de mots que tu pourrais utiliser pour décrire le bon :
  1. physiquement ;
  2. psychologiquement.

- Trouve ensuite le contraire (antonyme) de chacun des mots de tes deux listes. Ils te serviront peut-être pour décrire le méchant.

- Pour enrichir tes listes, consulte un dictionnaire analogique sous les entrées *visage* et *démarche*.

---

1. [Isole] les groupes de mots qui apportent des précisions sur un nom à l'aide de crochets et indique au-dessus le nom qui est précisé.

2. Souligne le verbe conjugué qui ne fait pas partie des précisions.

3. Encercle la réponse à la question *DE QUI ou DE QUOI parle-t-on dans la phrase ?*

Les groupes de mots [qui indiquent des circonstances] et

ceux [qui apportent des précisions] sont des parties

importantes de la phrase longue.

4. Surligne le RENSEIGNEMENT (le verbe souligné et, s'il y a lieu, les mots qui le complètent).

J'apprends

LES PHRASES *MONSTRES*

> Où ?   Où ?
> (Sur la planète Mars, au carrefour de deux grandes routes,)
> Sam Parkhill
> (Sam Parkhill, un Terrien, attend avec sa femme Elma, qui
> Elma
> est un peu sceptique et inquiète, la venue de nombreux
> Terriens à son nouveau comptoir de hot-dogs.

(Résumé de la situation initiale de la nouvelle
Novembre 2005, La morte-saison, de Ray Bradbury)

Plus le sujet à traiter est complexe, plus la personne qui écrit est susceptible de faire des phrases longues, qui peuvent avoir l'air *monstrueuses* à première vue. Mais si on sait pourquoi ces phrases ont l'air si difficiles à comprendre, on peut *apprivoiser ces monstres.*

Il existe quatre principales raisons qui font que des phrases longues peuvent être difficiles à comprendre :

- elles contiennent plus d'un RENSEIGNEMENT;
- elles contiennent plus d'une circonstance;
- elles contiennent plus d'une précision;
- elles contiennent de nombreux pronoms.

Quand plusieurs de ces caractéristiques sont réunies en une seule phrase, des problèmes de compréhension peuvent se poser si on n'arrive pas à saisir l'organisation de cette phrase.

BREF,

Certaines phrases peuvent contenir :

- plus d'un REN-SEIGNEMENT;
- plus d'une circonstance;
- plus d'une précision;
- plusieurs pronoms.

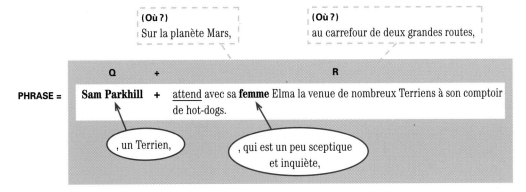

Des indices pour comprendre les phrases *monstres*

Lorsqu'on ne comprend pas une phrase longue, il faut la relire afin d'en identifier les différentes parties. Trois catégories d'indices peuvent t'aider à séparer les différents groupes de mots de la phrase.

Ces indices sont:

- les virgules;
- les marqueurs de relation;
- les pronoms relatifs.

LES VIRGULES

Virgules qui isolent une précision sur un nom.

En claquant des doigts, le tsar, découragé, fit réapparaître le couple d'amoureux et leur annonça qu'ils pouvaient vivre ensemble dans le palais, à condition de prendre soin des lieux.

Virgules qui isolent des groupes de mots indiquant des circonstances

LES MARQUEURS DE RELATION

Les marqueurs de relation peuvent indiquer la présence d'un deuxième RENSEIGNEMENT ou encore d'un deuxième ensemble $\boxed{Q + R}$. Dans d'autres cas, ils peuvent introduire un groupe de mots qui indique une circonstance. Le tableau ci-dessous en donne des exemples, accompagnés d'organisateurs graphiques.

Marqueurs de relation	Ce qu'ils peuvent indiquer	Exemples et organisateurs graphiques
et, mais, ou, car, ni, or, etc.	• Plusieurs RENSEIGNEMENTS portant sur un seul élément.	• L'eau <u>gèle</u> à 0° C **et** <u>bout</u> à 100° C. P = $\boxed{\begin{array}{c} Q + R1 \\ + R2 \end{array}}$
	• Plusieurs RENSEIGNEMENTS portant sur plusieurs éléments.	• Les soldats <u>s'affrontent</u> corps à corps, **mais** les officiers <u>se cachent</u> derrière les chars. P = $\boxed{Q + R}$ + $\boxed{Q + R}$
sans que, lorsque, afin de, pour, parce que, etc.	• Une **circonstance**.	• (**Avant qu**'elle ne parvienne à faire son tour du monde,) Jessica <u>était</u> déjà une star. Circ. P = $\boxed{Q + R}$

BREF,

Des indices permettent de comprendre les phrases *monstres*:

- les virgules;
- les marqueurs de relation;
- les pronoms relatifs.

BREF,

Les virgules servent souvent à isoler les mots ou les groupes de mots qui indiquent des circonstances et des précisions.

BREF,

Les marqueurs de relation peuvent:

- indiquer la présence d'un deuxième RENSEIGNEMENT dans la phrase;
- indiquer la présence d'un deuxième ensemble $\boxed{Q + R}$;
- introduire un mot ou un groupe de mots qui indique une circonstance.

LES PRONOMS RELATIFS

Les précisions sur un nom sont souvent introduites par un pronom relatif. En voici un exemple.

Pronoms relatifs	Ce qu'ils peuvent indiquer	Exemple et organisateur graphique
qui, que, qu', dont, où, lequel, laquelle, à qui, etc.	• Une **précision**.	• Le film [**dont** je te parle] met en vedette Marc Messier [**qui** est un comédien bien connu]. P = [Q + R] (Préc.) (Préc.)

BREF,

Les pronoms relatifs introduisent un mot ou un groupe de mots qui indique une précision.

En présence d'une phrase très longue, pour t'aider à distinguer les parties essentielles des autres parties de la phrase, tu pourrais utiliser l'une ou l'autre des stratégies suivantes.

STRATÉGIES   Trouver les éléments essentiels d'une phrase.

1. Marquer la phrase.

1. **Isole** les groupes de mots qui indiquent des circonstances à l'aide de parenthèses et note au-dessus la question à laquelle chaque circonstance répond.

2. **Isole** les groupes de mots qui apportent des précisions sur un nom à l'aide de crochets et indique au-dessus le nom qui est précisé.

3. **Souligne** le ou les verbes conjugués qui ne font pas partie des circonstances ni des précisions.

4. **Encercle** la ou les réponses à la question *DE QUI ou DE QUOI parle-t-on dans la phrase ?*

5. **Surligne** le ou les RENSEIGNEMENTS (chaque verbe souligné et, s'il y a lieu, les mots qui le complètent).

Comment ?
(En claquant des doigts, (le tsar) [, découragé,] fit réapparaître

le couple d'amoureux et leur annonça qu'ils pouvaient vivre

À quelle condition ?
ensemble dans le palais (, à condition de prendre soin des

lieux.)

2. Faire un organisateur graphique.

Si tu devais rendre compte de ta compréhension de cette phrase à l'aide d'un organisateur graphique, cela pourrait prendre la forme suivante :

En claquant des doigts,

le tsar + fit réapparaître le couple d'amoureux
         + et leur annonça qu'ils pouvaient vivre
(découragé) ensemble dans le palais

, à condition de prendre soin des lieux.

L'accumulation des pronoms dans les phrases *monstres*

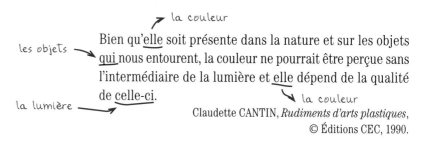

la couleur

les objets → Bien qu'<u>elle</u> soit présente dans la nature et sur les objets
<u>qui</u> nous entourent, la couleur ne pourrait être perçue sans
l'intermédiaire de la lumière et <u>elle</u> dépend de la qualité
de <u>celle-ci</u>.

la lumière →

la couleur

Claudette CANTIN, *Rudiments d'arts plastiques*,
© Éditions CEC, 1990.

Dans une phrase très longue, **plutôt que d'utiliser plusieurs fois le même mot, la personne qui écrit a recours aux pronoms ou à d'autres mots équivalents (mots substituts).** Tu sais que les pronoms sont des mots qui remplacent un nom. Évidemment, pour comprendre une phrase très longue, lorsque tu rencontres un pronom ou un autre mot de substitution, tu dois pouvoir dire quel nom il remplace. Dans une phrase longue, il est plus difficile de trouver à qui ou à quoi renvoient les pronoms.

Des indices pour trouver à qui ou à quoi renvoient les pronoms

Trois indices peuvent t'aider à trouver à qui ou à quoi renvoient les pronoms dans une phrase :

1. **Le genre et le nombre du pronom** t'indiquent que le nom qu'il remplace a le même genre et le même nombre.

2. **Le sens de la phrase** peut t'amener d'instinct à dire quel mot ou groupe de mots le pronom remplace.

3. En général, **les pronoms utilisés dans les circonstances** placées en début de phrase **renvoient au nom qui répond à la question** *DE QUI ou DE QUOI parle-t-on dans la phrase ?*

STRATÉGIE   **Trouver à qui ou à quoi renvoie un pronom.**

Pour trouver à qui ou à quoi renvoie le pronom, remplace-le par le mot ou le groupe de mots que tu crois être son antécédent et vérifie si ton remplacement a du sens.

ATTENTI⬡N !

Toutes les stratégies que tu as apprises depuis le début de cet atelier te seront utiles pendant toutes tes études secondaires. En plus, tu ne peux pas, en une seule année, devenir habile à comprendre d'un premier coup d'œil toutes les phrases que tu lis. Chaque fois qu'une phrase te cause un problème de compréhension, applique les stratégies apprises. N'oublie pas que la **compréhension en lecture, c'est toute sa vie qu'on peut l'améliorer !**

J'apprends Comment faire

LES PHRASES *MONSTRES*

1 **Transcris** les phrases A et B.

– **Effectue** les opérations présentées dans l'encadré.

– **Représente** ensuite chaque phrase par un organisateur graphique.

> N'oublie pas que la virgule, les marqueurs de relation et les pronoms relatifs sont des indices pour t'aider à préciser le rôle des différents mots ou groupes de mots dans la phrase.

---

1. **Isole** les groupes de mots qui indiquent des circonstances à l'aide de parenthèses et note au-dessus la question à laquelle chaque circonstance répond.

2. **Isole** les groupes de mots qui apportent des précisions sur un nom à l'aide de crochets et indique au-dessus le nom qui est précisé.

3. **Souligne** le ou les verbes conjugués qui ne font pas partie des circonstances ni des précisions.

4. **Encercle** la ou les réponses à la question *DE QUI ou DE QUOI parle-t-on dans la phrase ?*

5. **Surligne** le ou les RENSEIGNEMENTS (chaque verbe souligné et, s'il y a lieu, les mots qui le complètent).

A À Iberville, petite localité sise au bord du Richelieu, les habitants organisent chaque année, à la fin d'octobre, un festival de la citrouille qui amuse les petits comme les plus grands.

B Dans le but d'éviter des infections qui pourraient s'avérer mortelles, les chirurgiens se lavent les mains et s'assurent que tous leurs instruments sont stérilisés avant de commencer une opération.

2/2 ⟹ AIDE ☞ **C** ET **D**

C Au bout d'un certain temps, les moules ne sont plus comestibles et elles prennent une odeur indescriptible que personne ne peut vraiment supporter.

D Au dire de nombreux experts, d'ici l'an 2000, les appareils vidéo devraient fonctionner avec des disques compacts et la presque totalité des foyers devraient en posséder un.

2 **Forme** des phrases *monstres* en rétablissant l'ordre des mots et des groupes de mots ci-dessous. Tu peux vérifier tes réponses en faisant un organisateur graphique pour chaque phrase.

> Pour t'aider, on a laissé les indices dans les groupes de mots (majuscules, virgules, mots précisés, point, mots de relation).

A **depuis** que la grève est terminée. /, un **gaucher**, / le **partant** / <u>affrontera</u> Spencer /, une jeune recrue habituée aux chaleurs torrides de la Floride, / **qui** a déjà accumulé sept victoires / Ce soir,

1/1 ➡ AIDE ☞ **B**

B Pendant ce temps, / **qui** ne savait plus comment réagir à cette démonstration excessive de courage. / dans le Pacifique, /, ces **pilotes** japonais / <u>faisaient</u> mal à la **marine** américaine / les **kamikazes** / **qui** s'écrasaient sur les navires ennemis avec leur avion bourré d'explosifs,

LES PHRASES QUI CONTIENNENT PLUSIEURS PRONOMS

3 Afin de témoigner de ta compréhension et de mettre en pratique une stratégie de lecture, **récris** les phrases suivantes en remplaçant les mots substituts (pronoms) en caractères gras par les mots qu'ils remplacent.

A Lorsqu'**ils** eurent nettoyé l'auditorium, les élèves de l'option théâtre purent rentrer à la maison.

B Le chanteur se présenta devant les admirateurs de son rival et **il** se mit à faire ses exercices de chant devant **eux**.

C Dans les Laurentides, même si les ours craignent les campeurs, **ces derniers** ont pu en voir **quelques-uns**.

3/3 ➡ AIDE ☞ NR

Mets tes connaissances en pratique lorsque tu écris

Consignes

Si, un jour, on t'offrait de te transformer en monstre pour une heure, quel monstre voudrais-tu être ?

– **Écris une seule phrase** dans laquelle tu:
- introduiras au moins deux groupes de mots qui indiqueront les circonstances dans lesquelles on t'a offert de te transformer en monstre;
- introduiras au moins deux groupes de mots qui fourniront des précisions sur le monstre que tu voudrais être.

N'oublie pas que les précisions portent toujours sur un nom, où qu'il soit dans la phrase.

– **Applique** ensuite la stratégie de révision **IIVSES** (**I**sole, **I**sole, **V**érifie, **S**ouligne, **E**ncercle, **S**urligne) qui apparaît dans l'encadré et, s'il y a lieu, fais les corrections nécessaires.

---

1. (Isole) les groupes de mots qui indiquent des circonstances à l'aide de parenthèses et note au-dessus la question à laquelle chaque circonstance répond.

2. [Isole] les groupes de mots qui apportent des précisions sur un nom à l'aide de crochets et indique au-dessus le nom qui est précisé.

Quand ?
(Après un long parcours en autobus scolaire [*parcours* qui le ramena à la maison)(et *Comment ?* après avoir longuement réfléchi,)Fetnat

décida de mettre le plus souvent possible en pratique les

stratégies[*stratégies* que son enseignante lui avait apprises(afin de

mieux comprendre les phrases[*phrases* qui sont longues et difficiles.])

3. Vérifie si tu as bien utilisé les virgules.

4. Souligne le ou les verbes conjugués qui ne font pas partie des circonstances ni des précisions.

5. Encercle la ou les réponses à la question *DE QUI ou DE QUOI parle-t-on dans la phrase ?*

6. Surligne le ou les RENSEIGNEMENTS (chaque verbe souligné et, s'il y a lieu, les mots qui le complètent).

Je sais comment faire quand je lis

POUR COMPRENDRE
LE SENS D'UNE PHRASE DIFFICILE

SYNTHÈSE DES STRATÉGIES DE LECTURE

Quand ça va bien !

- Quand tu lis des phrases longues mais faciles à comprendre, RECHERCHE **toujours** DE QUI ou DE QUOI on parle et les RENSEIGNEMENTS qu'elles contiennent.
- Habitue-toi à TROUVER LA QUESTION à laquelle répondent les mots ou les groupes de mots qui indiquent des CIRCONSTANCES.
- Habitue-toi aussi à repérer le NOM auquel on a ajouté un détail à l'aide d'un mot ou d'un groupe de mots constituant une précision.
- Lorsque tu reconnais un PRONOM, prends l'habitude de le remplacer mentalement par son ANTÉCÉDENT.

Tu développeras ainsi des **automatismes** qui te seront fort utiles lorsque tu liras des phrases plus difficiles à comprendre.

Consignes

Lis le texte *Le groupe Blue Fog*, à la page 145, et **assure-toi que tu le comprends** en récrivant chaque phrase de manière à ne retenir que les mots qui révèlent:

— DE QUI ou DE QUOI on parle dans la phrase (Q);
— le ou les RENSEIGNEMENTS qu'elle contient (R).

Par exemple, pour la première phrase, tu écriras:

> Le groupe Blue Fog a été applaudi par une foule enthousiaste.

Si, après avoir lu la phrase une fois, tu n'arrives pas à repérer ces éléments, recours aux stratégies de la rubrique *Si tu es en panne*.

LE GROUPE *BLUE FOG*

[1] Hier soir, au centre des arts, le groupe *Blue Fog* a été applaudi par une foule enthousiaste. [2] Pendant le spectacle, l'hirsute Steve Hair, leader charismatique de *Blue Fog*, un groupe de Vancouver, reprend *Ne me quitte pas*, cette merveilleuse chanson de Jacques Brel. [3] Depuis que le claviériste belge s'est joint à eux, en 1995, le groupe a inclus plusieurs chansons françaises à son répertoire. [4] Le public, composé de jeunes âgés entre quatorze et dix-huit ans, s'est donc élargi. [5] Selon Steve Hair, *Blue Fog* doit sa popularité à sa musique originale. [6] Cette musique est en fait un mélange de folklore celte et de *heavy metal*. [7] Il y a un an, une compagnie de disques danoise a offert un intéressant contrat à la formation. [8] Les membres du groupe réfléchissent à cette offre qui leur permettrait de se payer différents accessoires scéniques : des projecteurs, une machine à fumée, des perruques et des costumes. [9] Mais les membres de *Blue Fog* sont intègres, ils craignent que ce contrat ne les oblige à changer leur image.

[10] Le spectacle, qui est présenté ce soir et demain, vaut la peine d'être vu.

Si tu es en panne

STRATÉGIES

Pour identifier DE QUI ou DE QUOI on parle dans la phrase et trouver les RENSEIGNEMENTS qu'elle contient :

1.

Repère d'abord les **signes de ponctuation** et les **marqueurs de relation**. Cela te permettra d'isoler les mots et les groupes de mots qui indiquent des **circonstances** et des **précisions**.

2.

Fais ensuite **une lecture simplifiée** de la phrase en **omettant** les mots et les groupes de mots qui indiquent des **circonstances** et des **précisions**.

3.

Si la phrase contient plusieurs **pronoms**, **cherche**, chaque fois, le mot ou le groupe de mots qu'ils remplacent.

4.

Tu peux maintenant répondre à la question *DE QUI ou DE QUOI parle-t-on dans la phrase ?* et dire quel(s) RENSEIGNEMENT(S) elle contient.

Je fais le point

1. Quelles stratégies as-tu trouvées les plus utiles pour comprendre les phrases plus difficiles ?

2. Peut-être as-tu besoin d'activités supplémentaires pour maîtriser la compétence à comprendre les phrases difficiles ? Si oui, ton enseignant ou ton enseignante t'en remettra.

Je sais comment faire quand j'écris

POUR MIEUX ÉCRIRE DES PHRASES LONGUES

• FICHE DESCRIPTIVE •

Préalables :
- Atelier 7 : *Comprendre le sens d'une phrase difficile* (pages 123 à 147).
- Ateliers de grammaire 6 et 11 (voir *Mes ateliers de grammaire*).

Objectifs :
- Écrire cinq phrases contenant plusieurs RENSEIGNEMENTS, plusieurs circonstances et plusieurs précisions sur des noms.
- Mettre en pratique des stratégies de révision de texte :
  - La stratégie **IIVSES** : Isole, Isole, Vérifie, Souligne, Encercle, Surligne (page 143) ;
  - *Je révise et je corrige les phrases* (page 360) ;
  - Les autres stratégies que tu connais et dont tu as encore besoin.

Quelle belle fête !

Lis le texte *Du golf qui fait boule de neige !* dans *Mon encyclopédie*, page 108.

Comme les Inuits, tous les peuples célèbrent certaines fêtes chaque année. Pense à une fête que ta famille et toi célébrez chaque année.

Contraintes d'écriture

1. **Rédige cinq phrases** différentes pour décrire cette fête. Chaque phrase doit répondre à une des questions suivantes et **inclure des circonstances et des précisions sur un ou des noms**.

Première phrase : À quel moment de l'année se déroule cette fête et quelles personnes y assistent ?

Deuxième phrase : Qui organise habituellement la fête et comment les invitations sont-elles faites ?

Troisième phrase : Quelles personnes mettent le plus de vie dans la fête et comment font-elles ?

Quatrième phrase : Rapporte un événement, triste ou joyeux, qui a marqué une de ces journées de fête.

Cinquième phrase : Comment cette fête se termine-t-elle habituellement ?

2. **Applique les stratégies de révision** demandées dans la fiche descriptive de la page 146.

3. **Transcris** ensuite **tes phrases au propre**.

J'évalue

Complète les deux énoncés suivants :

1. « J'ai trouvé cet atelier (facile/difficile/intéressant/etc.) ✎ ▨ parce que ✎ ▨. »

2. « Les activités que j'ai réalisées dans les étapes *J'apprends comment faire* et *Je sais comment faire...* m'ont révélé que je maîtrise :

   – (peu/assez bien/très bien/etc.) ✎ ▨ la compétence à comprendre le sens d'une phrase difficile ;

   – (peu/assez bien/très bien/etc.) ✎ ▨ la compétence à écrire une phrase difficile. »

LIRE ET ÉCRIRE
UN TEXTE DE TYPE DESCRIPTIF

Jan Vermeer, *Le peintre et son modèle* (1662-1665). Super Stock.

Des phrases, des phrases, des phrases...

PROJET : Écrire un texte de dix phrases pour me faire connaître à des jeunes d'un pays étranger.

ÉTAPES :

1. Explorer le sujet.
2. Accumuler des matériaux.
3. Écrire les phrases et les réviser.
4. Évaluer ma démarche.

Explorer le sujet

Une nouvelle élève vient de faire son entrée dans votre classe. Un camarade à qui tu demandes de qui il s'agit te répond en deux phrases:

- *Sandra est italienne.*
- *Elle a émigré au Québec il y a deux semaines seulement.*

Dans la première phrase, ton camarade te parle de Sandra en te disant qui elle **EST**, et dans la deuxième phrase, il te dit ce qu'elle **FAIT**.

Les photos de cette page sont accompagnées de textes qui présentent des jeunes. Comment ces textes parlent-ils de ces personnes ? **Pour chacune des phrases**, indique si on te parle de ces personnes en te disant qui elles **SONT** ou en te racontant ce qu'elles **FONT**.

> Derrière le visage songeur de Félix, se cache un fameux briseur de cœurs.

> Kevin est un grand romantique qui adore les romans d'amour.

> Tous les jours de l'été, Olga et Servane se retrouvent à la plage pour parler de Kevin.

> Tous les jours, Geneviève téléphone à Félix pour lui expliquer ses devoirs.

Trouve maintenant, dans une revue ou un journal, une photographie d'un adolescent ou d'une adolescente. **Rédige deux phrases** pour décrire cette personne: dans la première, tu diras qui elle **EST**, et dans la deuxième, tu diras ce qu'elle a **FAIT**.

Accumuler des matériaux

POURQUOI lire ?

Pour écrire des phrases qui parlent de toi, tu t'inspireras de trois textes de type descriptif dans lesquels il est question de jeunes adolescents. On y apprend qui ils **SONT** dans la vie et ce qu'ils **FONT** de leur journée.

La lecture de ces textes te donnera des idées pour ton projet d'écriture. Elle te fournira aussi l'occasion de mettre en pratique les stratégies de lecture que tu as apprises dans les ateliers *Comprendre le sens d'une phrase* et *Comprendre le sens d'une phrase difficile*.

QUOI lire ?

Premier texte

Une journée dans la vie de Hugo
(*Mon encyclopédie*, page 86)

Deuxième texte

La passion des serpents
(*Mon encyclopédie*, page 188)

Troisième texte

Un des trois textes suivants :

– *Chez Betty et Prince* (*Mon encyclopédie*, page 17)

– *Une journée dans la vie de Shanda et Tiffany*
(*Mon encyclopédie*, page 166)

– *L'histoire de Pintinho* (*Mon encyclopédie*, page 147)

COMMENT lire ?

Planifier ma lecture

Je lirai des textes parce que
✎ ▭ .

Je lirai les textes suivants :
1. ✎ ▭
2. ✎ ▭
3. ✎ ▭

Comment lirai-je ces textes ?
Premier texte : ✎ ▭
Deuxième texte : ✎ ▭
Troisième texte : ✎ ▭

Tu liras donc trois textes qui décrivent des personnes. Tu découvriras le sens du **premier texte**, *Une journée dans la vie de Hugo*, **à mesure que tu réaliseras les activités qui s'y rattachent**.

Tu liras ensuite le **deuxième texte** en entier, *La passion des serpents*, et tu **répondras aux questions qui s'y rattachent**.

Enfin, tu choisiras un **troisième texte** parmi ceux qui te sont suggérés et tu le **liras en entier** pour en dégager toi-même des matériaux qui t'aideront à réaliser ton projet.

Après la lecture de chacun des textes, tu pourras remplir la fiche *Le texte en quelques mots* afin de rendre compte de ta compréhension globale du texte.

Une journée dans la vie de Hugo

CONTEXTE

Mon encyclopédie, page 86

Avant la lecture

Avant de répondre aux questions qui suivent, jette un coup d'œil sur l'ensemble du texte (le titre, les illustrations, les paragraphes, etc.).

1. À ton avis, DE QUI parlera-t-on dans la plupart des phrases de ce texte ?

2. Parlera-t-on surtout de ce que cette personne EST ou de ce qu'elle FAIT ? Quels indices te permettent de l'affirmer ?

3. Compte tenu du titre de ce texte, quel type de circonstances crois-tu y retrouver en grand nombre ? Choisis la réponse qui convient.

   a) Des circonstances de temps.

   b) Des circonstances de lieu.

   c) Des circonstances de manière.

4. À ton avis, vers quelle heure Hugo se lève-t-il et vers quelle heure se couche-t-il ? Quel indice te permet de le dire sans même lire le texte en entier ?

«J'ai connu la Bolivie à l'été 1995. C'était dans le cadre d'un projet d'aide humanitaire et j'y suis restée deux mois. J'ai rencontré de petits Boliviens qui devaient travailler comme vendeurs, guides ou serveurs; d'autres qui arrivaient à l'école sans avoir mangé; des enfants qui quêtaient sur les trottoirs et dans les marchés; d'autres en sandales à des températures hivernales et des plus chanceux qui pouvaient jouer, bien manger et dormir au chaud, comme ici. Je suis restée sous le charme des enfants boliviens avec leur teint basané, leurs grands yeux brillants et leur mine très affectueuse.»

Gisane Roy, étudiante en médecine dentaire

Pendant la lecture

1

Lis le premier paragraphe
(lignes 1 à 14).

a) Dans la toute première phrase, on parle de *j'* et on dit que *j'* a rencontré Hugo. Que remplace le pronom *j'* ?

b) Dans la première phrase, on trouve des précisions sur Hugo. Lesquelles ?

c) Cherche, dans les phrases du premier paragraphe, les deux circonstances qui nous expliquent pourquoi Hugo vend des journaux.

2

Lis le deuxième paragraphe (6 h 30).

Dans ce paragraphe, qu'apprend-on sur les amis de Hugo ?

3

Lis le troisième paragraphe (7 h).

a) DE QUI parle-t-on dans la première phrase de ce paragraphe ?

b) Relève deux RENSEIGNEMENTS que l'on donne dans la première phrase de ce paragraphe.

c) Une phrase de ce paragraphe contient un deux-points; c'est peut-être une phrase *monstre* (lignes 27 à 36). Élabore un organisateur graphique qui rend compte de ta compréhension.

> Pour t'aider, tu peux consulter les organisateurs graphiques de phrases *monstres* dans l'atelier *Comprendre le sens d'une phrase difficile*, page 139.

4

Lis le quatrième paragraphe (8 h 30).

a) Dans ce paragraphe, on trouve deux circonstances de temps. Relève-les.

b) Pour chacune des circonstances, trouve dans l'encadré un mot ou une expression qu'on pourrait utiliser comme synonyme.

> – Exceptionnellement
> – La plupart du temps – Parfois

5

Lis les cinquième et sixième paragraphes (11 h 30 et 12 h 30).

a) Quelle information te permet de dire que la vie de Hugo ressemble un peu à la tienne ?

b) Quelle information te permet de dire que l'emploi du temps de Hugo est bien différent du tien ?

c) Relève cinq circonstances de temps qui répondent à la question *Quand ?*

6

Lis le septième paragraphe (13 h).

a) Si tu avais à rédiger une courte phrase pour résumer ce que fait Hugo dans ce paragraphe, tu écrirais...

À 13 h, Hugo ✎ ▨ *.*

b) Dans ce paragraphe, quel autre mot utilise-t-on pour désigner Hugo ?

c) Dans ce paragraphe, quel autre mot utilise-t-on pour désigner Hugo et ses amis ?

7

Lis les huitième et neuvième paragraphes (18 h et 21 h).

a) Dans ces paragraphes, relève une phrase que tu trouves facile à comprendre et fais-en un organisateur graphique pour prouver que tu l'as bien comprise.

b) Dans ces mêmes paragraphes, relève une phrase plus difficile et rends compte de ta compréhension en traçant un organisateur graphique qui convient.

Maintenant que tu as lu tout le texte :

8

En respectant l'organisateur graphique suivant, imagine une phrase descriptive qui ferait connaître Hugo à quelqu'un qui n'aurait pas lu le même texte que toi.

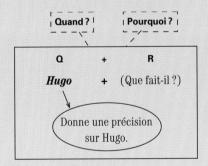

9

Hugo a plusieurs occupations quotidiennes. Choisis-en trois parmi les suivantes et relève dans le texte, pour chacune, des mots qui pourraient constituer un champ lexical.

– Il mange.

– Il va à l'école.

– Il joue au fútbol.

– Il vit avec sa famille.

– Il vend des journaux.

Le texte en quelques mots

Une journée dans la vie de Hugo

Le contenu du texte
Dans ce texte, on parle de ✎ ▨ .

L'organisation du texte
Comment l'auteur a-t-il regroupé les renseignements qu'il voulait transmettre ? ✎ ▨

Le point de vue
L'auteur éprouve-t-il un bon ou un mauvais sentiment envers Hugo ? Explique ta réponse. ✎ ▨

10 Les mots de ce texte sont faciles à comprendre. Pour chacun des mots suivants, **trouve deux autres sens** possibles et **rédige une expression** pour chacun des sens.

a) marché (ligne 9)

b) place (ligne 24)

c) parc (ligne 66)

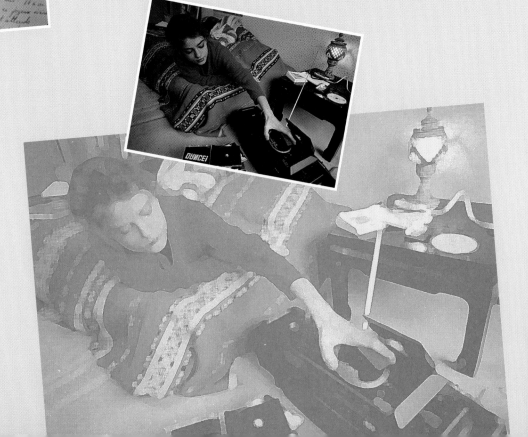

Réagir au texte

Ce texte m'a permis de découvrir que l'on peut parler d'une personne en décrivant ✎ ▆.

Je connais mieux Hugo parce que ✎ ▆.

Évaluer ma démarche de lecture

– J'ai particulièrement bien réussi les activités ✎ ▆.

– J'ai éprouvé des difficultés dans les activités ✎ ▆ parce que ✎ ▆.

– J'ai utilisé les moyens suivants pour surmonter mes difficultés: ▆.

– À la lecture du prochain texte, *La passion des serpents*, je porterai une attention particulière à ✎ ▆.

Pour dire ce qu'EST une personne

1. Dans le texte *Une journée dans la vie de Hugo*, tu as sûrement découvert **des mots** que tu ne connaissais pas et qui t'ont plu, de telle sorte que t**u aimerais maintenant les utiliser. Note-les** dans ta banque de mots personnelle pour pouvoir les retrouver facilement lorsque tu en auras besoin.

2. Dans la première phrase de ce texte, on apprend que Hugo est jeune. L'auteur, pour le caractériser, pour dire ce qu'il EST, aurait pu choisir de nombreux autres mots comme *sympathique*, *dynamique*, etc.

Dans l'encadré qui suit se cachent 20 mots qui peuvent être utilisés pour décrire un adolescent ou une adolescente. Les trois premières lettres sont dans le bon ordre et les autres sont dans le désordre.

a) À l'aide de ton dictionnaire, reconstruis chaque mot et note-le dans ta banque de mots. Profites-en pour vérifier le sens de chacun.

---

1. PRI E E T A M S I R U
2. DÉB N N I O R A E
3. EGO N R I C U T Q E E
4. EXC N R I U T Q E E
5. AGR S I E S F
6. ARR G A O T N
7. DÉT R M E E I N
8. IMP T X E U E U
9. PER C I F T T O N N I E E S
10. REB L L E E
11. REV U E R
12. TAC T R I U N E
13. TÉM I R R É E A
14. AFF B L A E
15. FLE G A I U M T Q E
16. OMB G R E X A U
17. IDÉ L S A T I E
18. SPO I T R F
19. COU A E R G U X
20. AVI É S

---

b) Prouve que tu connais le sens de cinq de ces mots en utilisant chacun d'eux dans une phrase qui caractérise une personne que tu connais.

A est ✎ ▨ parce que ✎ ▨.

B est ✎ ▨ parce que ✎ ▨.

C est ✎ ▨ parce que ✎ ▨.

D est ✎ ▨ parce que ✎ ▨.

E est ✎ ▨ parce que ✎ ▨.

c) Complète ta liste en trouvant cinq autres mots qui peuvent dire ce qu'EST une personne.

La passion des serpents

CONTEXTE

Mon encyclopédie, page 188

Avant la lecture

1. Y a-t-il des animaux qui te font peur, qui te dégoûtent, qui te fascinent? Aurais-tu envie de lire un texte portant sur l'un de ces animaux? Explique ta réponse.

2. Si tu trouvais ce texte par hasard dans une revue, quel élément pourrait t'inciter à le lire ou à ne pas le lire?

3. Connais-tu la différence de sens entre les mots *venimeux* et *vénéneux*?

Après la lecture

1 Laquelle des affirmations suivantes est vraie?

a) Abu Rawache connaît Warda et son étrange famille.

b) Abu Rawache fréquente l'école d'un quartier populaire d'Égypte.

c) L'école d'Abu Rawache est un quartier populaire d'Égypte.

d) Abu Rawache est un quartier populaire d'Égypte.

2   Pour confirmer ton choix de réponse à la question 1, fais un organisateur graphique de la première phrase du texte (lignes 1 à 6).

3   Dans le premier paragraphe (lignes 7 à 9), qu'est-ce que les enfants chuchotent à propos de Warda ?

4   Dans le premier paragraphe (lignes 1 à 9), l'auteur révèle son point de vue en ajoutant un adjectif plus expressif à l'intérieur d'une phrase descriptive. Quel est cet adjectif ?

5   a) Que remplace le pronom *elle* dans le deuxième paragraphe (lignes 10 à 13) ?

   b) Dans cette phrase, remplace le nom de Warda par un autre mot ou une autre expression qui la désignerait.

6   Récris la phrase qui suit en remplaçant les deux mots de substitution qui sont en caractères gras par les mots qu'ils remplacent.

   Ils n'ont plus aucun secret pour elle (lignes 21 et 22).

7   Dans le troisième paragraphe, pourrais-tu utiliser la deuxième phrase (ligne 16) telle quelle dans un texte te décrivant ? Justifie ta réponse.

8   a) Trouve, dans le septième paragraphe (lignes 43 à 52), l'expression qui exprime de quelle manière Warda a mémorisé les gestes importants pour la capture des reptiles.

   b) Explique comment tu pourrais réutiliser cette façon de faire dans ton apprentissage de la lecture et de l'écriture.

9   Imagine qu'un enfant te dise :

   Dans le neuvième paragraphe (lignes 57 à 71), *il y a un mot vraiment étrange ! Quand on le prononce, ça chatouille la langue.*

   Quel est ce mot ?

10   Dans la première phrase (ligne 72) du dixième paragraphe, on parle des *enfants*.

   a) Qui sont ces enfants ?

   b) Que font-ils ?

Le texte en quelques mots

La passion des serpents

Le contenu du texte
Dans ce texte, on parle de ✎ ▨ .

L'organisation du texte
Certains passages du texte disent surtout comment EST Warda, par exemple :
– de la ligne ✎ ▨
  à la ligne ✎ ▨ ;
– de la ligne ✎ ▨
  à la ligne ✎ ▨ .

D'autres passages racontent plutôt ce que FAIT Warda, par exemple :
– de la ligne ✎ ▨
  à la ligne ✎ ▨ ;
– de la ligne ✎ ▨
  à la ligne ✎ ▨ .

Le point de vue
L'auteur éprouve envers Warda un sentiment (favorable/défavorable) ✎ ▨ .

11 a) Certains mots décrivent des réalités que tout le monde connaît. Choisis dans le texte cinq mots que tu pourrais utiliser pour te décrire.

b) Certains mots décrivent des réalités plus spécifiques d'un peuple ou d'un groupe d'individus. Choisis dans le texte cinq mots que tu ne pourrais pas utiliser pour te décrire.

12 a) Trouve trois mots du texte qui font partie du champ lexical du serpent.

b) Trouve quatre mots du texte qui font partie du champ lexical de la famille.

c) Lequel de ces deux champs lexicaux pourrait le mieux te servir si tu avais à parler de toi?

13 Dans le dernier paragraphe, trouve un mot formé à partir du mot *venin*.

14 Que signifie le mot *terrain* à la ligne 56 du huitième paragraphe? Choisis la réponse qui convient.

a) Une grande surface de terre.

b) Un espace vert situé derrière une maison.

c) Un endroit où l'on met véritablement ses connaissances en pratique.

POUR ENRICHIR TON VOCABULAIRE ...

Pour dire ce que FAIT une personne

1. **Note** dans ta banque personnelle **les mots** qui t'ont plu dans le texte *La passion des serpents* et que tu aimerais utiliser.

2. Le premier paragraphe du texte se termine par la phrase suivante:

> Il paraît qu'elle <u>adore</u> les serpents, qu'elle les <u>attrape</u> dans le désert.

Cette phrase décrit un goût particulier de Warda et ce qu'elle FAIT en rapport avec ce goût.

Rédige des phrases en t'inspirant de l'exemple donné dans le tableau. Suis bien les consignes et utilise les verbes de la liste.

1. Écris le nom d'une personne que tu connais.	Verbes à utiliser	2. Ajoute un complément au verbe (ce complément peut désigner une personne, un objet, une activité, un sport, etc.).	3. Rédige une phrase qui décrit une action en rapport avec le goût exprimé.
Ex.: *Warda*	*adore*	*les serpents.*	*Elle les attrape dans le désert.*
	préfère		
	déteste		
	s'intéresse (à)		
	se passionne (pour)		
	n'aime pas du tout		
	a un faible (pour)		
	exècre		
	porte dans son cœur		
	néglige		

Avant la lecture

À partir des sentiments que t'inspirent ces prénoms, choisis laquelle de ces trois personnes tu aimerais connaître:

Tiffany

Betty

Pintinho

Selon ton choix, lis l'un ou l'autre des textes suivants:

- *Chez Betty et Prince* (*Mon encyclopédie*, page 17)
- *Une journée dans la vie de Shanda et Tiffany* (*Mon encyclopédie*, page 166)
- *L'histoire de Pintinho* (*Mon encyclopédie*, page 147)

Après la lecture

1

a) Relève une phrase qui indique dans quel pays vit l'adolescent ou l'adolescente que tu as choisi.

b) Sur la carte du monde ci-dessous, trouve la lettre correspondant au pays où vit ton adolescent ou ton adolescente.

c) Choisis maintenant la lettre qui montre où tu habites.

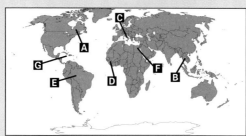

d) Rédige une phrase semblable à celle trouvée en a) pour dire qui tu es, de quelle ville et de quel pays tu viens.

Le texte en quelques mots

Titre du texte: ✎ ▆

Le contenu du texte
Dans ce texte, on parle de ✎ ▆ .

L'organisation du texte
Certains passages du texte disent ce que SONT les personnages, par exemple:
- de la ligne ✎ ▆
  à la ligne ✎ ▆ ;
- de la ligne ✎ ▆
  à la ligne ✎ ▆ .

D'autres passages disent plutôt ce que FONT les personnages, par exemple:
- de la ligne ✎ ▆
  à la ligne ✎ ▆ ;
- de la ligne ✎ ▆
  à la ligne ✎ ▆ .

Le point de vue
Quel sentiment l'auteur éprouve-t-il envers la personne décrite? ✎ ▆

Justifie ta réponse à l'aide de quelques extraits. ✎ ▆

2 Dans le texte, trouve de l'information qui te permettrait de remplir cette ligne du temps témoignant des occupations quotidiennes de ton adolescent ou de ton adolescente.

3 Reproduis le schéma qui suit.

a) À gauche, écris trois phrases tirées du texte qui montrent que tu as des choses en commun avec ton adolescent ou ton adolescente.

b) À droite, écris trois phrases tirées du texte qui montrent que ton adolescent ou ton adolescente et toi êtes très différents.

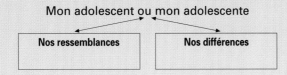

4 Choisis dans le texte cinq mots que tu pourrais facilement utiliser pour te décrire.

5 Choisis des mots qu'il serait extrêmement difficile de réutiliser pour te décrire.

6 Choisis un passage où il y a de l'action et dessine la scène telle que tu l'imagines en y ajoutant le plus de détails possible.

7 Construis un champ lexical qui révèle les occupations quotidiennes de ton adolescent ou de ton adolescente en reproduisant la constellation suivante.

Le nombre d'éléments dans la constellation peut varier, mais essaie quand même de trouver le plus grand nombre possible de mots.

De la lecture à l'écriture

Titres des textes: – *Une journée dans la vie de Hugo*
– *La passion des serpents*
– ✏️ ▬

Les activités de lecture que tu viens de terminer visaient à te permettre d'accumuler des matériaux afin d'écrire un texte pour parler de toi. En quelques phrases, précise maintenant quels éléments pourraient t'être utiles pour l'écriture de ton propre texte.

Dans la première phrase , tu pourrais préciser quel texte tu as trouvé le plus difficile à lire et expliquer pourquoi.

Dans la deuxième phrase , tu pourrais dire lequel des trois textes tu as préféré et expliquer pourquoi.

Dans la troisième phrase , tu pourrais expliquer en quoi les enfants du texte que tu as préféré sont semblables ou différents de toi.

Dans la quatrième phrase , tu pourrais énumérer des mots tirés des textes lus que tu pourrais utiliser dans un texte qui parlerait de toi.

Dans la cinquième phrase , tu pourrais énumérer des mots tirés des textes lus que tu ne pourrais pas utiliser dans un texte qui parlerait de toi.

Écrire les phrases

Les articles de revues que tu as lus sur Hugo, Warda, Pintinho, Shanda, Tiffany, Betty ou Prince t'ont permis de constater qu'on peut, à l'aide de phrases, communiquer des renseignements sur une personne pour mieux la faire connaître, pour mieux la décrire. Voici maintenant le moment de te décrire, de parler de toi, de donner une série de renseignements sur toi afin de mieux te faire connaître, comme si tu écrivais un article dans une revue spécialisée destinée à des jeunes d'un pays étranger.

Chez Betty et Prince

Je m'appelle Betty. J'ai 13 ans. J'habite à Monrovia, capitale du Libéria. Je vis avec ma maman et mon frère Prince. Il a 11 ans. J'ai encore trois frères et trois sœurs. Ils sont plus âgés et tous mariés. Ils vivent avec leur famille dans d'autres quartiers. Maman vend des piments et de l'huile au marché, mais le commerce marche mal. La guerre a appauvri tout le monde, maman a peu de clients. Prince et moi travaillons aussi au marché. Toute la journée, nous essayons de vendre des sachets en plastique pour porter les marchandises. Ce n'est pas facile, les acheteurs sont rares. Entre Prince et moi, c'est toujours la compétition. À la fin de la journée, on fait les comptes pour savoir qui a rapporté le plus d'ar-

Je m'appelle Betty, j'ai 13 ans

.BA

La on es ts

Histoire de Pintinho

Avoir 16 ans au Brésil

comme dans...
P INTINHO

tous les Brésiliens, est un passionné de Il a commencé à ères et ses amis sur rain de foot, près de l, on donne le nom es parties où les ls nus.

ans par les dépistage, une des nelles les plus Pintinho, qui a destiné à une fessionnel. sœurs et cinq vendeur de uis il est mort, l'une tuber- ère fait des riches pour le habite à ro, dans le loge dans électricité. partage du club ne, et la

maison de sa mère qu'il visite toutes les fins de semaine.

Le football, une passion nationale!

En ce moment, Pintinho est à l'entraînement. La discipline à la maison du club Flamengo est sévère. Les jeunes recrues doivent non seulement réussir, mais exceller. Dans quelques jours se jouera un match décisif entre les équipes de la catégorie *Juvenil* (les 16-17 ans). L'équipe gagnante participera au championnat national.

L'entraînement commence à 7 h le matin par des exercices d'échauffement : étirements, course à pied, sprints. Puis, en groupes, on fait des exercices de stratégies avec le ballon. Les passes se succèdent jusqu'à l'heure du midi. Pintinho revient à la maison, dine et, s'il n'y a pas de match prévu pour l'après-midi, il regarde la télévision. Il raffole parti- culièrement des téléromans brési-

VENEZUELA GUYANA SURINAM
COLOMBIE
Océan Atlantique
B R É S I L
PÉROU
ARGENTINE
BRASÍLIA
Rio de Janeiro
São Paulo

Brésil

Population: 150,4 millions d'habitants; sur ce nombre, 7 millions d'enfants sont abandonnés et 36 millions vivent dans la plus grande pauvreté.

Langue: Portugais

Capitale: Brasília

nôtres. Le soir, il va à l'école. Pintinho n'aime pas beaucoup étudier et préfère se consacrer à sa passion: le foot.

Le football est une passion au Brésil, pour les riches comme pour les pauvres. L'e

Moi

Texte à écrire

POURQUOI ÉCRIRE?

Pour me faire connaître, me décrire.

QUOI ÉCRIRE?

Dix phrases détachées, dans lesquelles je parle de moi.

À QUI ÉCRIRE?

À des jeunes d'un pays étranger.

◆ **RESSOURCES DOCUMENTAIRES PERMISES:**

- dictionnaire, grammaire et les textes de l'étape Accumuler des matériaux;
- ateliers 6 et 7.

◆ **ÉLÉMENTS NOTIONNELS À APPLIQUER ET À VÉRIFIER:**

- les éléments essentiels de la phrase (voir page 143);
- l'utilisation de la virgule;
- la structure des phrases (voir Je révise et je corrige les phrases, page 360);
- les éléments notionnels vus dans les ateliers précédents (utilise les stratégies dont tu as encore besoin).

Planifier l'écriture de mon texte

1. Pourquoi écrirai-je un texte? ✎ ▮

2. Sur qui ou sur quoi écrirai-je ce texte? ✎ ▮

3. Dans quel type de publication pourrais-je retrouver les phrases que je rédigerai? ✎ ▮

4. Comment puis-je parler de moi comme s'il s'agissait d'une autre personne?
   - ✎ ▮▮
   - ✎ ▮▮

5. Quel pronom utiliserai-je dans mes phrases?
   ✎ ▮

Contraintes d'écriture

Tu seras le sujet du texte de type descriptif que tu écriras.

Pour rendre l'exercice plus amusant, imagine que, dans cet article, **tu parleras de toi comme s'il s'agissait d'une autre personne.** Pour y arriver, il suffit d'éviter d'utiliser le pronom *je*. Tu pourrais par contre utiliser **les pronoms *il* ou *elle*, ton prénom ou une expression te désignant** (groupes nominaux variés) comme *cette jeune fille*, *ce jeune homme*, *l'adolescente de la famille*, etc.

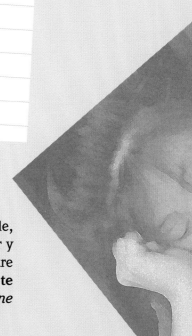

164

Marche à suivre

Réalise les activités qui suivent l'une à la suite de l'autre.

1. Consulter ma banque de mots

Tout au long de cette séquence sur les phrases, tu as constitué une banque de mots à utiliser pour te décrire.

Retrouve cette banque de mots et garde-la à portée de la main; ainsi, tu pourras y puiser des mots différents de ceux que tu utilises tous les jours et tes phrases seront plus précises et plus intéressantes à lire.

2. Rédiger des phrases

Rédige tes dix phrases en respectant les consignes de la colonne de droite. Au fil de l'écriture, révise-les à l'aide de la fiche *Réviser la langue et le contenu de mon texte*.

Réviser la langue et le contenu de mon texte

1. Ai-je effectué correctement la tâche imposée ?
2. Ai-je tenu compte des destinataires ?
3. Mes phrases sont-elles construites correctement (voir page 360) ?
4. Ai-je utilisé la virgule pour isoler, s'il y a lieu, les mots et les groupes de mots qui introduisent des circonstances ou des précisions ?

La phrase qui t'inspirera	La consigne qui te permettra de rédiger une phrase qui parle de la personne (TOI)
1. «J'habite Monrovia, capitale du Libéria.» *(Chez Betty et Prince)*	Dis OÙ la personne dont tu parles demeure et donne de l'information supplémentaire pour que l'on sache bien de quel pays elle vient.
2. «Depuis plusieurs générations, la famille Tolba chasse les serpents, les scorpions et les crocodiles.» *(La passion des serpents)*	Donne un RENSEIGNEMENT sur une des habitudes de sa famille. Précise d'abord depuis QUAND sa famille a pris cette habitude.
3. «Les garçons sont jaloux de la réputation de Warda car elle n'a peur de rien.» *(La passion des serpents)*	Donne une caractéristique sur la personne qui rend d'autres gens jaloux. Utilise le mot de relation *car* pour séparer tes RENSEIGNEMENTS.
4. «Au marché, il retrouve des amis qui, comme lui, vendent des journaux.» *(Une journée dans la vie de Hugo)*	OÙ cette personne retrouve-t-elle ses amis ? Ajoute aussi une précision permettant de mieux connaître ses amis.
5. «Un jour, il en a même vendu 63 [journaux] dans sa matinée.» *(Une journée dans la vie de Hugo)*	Donne un RENSEIGNEMENT qui rend compte d'un exploit que cette personne a accompli.

La phrase qui t'inspirera	La consigne qui te permettra de rédiger une phrase qui parle de la personne (TOI)
6. «Même si elle n'a pas peur car le serpent est non venimeux, son cœur bat très fort.» *(La passion des serpents)*	Conserve le groupe de mots *son cœur bat très fort* et imagine une circonstance qui permet de savoir POURQUOI son cœur est si agité.
7. «Shanda et Tiffany entreprennent de descendre la montagne à pied pour se rendre à l'école.» *(Une journée dans la vie de Shanda et Tiffany)*	Donne un RENSEIGNEMENT pour que l'on sache COMMENT cette personne se rend à l'école.
8. «Pour son repas, Shanda mange un sandwich aux œufs frais ramassés dans la cour de sa maison où picorent les poules.» *(Une journée dans la vie de Shanda et Tiffany)*	Que mange-t-elle pour son repas? Donne aussi une précision sur la provenance des aliments qui composent son menu.
9. «Ici, en Bolivie, les jeunes s'adonnent au *fútbol* pendant des heures, d'autant plus qu'on peut y jouer à peu près n'importe où.» *(Une journée dans la vie de Hugo)*	Donne un RENSEIGNEMENT relatif aux activités pratiquées par les jeunes de son pays. Précise aussi pourquoi cette activité est si populaire.
10. «Elle porte un foulard, comme le veut la coutume, et s'applique à bien travailler.» *(La passion des serpents)*	Donne deux RENSEIGNEMENTS sur elle. Conserve le groupe de mots *comme le veut la coutume*.

3. Rédiger des phrases pour conclure

Pour terminer, récris ces deux phrases tirées du texte *Une journée dans la vie de Hugo* pour qu'elles puissent servir à conclure un article de revue portant sur **TOI**.

21 h Fatigué par sa journée au grand air, Hugo se couche tôt. Demain, c'est dimanche, il veut être en forme pour vendre ses journaux... et surtout pour aller jouer au fútbol *dans l'après-midi.*

4. Relier les phrases entre elles

Maintenant que tu as écrit toutes tes phrases et qu'elles te semblent correctes, tu peux les relire et les relier entre elles de manière à former un court texte qui parle de **TOI**.

5. Réviser le texte

Avant de transcrire ton texte au propre, vérifie si tes phrases sont stucturées selon les consignes de rédaction et relis-le afin de vérifier une dernière fois tous les éléments présentés dans la fiche *Réviser la langue et le contenu de mon texte* (page 165).

Relire mon texte

Avant de transcrire mon texte au propre, je dois le relire:
- une première fois pour vérifier la langue et le contenu, et apporter les corrections nécessaires;
- une deuxième fois, à l'aide des stratégies apprises, pour vérifier si mes phrases sont bien construites.

Rédige un court texte qui rendra compte de ta démarche d'écriture.

J'évalue ma démarche d'écriture

Titre du texte: ✎ ▨   **Date de production:** ✎ ▨

Dans la première phrase , tu pourrais dire pourquoi l'exercice d'écriture que tu as réalisé pourrait t'aider à écrire un article complet sur toi.

Dans la deuxième phrase , tu pourrais dire si tu as trouvé facile d'écrire des phrases en t'inspirant de phrases déjà existantes.

Dans la troisième phrase , tu pourrais dire si tu as aimé parler de toi comme s'il s'agissait d'une autre personne et si tu as eu de la difficulté à respecter cette consigne jusqu'à la fin.

Complète les énoncés suivants:

«J'ai (peu/assez/beaucoup/etc.) ✎ ▨ aimé faire ce projet parce que ✎ ▨. J'ai réussi à construire (quelques/la plupart des/toutes les/etc.) ✎ ▨ phrases en respectant les consignes. Dans l'atelier d'intégration *Des phrases, des phrases, des phrases...*, j'ai (rarement/assez souvent/la plupart du temps/etc.) ✎ ▨ réussi à mettre en pratique les notions que j'avais acquises en lecture sur le sens des phrases.»

Enfin,

a) Parmi toutes les phrases que tu as rédigées, choisis les trois qui te décrivent le mieux.

b) Présente ces trois phrases à tes camarades. Demande-leur s'ils pensent que ces phrases te décrivent vraiment bien.

LE ROMAN

EA 15/15   Kamouraska

Antoine Dumas, *Kamouraska* (1977).

Les sérigraphies reproduites dans cette séquence ont illustré le roman
Kamouraska d'Anne Hébert aux Éditions Art Global, 1977.

MON ROMAN EN IMAGES

Présenter un film tiré d'un roman.

Les sérigraphies d'Antoine Dumas reproduites dans ces pages illustrent chacune une scène du roman *Kamouraska* écrit par la romancière québécoise Anne Hébert.

On y trouve des personnages du roman et des éléments qui reflètent le lieu et l'époque où l'histoire se déroule. Elles évoquent donc l'univers créé par l'auteure du roman.

Dans cette séquence, tu apprendras à reconstituer l'**univers narratif** d'un roman.

Antoine Dumas, sans titre (1977).

DÉCOUVRIR
L'UNIVERS NARRATIF D'UN ROMAN

J'explore

Antoine Dumas, sans titre, détail (1977).

1 Si tu devais louer un de ces films dans un vidéoclub, lequel choisirais-tu? Pourquoi?

2 Chacune des illustrations ci-dessous annonce un genre de films différent. Associe chacune à l'une ou l'autre des catégories suivantes:

- science-fiction
- guerre
- horreur
- film historique
- film de pirates
- comédie
- drame psychologique

3 À ton avis, y a-t-il des ressemblances entre les films que tu regardes et les romans que tu lis? Explique ta réponse.

4 Complète l'énoncé suivant:

«Les activités 1, 2 et 3 m'ont permis de découvrir que ✎ ▨▨▨».

La lecture, un passeport pour le monde

Deuxième destination

Cette année, comme tu le sais, tu dois lire au moins quatre romans. Le moment est venu de lire le deuxième, d'entreprendre ton deuxième voyage.

Cette fois, il s'agit d'un roman intitulé *La Mouette rieuse*, qui fait partie de la collection «Pour lire et pour écrire».

Tu sais maintenant qu'on peut apprivoiser un roman en examinant le contenu de la couverture et en lisant la première page. Explore d'abord l'univers proposé dans le roman *La Mouette rieuse* et rends compte de tes observations en remplissant les fiches *Identification du roman* et *Mes premières impressions* (voir séquence 2, page 41).

Durée du voyage

La lecture du roman *La Mouette rieuse* se fera par étapes tout au long de cette séquence.

Tu devras remplir des fiches à chacune de ces étapes.

Impressions de voyage

Lorsque tu auras terminé la lecture du roman, tu devras en rendre compte dans un travail d'équipe. Les consignes pour t'aider à faire ce travail se trouvent à la page 197.

Bonne lecture! Bon voyage!

LES CONNAISSANCES DE CET ATELIER

EN BREF

Les catégories de romans

On peut regrouper les romans en **deux catégories**:
- ceux qui reposent sur **l'action**;
- ceux qui mettent l'accent sur **la psychologie des personnages**.

Les personnages

Les **personnages** sont la matière première des romans. Ils peuvent être présentés sous **deux aspects**:
- ce qu'ils sont;
- ce qu'ils font.

Dans les romans, on trouve des personnages qui agissent beaucoup: ce sont les **personnages principaux**; les autres sont des **personnages secondaires**.

Les lieux

Les **lieux** jouent un rôle important dans un roman.

Dans les **romans d'action**, les descriptions de lieux montrent qu'il s'agit d'**endroits propices à l'aventure**.

Dans les **romans psychologiques**, les descriptions de lieux servent plutôt à faire comprendre **l'état psychologique des personnages**.

Le temps

Dans un roman, le **temps** peut être analysé sous **trois aspects**:
- **l'époque** à laquelle se déroulent les événements;
- **la durée** des événements racontés (heures, jours, mois, années);
- **l'ordre** dans lequel les événements sont racontés (ordre chronologique ou non).

Les événements

Dans un roman, les **événements** se succèdent d'une manière qui peut se résumer en quatre mots:

Au début → **Puis** → **Alors** → **Enfin**

Ces événements sont **structurés** selon le **schéma narratif** suivant:

situation initiale → élément perturbateur → péripéties → situation finale.

J'apprends

Lorsque tu regardes un film, la magie du cinéma te met en présence de lieux et de personnages immédiatement perceptibles. Cet univers, tu le découvres dès les premières images du film, sans fournir aucun effort.

Lorsque tu lis un roman, il en est autrement. En effet, **dans un roman, c'est toi qui dois, en lisant, imaginer les lieux et les personnages de l'histoire.** Pour ce faire, tu as à ta disposition le texte que tu tiens entre tes mains, tes expériences de lecture passées et ta connaissance du monde.

Tout comme au cinéma, les univers dans lesquels t'entraînent les romans peuvent être fort différents. L'action peut se dérouler aux quatre coins de la planète, les personnages peuvent avoir vécu il y a des centaines d'années ou, au contraire, être des personnages du futur. Dans l'univers de l'imaginaire, tout est possible !

LES CATÉGORIES DE ROMANS

À l'étape *J'explore*, tu as pu constater qu'il existe différentes catégories de films. Il en est ainsi pour le roman.

Si tu observes les rayons d'une bibliothèque ou d'une librairie ou si tu feuillettes des catalogues de maisons d'édition, tu peux voir qu'il existe plusieurs catégories ou genres de romans: le roman de science-fiction, d'anticipation, d'épouvante, d'humour, le roman policier, animalier, historique, etc. On peut toutefois regrouper tous ces romans en **deux grandes catégories:**

— **les romans qui reposent sur l'action;**

— **les romans qui mettent l'accent sur la psychologie des personnages.**

BREF,

Dans un roman, le lecteur ou la lectrice doit imaginer les lieux et les personnages de l'histoire.

BREF,

On peut regrouper les romans en deux grandes catégories:

– ceux qui reposent sur l'action;

– ceux qui reposent sur la psychologie des personnages.

BREF,

Dans un roman, les événements peuvent être :

– vraisemblables (apparentés à ceux de la vie réelle);

– invraisemblables (comme dans les contes ou les récits de science-fiction).

Le roman d'action

Le roman qui repose sur l'action met en scène un personnage qui poursuit un but. Dans des lieux propices à l'aventure, ce personnage vit des événements imprévus, surprenants, qui mettent sa vie en danger. **Ces événements peuvent être vraisemblables, c'est-à-dire apparentés à ceux de la vie réelle, présente ou passée, ou encore invraisemblables, comme dans les contes ou les récits de science-fiction.** Le but premier de ce genre de romans est de divertir le lecteur ou la lectrice. Le tableau qui suit en présente les caractéristiques, accompagnées d'exemples.

Roman d'action	
Un PERSONNAGE de type aventurier	– une exploratrice – un agent secret – une policière – etc.
qui poursuit un BUT	– retrouver quelque chose ou une personne disparue – délivrer un prisonnier ou une prisonnière – vaincre un élément naturel – etc.
dans des LIEUX propices à l'aventure	– forêt vierge, mer, montagne, désert, grande ville, grottes, etc.
et qui vit des ÉVÉNEMENTS imprévisibles (vraisemblables ou invraisemblables), parfois surprenants, qui peuvent menacer sa vie.	– agression – enlèvement – poursuite – etc.

Le roman psychologique

Le roman psychologique porte à rêver et à réfléchir. Il présente un personnage auquel le lecteur ou la lectrice peut s'identifier, et qui se trouve dans une situation psychologique difficile où il a un problème à résoudre. En voici les grandes caractéristiques, accompagnées d'exemples.

Roman psychologique	
Un PERSONNAGE	– une personne ordinaire: un adolescent ou une adolescente, un homme ou une femme, etc.
qui vit dans un ENVIRONNEMENT familier, réaliste,	– maison familiale, école, bureau, ville ou village réels, etc.
qui se trouve dans une SITUATION PSYCHOLOGIQUE particulière où il a un PROBLÈME à résoudre	– conflit avec des personnes de son entourage – rêve à réaliser – problème de communication – etc.
et qui connaîtra une TRANSFORMATION sur le plan psychologique.	Le problème est habituellement résolu et le personnage sort de l'expérience transformé.

LES PERSONNAGES

Les personnages constituent la matière première d'un roman. C'est à eux que les choses arrivent, ce sont eux qui agissent. Comme pour les autres composantes d'un roman, les personnages sont le fruit de l'imagination de l'auteur ou de l'auteure. Ce sont des êtres créés de toutes pièces qui prennent forme à travers les mots, des êtres de papier que le lecteur ou la lectrice doit recréer à son tour, au fil de sa lecture.

Pour comprendre un peu ce phénomène, imagine-toi devant une feuille blanche. Tu écris un nom : *Pierre* ; puis tu ajoutes : *ce jour-là, décida de retrouver son père*. Tu viens de donner naissance à un personnage. Mais qui est ce personnage ? À quoi ressemble-t-il ? Quel âge a-t-il ? A-t-il des défauts ? A-t-il des manies ? Il s'agit de continuer à écrire pour le découvrir.

Dans un roman, les personnages sont présentés selon ce qu'ils SONT ou selon ce qu'ils FONT.

Ce qu'ils sont...

Les personnages peuvent être nommés et caractérisés.

QUI ? QUOI ?

Un roman est un récit qui présente une `intrigue` mettant en scène des `personnages` qui vivent des `aventures` dans des `lieux` et des `temps` définis.

OÙ ? QUAND ? QUOI ?

Le nom même des personnages peut servir à les caractériser.

Les personnages portent parfois des noms familiers, banals (*Pierre, Françoise, Sylvie*) ou, d'autres fois, plus évocateurs (*Klonk, Julie des loups, Martin Boily dit Coma, Mégalonkanduré, Mme la Chevalière Ermengarde de Samantha,* etc.). Qu'il soit banal ou original, le nom d'un personnage fait partie de sa «personnalité».

Caractériser un personnage, c'est un peu comme lui donner vie. C'est permettre au lecteur ou à la lectrice de se le représenter. **On peut donc aussi caractériser un personnage à l'aide d'une description physique.**

Madame la Chevalière Ermengarde de Samantha, une **jeune femme blonde** âgée d'environ vingt-cinq ans, se promenait dans le parc du château d'Auvillar. **Elle était grande et bien faite**, quoique les peintres à la mode l'eussent sans doute jugée **un peu trop mince**. Sous son **large front bombé**, de **longs cils** abritaient le **regard lumineux** de ses **yeux bleus**.

André HODEIR, *La Chevalière et le panache blanc*,
© Casterman, 1983.

Grogh n'était pas beau. Dans sa tribu, il y avait des castors plus élégants que lui. Ses formes étaient particulièrement **trapues**; sa **grosse tête, trouée par de tout petits yeux** et par une bouche dont la lèvre supérieure, **fendue**, laissait passer **deux grosses incisives**, n'avait pas l'expression des autres castors. Même la **fourrure**, souple et brillante chez ses compagnons, était, chez lui, **toute hérissée, déteinte, au point de paraître sale**.

Alberto MANZI, *Le Castor Grogh et sa tribu*,
© Tous droits réservés pour l'auteur.

Finalement, on peut caractériser un personnage en fournissant des renseignements sur différents aspects de sa personnalité: ses caractéristiques psychologiques, ses goûts, ses désirs, ses qualités, ses défauts, son métier, son histoire, etc.

Mégalonkanduré était un **grand sorcier**. Il savait mélanger les plantes pour guérir les maladies mais aussi **rendre la paix** à ceux qui l'avaient perdue. C'était un **homme sage**, et **jamais personne n'avait pu formuler un reproche à son sujet**, car **il ne trompait pas** ceux qui lui accordaient leur confiance et **il ne tentait jamais de paraître plus savant** qu'il ne l'était, comme le font beaucoup de sorciers.

Nadine GARREL, *Au pays du grand condor*, © Gallimard, 1977.

Martin pensa à sa mère qui l'avait mis en garde. Elle avait su l'interroger, deviner à des riens **cette grande envie qu'il avait, lui, pauvre petit paysan**, de posséder un oiseau qui lui appartiendrait [...] **Il désirait tant avoir un compagnon de jeux** qui ne serait qu'à lui! Et s'il avait **choisi un faucon** au lieu d'une corneille ou d'une tourterelle, c'était pour le plaisir de dompter un animal difficile, un oiseau de proie.

Jean-Côme NOGUÈS, *Le Faucon déniché*,
© Nathan, 1981.

BREF,

Dans un roman, on peut caractériser un personnage en faisant sa description physique ou en fournissant des renseignements sur sa personnalité.

STRATÉGIE **Repérer les descriptions de personnages.**

Lorsque tu lis un roman, si tu le peux, il serait intéressant que tu surlignes à l'aide d'un marqueur les extraits dans lesquels les personnages sont décrits physiquement et psychologiquement. Tu pourrais aussi écrire le nom du personnage dans la marge afin de pouvoir le repérer facilement au besoin.

ATTENTION !

Parfois, le héros ou l'héroïne ne fait l'objet d'aucune description. Tu dois alors faire appel à ton imagination pour te représenter le personnage.

FICHE DE LECTURE

La fiche suivante permet de consigner les renseignements importants que l'on peut relever sur un personnage de roman.

LIRE UN ROMAN

Identification d'un personnage
CE QU'IL EST

Titre du roman : ✎

Nom du personnage : ✎

Statut, âge : ✎   Profession (s'il y a lieu) : ✎

Aspect physique : ✎

Trait psychologique dominant : ✎

Ce qu'il recherche : ✎

Mes impressions sur le personnage : ✎

Ce qu'ils font...

Dans un roman, les personnages agissent, ils accomplissent des actions. Les gestes qu'ils posent contribuent à les faire connaître. Certains personnages agissent beaucoup, accomplissent des actions importantes: ce sont **les PERSONNAGES PRINCIPAUX**; d'autres jouent un rôle moins important: ce sont **les PERSONNAGES SECONDAIRES**.

Dans un **roman d'action**, le personnage principal prend souvent figure de **HÉROS** ou d'**HÉROÏNE**; il est **investi d'une mission**. Les autres personnages sont alors perçus comme des **ALLIÉS** s'ils aident le héros ou l'héroïne, ou comme des **ENNEMIS** s'ils tentent de l'empêcher de réaliser son projet.

Dans un **roman psychologique**, le personnage principal est aussi entouré d'autres personnages. Les personnages **ennemis** sont à la **source du problème** du héros ou de l'héroïne, alors que les personnages **alliés** sont ceux qui l'**aident à le résoudre**.

BREF,

Dans un roman, le personnage principal doit souvent remplir une mission ou résoudre un problème.

Les autres personnages du roman peuvent l'aider (alliés) ou lui nuire (ennemis) dans la réalisation de son projet.

Dans la plupart des romans, les événements que vit le héros ou l'héroïne pour remplir sa mission ou pour résoudre son problème exercent une influence sur lui ou sur elle, ils contribuent à sa transformation. À la fin du roman, le personnage principal n'est plus le même. Lorsqu'on veut parler du personnage principal d'un roman, on peut le présenter tel qu'il était au début du roman et tel qu'il est devenu à la fin. On peut aussi mentionner les événements et les personnes qui ont contribué à le transformer.

STRATÉGIE **Repérer le personnage principal.**

Pour identifier le héros ou l'héroïne d'un roman, trouve le personnage dont il est le plus question dans le premier chapitre, puis écris son nom dans un cercle. Pour valider ton choix, au fil de ta lecture, inscris dans des cercles à gauche le nom des personnages qui semblent l'aider et, dans des cercles à droite, le nom de ceux qui tentent de lui nuire.

FICHE DE LECTURE

La fiche suivante permet de consigner les renseignements importants sur ce que fait le personnage principal d'un roman.

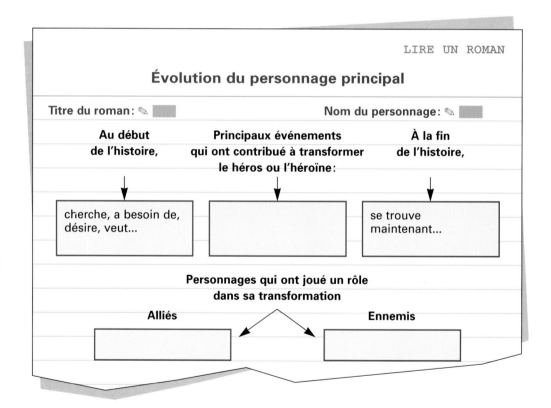

MES CONNAISSANCES EN BREF

Trouve maintenant une façon personnelle et originale d'expliquer à quelqu'un tes nouvelles connaissances sur les personnages d'un roman.

J'apprends
Comment faire

LES CATÉGORIES DE ROMANS

1 **Observe** les couvertures de romans reproduites ici.

A **Relève** sur chacune des indices révélant s'il s'agit d'un roman d'action ou d'un roman psychologique.

B S'il s'agit d'un roman d'action (roman policier, historique, roman de science-fiction, d'anticipation, d'épouvante, d'aventures), **précise** de quel genre de roman il s'agit.

José Mauro de Vasconcelos
ALLONS
REVEILLER
LE SOLEIL

Stock / Mon bel oranger

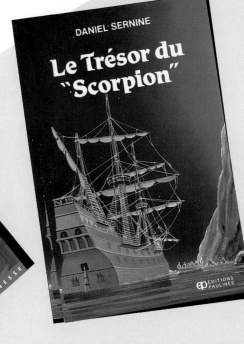

DANIEL SERNINE

Le Trésor du
"Scorpion"

ÉDITIONS PAULINES

A DEUXIÈME VIE
ANIQUE POITRAS

QUÉBEC/AMÉRIQUE JEUNESSE

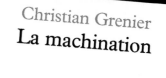

Christian Grenier
La machination

PAGE BLANCHE
Susan Fisher Staples

SHABANU

GALLIMARD

LES PERSONNAGES

Lis le texte *Antoine* dans *Mon encyclopédie*, page 12.

2 **A** **Relève** les quatre renseignements qui te font connaître le personnage principal dans le premier paragraphe.

B Quel extrait du premier paragraphe révèle que ce personnage possède un certain sens de l'humour ?

3 **Relève**, dans le reste du texte, trois autres renseignements qui te font mieux connaître Antoine (ce qu'il est).

4 Antoine fait quelque chose de particulier qui suscite l'intérêt du lecteur ou de la lectrice. De quoi s'agit-il ?

5 **A** À partir du texte que tu as lu, si tu devais remplir une fiche semblable à celle de la page 177, deux rubriques resteraient en blanc. Lesquelles ?

B **Remplis** ces rubriques en imaginant des renseignements qui auraient pu être fournis dans le texte.

6 **Rédige** maintenant une phrase que tu pourrais inscrire dans la dernière rubrique de la fiche *Mes impressions sur le personnage*.

Lis le texte *Où sont les livres ?* dans *Mon encyclopédie*, page 19.

7 **A** **Relève** les mots et les expressions dont tu devrais tenir compte si tu devais peindre le portrait de l'ouvrier dont il est question dans le texte.

B Le comportement du personnage révèle qu'il est timide et mal à l'aise de se trouver là où il est. **Relève** deux extraits qui prouvent cette affirmation et qui décrivent les réactions du personnage.

C Es-tu d'accord avec l'opinion qu'il exprime dans la phrase commençant à la ligne 32 ? **Explique** pourquoi en une phrase.

Lis le texte *Les plans d'un play-boy-à-lunettes* dans *Mon encyclopédie*, page 63.

8 **A** Que signifie l'expression anglaise *play-boy* ?

B Quel moyen l'auteur a-t-il utilisé pour faire comprendre que son héros n'est vraiment pas un séducteur ?

C Quel mot français l'auteur aurait-il pu utiliser à la place du mot *play-boy* pour décrire son héros ?

9 Cet extrait révèle beaucoup de choses sur François Gougeon :

– ce qu'il aime ;
– ce qu'il n'aime pas ;
– comment il se perçoit.

Relève quelques exemples dans le texte pour illustrer chacune de ces facettes.

10 Les héros et les héroïnes de romans sont souvent à la recherche de quelque chose, ont une mission à accomplir ou un but à atteindre. **Relève** dans la première page du texte la phrase dans laquelle François Gougeon définit son projet.

11 Dans le texte, François Gougeon parle beaucoup d'Anik Vincent.

A Quel talent lui attribue-t-il ?

B Sur quelles caractéristiques physiques s'attarde-t-il ?

12 **Reproduis** un schéma semblable à celui ci-dessous et **complète-le** en attribuant à chacun des personnages les caractéristiques relevées aux numéros 9, 10 et 11.

François   Anik

Lis le texte *Je n'ai pas d'amie* dans *Mon encyclopédie*, page 113.

13 **A** Dans le premier paragraphe, **relève** la phrase dans laquelle Anne Frank précise pourquoi elle écrit.

B Anne Frank est à la recherche de quelque chose qui semble très important pour elle. De quoi s'agit-il ?

C Quel moyen prendra-t-elle pour l'obtenir ?

Lis le texte *Les babouches d'Aboukassem* dans *Mon encyclopédie*, page 124.

14 Françoise Dolto est l'héroïne de cette histoire. **Prouve-le** en remplissant une fiche semblable à celle de la page 178, *Évolution du personnage principal*.

Mets tes connaissances en pratique dans le roman *La Mouette rieuse*

1 Dans le roman *La Mouette rieuse*, **lis** la première tranche du journal de Pierre (pages 4 à 10) et le récit intitulé *Marie et les pirates* (pages 11 à 48).

Tu constateras que, dans la première partie, le journal présente un univers romanesque qui s'apparente à celui que l'on retrouve dans les romans psychologiques de la littérature jeunesse et que le récit *Marie et les pirates* présente un univers propre au roman d'action. **Fais-en la preuve** en remplissant les tableaux suivants à la manière des exemples de la page 174.

Roman psychologique	Le journal de Pierre
Un PERSONNAGE	
qui vit dans un ENVIRON-NEMENT familier, réaliste,	
qui se trouve dans une SITUATION PSYCHOLO-GIQUE particulière où il a un PROBLÈME à résoudre.	

Roman d'action	Marie et les pirates
Un PERSONNAGE de type aventurier	
qui poursuit un BUT	
dans des LIEUX propices à l'aventure	
et qui vit des ÉVÉNE-MENTS imprévisibles (vraisemblables ou invraisemblables), parfois surprenants, qui peuvent menacer sa vie.	

2 **Précise** si l'univers du récit *Marie et les pirates* est vraisemblable ou invraisemblable. **Explique** ta réponse en quelques phrases.

J'apprends

BREF,

Les lieux jouent un rôle important dans un roman.

LES LIEUX

Comme les personnages, **les lieux jouent un rôle important dans un roman**. C'est là que se déroule l'action. Comme les personnages, les lieux sont créés à l'aide de mots et de phrases qu'il faut comprendre et organiser pour être capable de les imaginer.

Les lieux peuvent être mentionnés ou décrits.

> Martin sortit, avec les villageois, de l'enceinte fortifiée. → mentionné
> Dans d'autres circonstances, il aurait été fou de bonheur
> en voyant de nouveau, après de longs jours de réclusion,
> la campagne ouverte devant lui. Mais la campagne n'offrait → décrit
> que désolation. Les chaumières calcinées fumaient encore.
> Les meules de bon blé n'étaient plus que cendres.
>
> Jean-Côme NOGUÈS, *Le Faucon déniché*,
> © Nathan, 1981.

Lorsque **les lieux sont décrits**, ils peuvent l'être **de façon neutre**, uniquement pour permettre au lecteur ou à la lectrice de se situer, de savoir où se passe l'action.

> – Voilà, nous sommes arrivés.
>
> On aurait dit que son père lisait dans ses pensées. Il
> s'était en effet arrêté devant une grande maison de
> pierre, sur laquelle était apposée une affiche: Dr Parent,
> vétérinaire. Un peu plus bas, en petits caractères, on
> pouvait aussi lire: sur rendez-vous seulement.
>
> François GRAVEL, *Guillaume*, © Québec/Amérique Jeunesse,
> coll. «Gulliver», 1995.

Mais souvent, **les lieux sont décrits de manière très évocatrice**. Dans **les romans d'action**, ce type de description contribue à mettre en évidence les caractéristiques des **lieux propices à l'aventure**.

> Sous la lune, la cordillère et ses ombres étaient
> **effrayantes**, mais le petit Indien ne connaissait plus **la
> peur de la nuit et des ombres**.
>
> Nadine GARREL, *L'Enfant au lama blanc*,
> dans *Au pays du grand condor*, © Gallimard, 1977.

> Martin arriva au créneau et **frémit d'horreur**. Les **douves
> regorgeaient de cadavres et de débris**. Des chevaux
> erraient dans la campagne. **Certains traînaient leur
> cavalier, blessé ou mort, dont les pieds étaient restés
> pris dans l'étrier. Des hommes souffraient sur l'herbe
> tachée de sang, d'autres mouraient.**
>
> Jean-Côme NOGUÈS, *Le Faucon déniché*,
> © Nathan, 1981.

BREF,

Dans un roman, les lieux peuvent être mentionnés; ils peuvent également être décrits, de façon neutre ou évocatrice.

BREF,

La description des lieux peut servir à mettre en évidence les éléments qui les rendent propices à l'aventure ou à faire comprendre l'état psychologique des personnages.

Dans les **romans psychologiques**, les auteurs **décrivent les lieux de façon évocatrice** principalement pour faire comprendre l'**état psychologique des personnages**.

> – Bon chien, Georges! Bon chien!
>
> Je suis mort!
>
> – Bon chien!
>
> Caché **derrière une haute haie de cèdres**, je reprends mon souffle en scrutant **la façade de la grande maison de pierre qui se dresse droit devant nous**, à moins d'une cinquantaine de mètres. **Rien autour. Pas d'arbres. Isolée. Avec son toit plat qui dépasse de quelques mètres, ses quatre étages aux volets clos et les quelques arbustes qui cachent ses fondations, la maison ressemble à un tombeau géant, frais sorti de terre.**
>
> Yvon BROCHU, *On n'est pas des monstres*,
> © Québec/Amérique Jeunesse, coll. «Gulliver», 1992.

> Guillaume, dans **ses pires cauchemars**, avait imaginé que son école serait une **immense masse de béton gris, sans une seule fenêtre, avec un labyrinthe de corridors qu'il lui faudrait parcourir pendant des heures sans jamais aboutir nulle part. Il n'avait pas été surpris le jour de la rentrée: c'est exactement comme cela qu'elle était.**
>
> François GRAVEL, *Guillaume*,
> © Québec/Amérique Jeunesse, coll. «Gulliver», 1995.

FICHE DE LECTURE

Comme l'action d'un roman se déroule la plupart du temps dans de nombreux lieux différents, il est possible de rendre compte de sa lecture en présentant un schéma qui met en évidence les divers lieux où évoluent les personnages. Ce schéma peut ressembler à un itinéraire tracé sur une carte routière.

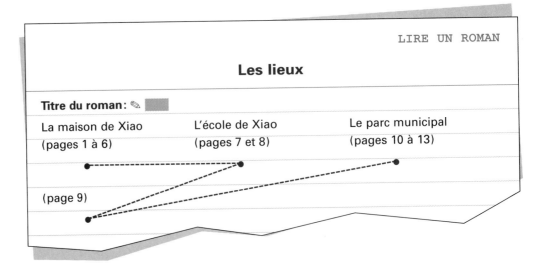

LIRE UN ROMAN

Les lieux

Titre du roman:

La maison de Xiao (pages 1 à 6)	L'école de Xiao (pages 7 et 8)	Le parc municipal (pages 10 à 13)

(page 9)

La liste des lieux où se déroule le roman pourrait ensuite prendre la forme d'un inventaire comme celui qui suit:

Lieux où se déroule l'action	Références au roman
La maison de Xiao	pages 1 à 6, 9, etc.
L'école de Xiao	pages 7 et 8, 26 à 35, etc.
Le parc municipal	pages 10 à 13, etc.

___STRATÉGIE___ **Repérer les lieux.**

Lorsque tu lis un roman, si tu le peux, souligne les mots et les expressions qui désignent des lieux et inscris un mot dans la marge pour indiquer où se déroule l'action.

LE TEMPS

Les événements racontés dans un roman:

- se déroulent à une époque définie;
- s'échelonnent sur une certaine période de temps;
- sont racontés selon un certain ordre.

L'époque

Il existe divers moyens pour découvrir à quelle époque se déroule l'histoire que l'on est en train de lire. Très souvent, l'auteur ou l'auteure situe dès le début du roman l'époque à laquelle se déroule son histoire.

> PRÉFACE
>
> Ceci n'est pas un roman historique bien que **l'action se passe aux premiers temps de la Nouvelle-France.**
>
> Daniel SERNINE, *Le Trésor du «Scorpion»*,
> © Éditions Paulines, 1980.

> **En septembre 1940**, on aurait pu se promener dans Paxton Street sans se douter qu'on était en guerre, s'il n'y avait pas eu ces sacs de sable empilés un peu partout et ces fenêtres aux vitres masquées par du papier.
>
> Alan PARKER, *La Guerre buissonnière*,
> © Stock-Hachette, coll. «Le livre de poche», 1977.

BREF,

On peut découvrir à quelle époque se déroulent les événements du roman en analysant la manière dont vivent les personnages, leurs costumes, leurs coutumes, les lieux qu'ils fréquentent.

Si l'auteur ou l'auteure ne situe pas clairement **l'époque** à laquelle se déroule l'histoire, on peut la découvrir **en analysant la manière dont vivent les personnages, les lieux qu'ils fréquentent, leurs costumes, leurs coutumes,** etc.

HIER

«Tu es brave, mon faucon!»

Martin ne pouvait contenir sa fierté. Lui, le petit serf aux pieds nus, il enlevait son **surcot**, l'enroulait autour de sa main, ouvrait la cage et recevait sur son poing le rapace dompté.

Vêtement du Moyen Âge.

«Viens, mon doux, viens, tu vas manger.»

Un soir comme tous les autres soirs. Il faisait presque nuit. Près de la ruine, la mare reflétait le ciel encore clair entre les feuillages. Le soleil s'était longuement attardé à la crête des collines mais il avait disparu enfin. **Le seigneur était rentré de la chasse.** Il y avait même, ce soir-là, **un troubadour au château.** Martin l'avait rencontré en chemin. Que pouvaient craindre les deux amis?

Fonction d'une autre époque.

Poète lyrique du Moyen Âge.

«Va, mon beau, va! Et reviens!»

Jean-Côme NOGUÈS, *Le Faucon déniché*,
© Nathan, 1981.

AUJOURD'HUI

Je regardais ***King Kong*** à la **télé**. Un vieux, très vieux film, en noir et blanc. [...]

Moi, les vieux films, ça me fatigue la plupart du temps. Mon père dit que *King Kong* c'est un chef-d'œuvre. Pour moi, les chefs-d'œuvre, c'est ***Retour vers le futur*** et les **aventures d'Indiana Jones.** Il faut croire qu'Hugo et moi, on n'a pas les mêmes goûts. Ou alors il y a quelque chose qui m'échappe quelque part.

Références à des réalités d'aujourd'hui.

Denis CÔTÉ, *Les Prisonniers du zoo*,
© La courte échelle, 1988.

DEMAIN

F.I.N.

Le Professeur Jones potassait la théorie du temps depuis plusieurs années déjà.

— J'ai trouvé l'équation clé, dit-il un jour à sa fille. Le temps est un champ. **Cette machine que j'ai construite peut agir sur ce champ, et même en inverser le sens.**

Et, tout en appuyant sur un bouton, il dit: Ceci devrait faire repartir le temps à rebours à temps le repartir faire devrait ceci, dit-il bouton un sur appuyant en tout, et.

— Sens le inverser en même et, champ ce sur agir peut construite j'ai que machine cette. Champ un est temps le. Fille sa à jour un dit-il, clé l'équation trouvé j'ai.

Déjà années plusieurs depuis temps du théorie la potassait Jones Professeur le.

N.I.F.

Fredric BROWN, *Fantômes et farfafouilles*,
© Denoël, coll. «Présence du futur», 1963.

Anticipation →

Anticipation →

L'ordre et la durée

La plupart du temps, la personne qui écrit un roman raconte des événements fictifs, c'est-à-dire des événements qu'elle a inventés. C'est ainsi qu'après avoir imaginé l'histoire, choisi l'époque à laquelle elle se déroule et déterminé la durée des événements, il lui reste encore à choisir de quelle manière elle va la raconter: c'est **le récit** proprement dit.

Racontera-t-elle les événements dans l'ordre où ils se sont déroulés?

Accordera-t-elle plus d'importance à certains événements?

Lorsque tu lis un roman, tu découvres les divers événements de l'histoire au fil de ta lecture, mais en même temps, tu les imagines tels qu'ils se seraient déroulés dans la réalité. Ainsi, les événements racontés dans un roman peuvent s'étendre sur quelques mois ou sur plusieurs années, mais ils peuvent aussi se dérouler en une seule journée.

En lisant, tu enregistres un certain nombre d'indices qui te permettent de comprendre la durée de chaque événement et de l'histoire entière.

Au cours de ta lecture, tu peux en outre constater que l'auteur ou l'auteure s'attarde sur certains événements en leur accordant plusieurs pages tandis qu'il ou elle passe rapidement sur certains autres en les résumant en quelques lignes. Pense, par exemple, à la phrase: «Ils se marièrent et eurent beaucoup d'enfants.»

Il arrive aussi souvent que les événements ne soient pas racontés dans l'ordre chronologique.

BREF,

La personne qui raconte l'histoire dans le roman peut raconter les événements dans l'ordre où ils se sont déroulés ou non. Elle peut aussi accorder plus d'importance à certains événements qu'à d'autres.

Dans le texte qui suit, l'auteur raconte la journée d'une famille qui part en vacances. Les annotations qui accompagnent le texte te permettent de découvrir comment l'auteur a choisi de raconter les événements qui se sont déroulés durant cette journée.

Le jour du départ arriva enfin. Les bagages furent chargés dans l'automobile et la petite famille se mit en route **le 1er décembre à sept heures du matin**. Il faisait un temps superbe. Les deux bambins, qu'on avait extirpés de leur lit, étaient très excités. Ils ne mirent pas de temps à se chamailler sur la banquette arrière et il fallut que Pierre se fâche pour avoir la paix. → retour en arrière

«Si on jouait à compter les arbres de Noël que nous voyons devant les maisons? suggéra leur mère **au bout d'un moment**. → texte long / temps court

– Quel jeu ennuyant! grommela Jonathan.

– On pourrait compter les camions-remorques, dit Sarah-Maude.

– J'aime mieux ça, répliqua le petit garçon.»

Au fil des jeux, des chansons, des arrêts et des pauses-goûters, le voyage se déroula sans incident jusqu'à Rimouski, où les vacanciers **terminèrent la journée** dans une sympathique auberge. **Le lendemain matin**, ils reprirent la route. → texte court / temps long

Tu peux constater que l'auteur n'a pas toujours respecté l'ordre chronologique des événements, qu'il a accordé plus d'importance à certains événements qu'à d'autres, qu'il en a résumé quelques-uns.

L'adaptation suivante du texte qui précède illustre que, dans un roman, on peut raconter les mêmes événements de façons fort différentes.

Le jour du départ arriva enfin. Il faisait un temps superbe. Le voyage se déroula sans incident jusqu'à Rimouski où les vacanciers terminèrent la journée. Le lendemain matin, ils reprirent la route.

Pour rendre compte du temps, de la durée et de la chronologie des événements dans un roman, tu peux remplir une fiche semblable à celle-ci:

LIRE UN ROMAN

Le temps

Titre du roman: ✎ ▨

L'ÉPOQUE

Époque: ✎ ▨

Indices dans le texte qui la révèlent: ✎ ▨

✎ ▨

✎ ▨

Etc.

LA DURÉE

Histoire	Récit
Durée des événements racontés dans l'histoire (jours, mois, années): ✎ ▨	Indices dans le texte qui permettent de déterminer la durée des événements:

Indices ✎ ▨ page ✎ ▨

Indices ✎ ▨ page ✎ ▨

Indices ✎ ▨ page ✎ ▨

Etc.

L'ORDRE

L'auteur ou l'auteure respecte l'ordre chronologique.

✎ ▨ oui   ✎ ▨ non

Si tu as répondu non, relève les pages où l'on trouve des retours en arrière.

✎ ▨, ✎ ▨, ✎ ▨, etc.

STRATÉGIE **Repérer les références de temps.**

Tout au long de ta lecture, certains mots ou certaines expressions te permettent de suivre la chronologie des événements et d'en déterminer la durée (dates, heures, expressions telles que *hier*, *demain*, *bientôt*, etc.). Habitue-toi, si tu le peux, à mettre ces mots ou expressions entre parenthèses et à inscrire la lettre T au-dessus. Cela te permettra de mieux suivre le déroulement des événements.

MES CONNAISSANCES
EN BREF

Trouve maintenant une façon personnelle et originale d'expliquer à quelqu'un tes nouvelles connaissances sur les lieux et le temps dans un roman.

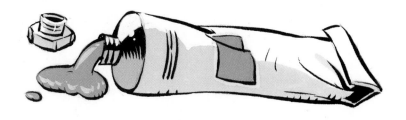

J'apprends
Comment faire

LES LIEUX ET LE TEMPS

Lis le texte *L'invention extra-terrestre* dans *Mon encyclopédie*, page 110.

1 Cette histoire comporte des éléments invraisemblables. Lesquels ?

2 **A** Où cette histoire se déroule-t-elle ? Dans le premier paragraphe, **relève** un extrait qui le précise.

B Quel autre lieu est mentionné quelques lignes plus loin ?

3 Cette histoire se passe-t-elle hier, aujourd'hui ou demain ? **Justifie** ta réponse en te basant sur des éléments de l'histoire.

4 Sur quelle période de temps l'histoire s'étale-t-elle ? **Choisis** la réponse qui convient.

– Plusieurs années.   – Quelques jours.
– Une année.   – Quelques heures.
– Quelques mois.

5 À ton avis, combien de temps s'est écoulé entre :

A les lignes 1 et 47 ?

B les lignes 48 et 55 ?

C les lignes 56 et 96 ?

6 D'après toi, les événements ont-ils été racontés dans l'ordre chronologique ? **Explique** ta réponse.

Lis le texte *La vie n'est pas si simple* dans *Mon encyclopédie*, page 24.

7 Cette histoire se déroule-t-elle il y a très longtemps, à notre époque ou dans le futur ? **Justifie** ta réponse en te basant sur des éléments de l'histoire.

8 Le tableau ci-dessous évoque certains lieux mentionnés dans le texte.

– **Reproduis** le tableau et **remplis-le**.

– Pour chaque lieu, **précise** s'il est seulement mentionné ou si des événements s'y déroulent.

– **Précise** aussi le nombre de lignes consacrées au récit des événements s'il y a lieu.

Lieux	Seulement mentionnés	Il s'y déroule des événements	Nombre de lignes
le salon			
la classe de dessin			
la chambre de Colline			
la Côte d'Ivoire			
les Carpates			
la Moldavie			

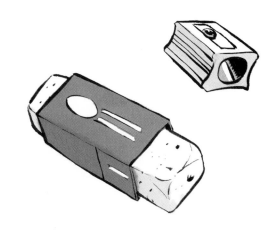

9 À ton avis, sur une période de combien de temps les événements racontés dans cette histoire se déroulent-ils ?

10 À un moment du récit, Colline raconte un événement qui constitue un retour en arrière.

A Quel est cet événement ?

B Relève l'expression qui annonce que Colline va raconter un événement qui a eu lieu il y a un certain temps.

C Quelle longueur de texte (nombre de lignes) le récit de cet événement occupe-t-il ?

11 En te basant sur les réponses que tu as données aux numéros précédents, complète le schéma suivant :

Les lieux de l'histoire :	le salon	la classe de dessin	la chambre de Colline
	■	■	■
Le récit :	(lignes ✎ ▧ à ✎ ▧)	(lignes ✎ ▧ à ✎ ▧)	(lignes ✎ ▧ à ✎ ▧)

Mets tes connaissances en pratique dans le roman *La Mouette rieuse*

Dans le roman *La Mouette rieuse*, lis la deuxième tranche du journal de Pierre (pages 48 à 54) et le récit intitulé *Marie et le parachutiste* (pages 55 à 90).

1 Tu sais que, dans un roman psychologique, le personnage principal connaît une transformation psychologique entre le début et la fin de l'histoire.

Reproduis un tableau semblable à celui-ci et remplis-le.

État psychologique de Pierre	Événement	L'effet que cet événement produit
Dimanche 19 décembre	La relecture du premier chapitre de son roman.	✎ ▧
Lundi 20 décembre	La rencontre de Marie et de Michel sur la patinoire.	✎ ▧
Mardi 21 décembre	La visite de son grand-père.	✎ ▧
Jeudi 23 décembre	La visite de la mouette.	✎ ▧

2 Pour démontrer que l'univers présenté dans le chapitre *Marie et le parachutiste* s'apparente au roman d'action, reproduis et remplis un tableau semblable à celui que tu as utilisé pour le récit *Marie et les pirates* (voir page 182).

3 Précise si l'univers du récit *Marie et le parachutiste* est vraisemblable ou invraisemblable. Explique ta réponse en quelques lignes.

LES ÉVÉNEMENTS

Un roman est un récit qui relate une suite d'événements organisés autour d'un projet à réaliser, d'une mission à accomplir ou d'un problème à résoudre. **Ces événements sont généralement racontés de la manière suivante:**

AU DÉBUT ⟶ on expose une situation où l'on présente le héros ou l'héroïne,

PUIS ⟶ quelqu'un ou quelque chose survient et perturbe la situation d'équilibre initiale,

ALORS ⟶ une série d'événements se produisent et entraînent une transformation de la situation d'équilibre initiale,

ENFIN ⟶ le héros ou l'héroïne, après avoir subi une transformation, se retrouve dans une nouvelle situation d'équilibre.

LE SCHÉMA NARRATIF

Le schéma narratif suivant représente les événements racontés dans un roman.

LES ACTIONS

Généralement, les romans sont subdivisés en chapitres qui, en quelque sorte, constituent chacun une petite histoire avec un début, un milieu et une fin. On peut même y retrouver une structure identique à celle du roman en entier.

Au début → Puis → Alors → Enfin

Chaque chapitre relate un certain nombre d'**actions** accomplies par les différents personnages. Certaines sont **importantes**: ce sont **celles qui jouent un rôle dans la réalisation du projet** du héros ou de l'héroïne. D'autres sont **secondaires**: ce sont celles qui développent, précisent, complètent les actions importantes. Les actions importantes sont celles qu'il faut retenir lorsqu'on résume l'histoire.

FICHE DE LECTURE

Après avoir lu un roman, il est possible de résumer l'histoire en s'inspirant du schéma narratif présenté précédemment. Tu peux alors remplir une fiche semblable à celle-ci.

Résumé du roman

Titre du roman : ✎

C'EST L'HISTOIRE DE... ⟶ **Qui ?** (Nom du héros ou de l'héroïne.)

QUI est... ⟶ **Quoi ?** (Brève présentation de la mission à accomplir, du projet à réaliser ou du problème que doit surmonter le héros ou l'héroïne.)

AU DÉBUT, on se trouve... ⟶ **Où ?** (Préciser le lieu.)

Quand ? (Préciser l'époque, l'année ou la journée.)

PUIS... ⟶ **Comment ?** (Décrire brièvement l'élément déclencheur.)

ALORS... ⟶ (Énumérer les péripéties vécues par le héros ou l'héroïne en relevant les actions importantes dans chaque chapitre.)

ENFIN... ⟶ (Décrire brièvement la situation finale dans laquelle se trouve le héros ou l'héroïne.)

MES CONNAISSANCES
EN BREF

Trouve maintenant une façon personnelle et originale d'expliquer à quelqu'un tes nouvelles connaissances sur les événements et les actions dans un roman.

Les romans t'intéressent ? Voici des **classiques** et des **auteurs** de toutes les époques à découvrir.

Jack London, *Croc-Blanc*

JACK LONDON (1876-1916)

Écrivain américain. «Après une enfance misérable, cet autodidacte exerce plusieurs métiers. Son œuvre est marquée par l'aventure, l'individualisme et la survie du plus fort dans le monde animal.» *(CEC Intermédiaire)*

Mots clés: Aventure - Animaux - Chien - Loup - Grand Nord - Inégalités - Survie

Hector Malot, *Sans famille*

HECTOR MALOT (1830-1907)

Écrivain français. «Romancier fécond, il écrivit quelque soixante-dix ouvrages qui connurent en leur temps un grand succès; l'auteur y développe des situations conventionnelles héritées du mélodrame (aventures nombreuses, enfants retrouvés, triomphe final de la vertu) mais que ses dons d'émotion rendent attrayantes.» *(Le Petit Robert 2)*

Mots clés: Aventure - France - Travail - Voyage - Saltimbanques - Famille - Épreuves - Larmes - Enfant volé

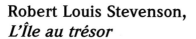

Robert Louis Stevenson, *L'Île au trésor*

ROBERT LOUIS STEVENSON (1850-1894)

Écrivain écossais. Après avoir pratiqué le droit, il entreprend une carrière dans le domaine littéraire. Atteint de tuberculose, il voyage à la recherche d'un climat plus sain. On lui doit *L'Île au trésor* (1883), un classique qui renouvelle le récit d'aventures, et *Docteur Jekyll et M. Hyde* (1885).

Mots clés: Aventure - Pirates - Trésor - Navigation - Voyages

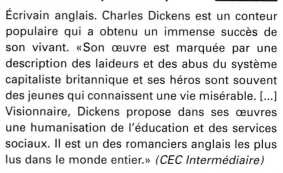

Charles Dickens, *Les Aventures d'Oliver Twist*

CHARLES DICKENS (1812-1870)

Écrivain anglais. Charles Dickens est un conteur populaire qui a obtenu un immense succès de son vivant. «Son œuvre est marquée par une description des laideurs et des abus du système capitaliste britannique et ses héros sont souvent des jeunes qui connaissent une vie misérable. [...] Visionnaire, Dickens propose dans ses œuvres une humanisation de l'éducation et des services sociaux. Il est un des romanciers anglais les plus lus dans le monde entier.» *(CEC Intermédiaire)*

Mots clés: Enfance - Orphelin - Ville - Londres - Misère - Enfer - Suie - Cauchemars - Ruelles - Laideur - Fascination

James Fenimore Cooper, *Le Dernier des Mohicans*

JAMES FENIMORE COOPER (1789-1851)

Écrivain américain. «L'auteur est reconnu comme un classique du roman d'aventures de type western. Publié en 1826, ce roman met en scène les combats, poursuites et guerres qui existaient entre les Anglais, les Français et les différentes nations amérindiennes en Amérique du Nord dans les années 1750. (*De la lecture à la culture*, Services documentaires multimédia inc.)

Mots clés: Aventure - Amérindiens - Canada - Western - Combats - Poursuites

J'apprends
Comment faire

LES ÉVÉNEMENTS ET LES ACTIONS

Lis le texte *La tristesse de Monsieur Roy* dans *Mon encyclopédie*, page 6.

1 Tu sais que les événements racontés dans un roman se déroulent dans un certain ordre et qu'on peut y retrouver les étapes suivantes:

Au début → Puis → Alors → Enfin

Associe à chacune de ces étapes les événements suivants, tirés de l'histoire de Monsieur Roy.

A Un jour, la petite-fille de Monsieur Roy lui fait découvrir que les nouilles de sa soupe représentent les lettres de l'alphabet.

B Monsieur Roy aimerait dorénavant être capable de comprendre les lettres de l'alphabet.

C Monsieur Roy est un vieux monsieur qui ne sait ni lire ni écrire.

D Monsieur Roy se sent humilié et triste.

Lis le texte *L'ours amoureux* dans *Mon encyclopédie*, page 109.

2 **Associe** les éléments de la colonne de droite à ceux de la colonne de gauche.

Dans la colonne de gauche se trouvent des extraits de la légende de l'ours amoureux alors que dans la colonne de droite se trouvent les éléments du schéma narratif.

Attention! Dans cette légende, l'auteur ne décrit pas de situation initiale.

a) *Un jour, l'ours dit à la jeune épouse: «[...] Ne dis surtout pas à ton mari où j'habite, car il veut me tuer.»*

b) *Puis, dos courbé, pattes tremblantes, déçu, triste, il se dirige vers la banquise...*

c) *[...] un jeune ours tombe follement amoureux d'une jeune Inuit.*

d) *Une nuit, la femme [...] révèle à son mari l'emplacement de la tanière de l'ours.*

1. Élément perturbateur
2. Péripétie
3. Situation finale

Lis le texte *Une musique inconnue* dans *Mon encyclopédie*, page 22.

3 **Reproduis** un schéma narratif semblable à celui ci-dessous. **Complète-le** à l'aide des actions énumérées dans le désordre dans l'encadré qui l'accompagne.

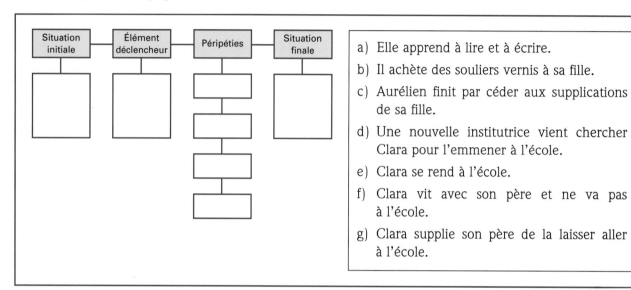

a) Elle apprend à lire et à écrire.

b) Il achète des souliers vernis à sa fille.

c) Aurélien finit par céder aux supplications de sa fille.

d) Une nouvelle institutrice vient chercher Clara pour l'emmener à l'école.

e) Clara se rend à l'école.

f) Clara vit avec son père et ne va pas à l'école.

g) Clara supplie son père de la laisser aller à l'école.

4 **Choisis** un conte d'enfant ou un film d'action connu. **Élabore** un schéma narratif semblable à celui que tu as réalisé pour le texte *Une musique inconnue*.

Mets tes connaissances en pratique dans le roman *La Mouette rieuse*

Dans le roman *La Mouette rieuse*, **lis** la troisième tranche du journal de Pierre (pages 91 à 100) et le récit intitulé *Marie et Pierre* (pages 101 à 142).

1 Dans le journal de Pierre, **relève** des indices qui démontrent qu'il commence à se considérer comme un véritable écrivain.

2 Tout au long de l'écriture de son roman, Pierre est aidé par la plume de son grand-père et par la mouette Mira. Pour chacun de ces alliés, **relève**, dans l'ensemble du roman, un extrait qui le prouve.

3 Le récit intitulé *Marie et Pierre* présente un univers semblable à celui que l'on retrouve dans les romans de science-fiction ou d'anticipation. Ces romans reposent sur l'action. **Prouve-le** en reproduisant et en remplissant un tableau semblable à ceux que tu as utilisés pour les récits *Marie et les pirates* et *Marie et le parachutiste* (voir page 182).

4 **Précise** si le récit *Marie et Pierre* présente un univers vraisemblable ou invraisemblable et justifie ta réponse.

Je sais comment faire quand je lis

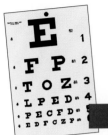

POUR DÉCOUVRIR L'UNIVERS NARRATIF D'UN ROMAN

SYNTHÈSE DES STRATÉGIES DE LECTURE

Quand ça va bien!

- Lorsque tu lis un roman, prête une attention particulière aux extraits qui te permettent d'imaginer les personnages, les lieux et les événements de l'histoire.

  Pour te faciliter la tâche, suppose qu'on t'a demandé de réaliser un film ou une série télévisée à partir du roman que tu lis. Comme tu devras choisir toi-même les comédiens et les comédiennes et que tu devras repérer des lieux de tournage, tu dois bien saisir le caractère des personnages et les diverses composantes de l'histoire racontée dans le roman.

  Cette lecture «active» te fera profiter pleinement du roman et elle t'aidera même à surmonter certaines difficultés de compréhension que tu pourrais éprouver.

Consignes

Tu as lu le roman *La Mouette rieuse*. Les activités réalisées au cours de ta lecture t'ont permis de constater que ce roman explore deux univers romanesques qui te sont familiers:

- l'univers des romans psychologiques tel que tu le retrouves souvent dans les romans jeunesse;

- l'univers des romans d'action.

Le moment est maintenant venu de prouver que tu peux mettre en pratique toutes les connaissances acquises sur l'univers narratif d'un roman. Ce travail se fait en équipe.

- **Chaque équipe comprend quatre élèves.**

- **Chaque équipe doit relire une des tranches suivantes du roman:**
  - Le journal de Pierre, pages 4 à 10, 49 à 54 et 91 à 100;
  - *Marie et les pirates*, pages 11 à 48;
  - *Marie et le parachutiste*, pages 55 à 90;
  - *Marie et Pierre*, pages 101 à 142.

- **Chaque membre de l'équipe doit remplir une des fiches suivantes:**
  1. *Évolution du personnage principal* (Pierre ou Marie) (voir page 178);
  2. *Les lieux* (voir page 184);
  3. *Le temps* (voir page 189);
  4. *Résumé du roman* (voir page 193).

Mise en commun

PAR ÉQUIPE

Une fois le travail terminé, chaque membre de l'équipe soumet son travail aux autres, tient compte des commentaires et apporte les modifications nécessaires.

POUR LA CLASSE

Chaque équipe présente ensuite son travail à la classe.

Si tu es en panne

STRATÉGIES

Les personnages

1.
Au fil de ta lecture, si tu le peux, utilise un marqueur pour **surligner** tous les extraits qui décrivent physiquement le héros ou l'héroïne et **inscris H. Phys.** dans la marge. Si tu ne peux te servir d'un marqueur, transcris les extraits sur une feuille.

2.
Surligne ou transcris les passages qui te permettent de découvrir les traits psychologiques du héros ou de l'héroïne et **inscris H. Psych.** dans la marge. Il peut s'agir d'une chose que le héros ou l'héroïne fait ou dit, ou encore d'un commentaire qu'un personnage émet à son sujet.

3.
Habituellement, le héros ou l'héroïne exprime de façon explicite ce qu'il ou elle recherche. **Souligne** les passages où il en est question et **trace une flèche** (→) dans la marge.

4.
Tout au long de ta lecture, **indique par un + ou un –** ce que tu penses de ce que fait, pense ou dit le héros ou l'héroïne; tu pourras ainsi plus facilement justifier ton appréciation en citant des exemples.

Les lieux

1.
Au cours de ta lecture, **encadre** les mots ou les expressions qui désignent des **lieux**.

2.
Si les lieux ne sont pas clairement mentionnés, recherche des indices qui te permettraient de découvrir où se déroule l'action: mention d'objets, description d'atmosphère. Après avoir identifié le lieu, **inscris-le** dans la marge et **encadre-le**.

Le temps

1.
Tout au long de ta lecture, accorde une attention particulière aux indices qui pourraient te révéler à quelle **époque** se déroule l'histoire. **Mets-les entre parenthèses et inscris la lettre T** au-dessus:
– des dates;
– des descriptions de lieux, d'objets, de costumes.

2.
Porte une attention particulière aux indices qui pourraient te révéler **la durée et l'ordre** des événements racontés. **Mets-les entre parenthèses et inscris la lettre T** au-dessus:
– des références aux heures, aux jours, aux années;
– des expressions comme *plus tard*, *longtemps*, *auparavant*, etc.

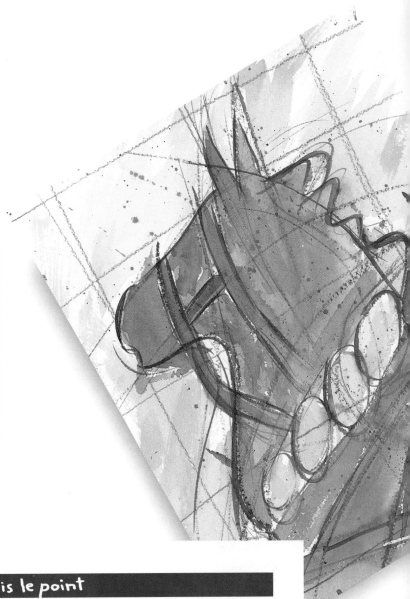

Le schéma narratif

1.

Cherche au début du récit un événement qui semble avoir produit un effet important sur le personnage principal. Il s'agit probablement de **l'événement perturbateur**. Inscris **E.P.** dans la marge.

2.

Sur une feuille, **décris** en quelques phrases la situation du héros ou de l'héroïne avant que cet événement se produise. Il s'agit de la **situation initiale**.

3.

Relis la fin du roman et **décris** la situation dans laquelle se trouve le héros ou l'héroïne : c'est la **situation finale**.

4.

Relève les événements importants qui, à ton avis, expliquent pourquoi ou comment le héros ou l'héroïne se trouve maintenant dans cette situation. Cela te permettra d'identifier les **principales péripéties**. Inscris **P1, P2, P3,** etc. dans la marge pour indiquer leur nombre ou **transcris-les** sur une feuille.

Je fais le point

1. Quelles stratégies as-tu trouvées les plus utiles pour découvrir les éléments de l'univers narratif d'un roman ?

2. Peut-être as-tu besoin d'activités supplémentaires pour maîtriser la compétence à comprendre l'univers narratif d'un roman ? Si oui, ton enseignant ou ton enseignante t'en remettra.

Je sais Comment faire quand j'écris

POUR RACONTER UN ÉVÉNEMENT DANS UN RÉCIT

• FICHE DESCRIPTIVE •

Préalables:
- Atelier 8: *Découvrir l'univers narratif d'un roman* (pages 170 à 201).
- Atelier de grammaire 14 (voir *Mes ateliers de grammaire*).

Objectifs:
- Écrire la dernière page du roman *La Mouette rieuse* dans un texte de type narratif d'au moins 200 mots (20 lignes).
- Mettre en pratique des stratégies de révision de texte:
  - *Je révise et je corrige les participes passés* (page 359);
  - Les autres stratégies de révision que tu connais et dont tu as encore besoin.

Fin !

Tu as lu *La Mouette rieuse* et tu as sans doute constaté qu'à la fin du roman, on ne sait pas ce qui va arriver à Pierre et à Marie, les personnages du journal. C'est normal! Les auteurs du roman ont volontairement omis de te le dire. Mais en bon lecteur ou bonne lectrice que tu es, tu sais sûrement ce qui va leur arriver.

Prouve-le en rédigeant une nouvelle page du journal de Pierre qui pourrait se trouver à la fin du roman.

POUR ENRICHIR TON VOCABULAIRE... Tu devras écrire un texte de type narratif dans lequel tu raconteras un événement qui est arrivé à Pierre dans un lieu précis.

- Décide maintenant du lieu où cet événement se déroulera.
- Dresse une liste de mots qui pourraient te servir à **désigner** ce lieu et une autre, de mots qui pourraient te servir à **caractériser** ce lieu.

Tu devras aussi décrire l'état d'âme de Pierre au moment où il écrit son journal.

- Décide maintenant s'il sera joyeux, euphorique, triste, mélancolique, romantique, etc.
- À l'aide d'un dictionnaire ordinaire ou, si possible, d'un dictionnaire analogique, trouve des mots que tu pourrais utiliser pour décrire cet état d'âme.
- Complète ta liste de mots avec des adverbes qui t'aideront à nuancer les propos de Pierre.

Contraintes d'écriture

1. Le texte que tu écriras doit raconter au moins un événement qui est arrivé à Pierre.

2. Ton texte doit être disposé comme celui du journal de Pierre dans *La Mouette rieuse*.

3. Ton texte doit contenir les mêmes éléments que les pages du journal de Pierre. En suivant les consignes de l'encadré qui suit, tu devrais y arriver.

Date : ✎ ▓

Chère Marie,

Introduction : (1 paragraphe de 4 à 8 lignes)
Dans cette partie, Pierre doit faire part à Marie de ses états d'âme au moment où il écrit son journal et lui expliquer pourquoi il se sent ainsi.

Développement : (3 paragraphes de 4 ou 5 lignes chacun)
Dans cette partie, Pierre doit raconter un événement qui s'est produit dans sa vie et qui concerne Marie. La description de cet événement doit respecter les étapes suivantes : **Au début** → **Puis** → **Alors** → **Enfin**

Conclusion : (1 paragraphe de 3 ou 4 lignes)
Dans la conclusion de l'événement, on doit connaître la fin de l'histoire de Marie et Pierre.

Complète les deux énoncés suivants :

1. «J'ai trouvé cet atelier (facile/difficile/intéressant/etc.) ✎ ▓ parce que ✎ ▓ .»

2. «Les activités que j'ai réalisées dans les étapes *J'apprends comment faire* et *Je sais comment faire...* m'ont révélé que je maîtrise :

   – (peu/assez bien/très bien/etc.) ✎ ▓ la compétence à lire un texte de type narratif;

   – (peu/assez bien/très bien/etc.) ✎ ▓ la compétence à écrire un texte de type narratif.»

PARTICIPER
À UNE DISCUSSION

Antoine Dumas, sans titre (1977).

HC 1/15

Mon roman en images

PROJET : Jouer le rôle d'un propriétaire de vidéoclub et faire la promotion d'un film.

ÉTAPES :

1. Planifier ma participation au jeu de rôles.
2. Me préparer.
3. Faire un essai.
4. Évaluer ma démarche.

Planifier ma participation au jeu de rôles

Tu fréquentes peut-être un vidéoclub? Sinon, tu connais sûrement ces endroits où sont disposées de nombreuses cassettes vidéo sur lesquelles on peut voir les images qui ont servi à faire la promotion des films. Habituellement, le ou la propriétaire d'un vidéoclub choisit les films à offrir et en connaît bien la teneur. Dans cette activité de communication orale, tu participeras à un jeu de rôles d'une durée de **deux à trois minutes** dans lequel un ou une propriétaire de vidéoclub **tentera de convaincre un client ou une cliente de louer un film tiré d'un roman.** Le client ou la cliente posera beaucoup de questions avant de se laisser convaincre. Naturellement, le travail se fait à deux: l'un tient le rôle du client ou de la cliente tandis que l'autre assume le rôle du ou de la propriétaire. Les questions du client ou de la cliente ainsi que les interventions du ou de la propriétaire doivent absolument comporter:

- des renseignements généraux sur le roman et sur le film qui en a été tiré;

- une présentation sommaire de l'histoire du roman: personnages, lieux, actions;

- des impressions personnelles sur le film.

Cette activité de communication orale vise à faire connaître d'autres romans aux élèves de la classe.

Pour te préparer à ce jeu de rôles, à l'aide des renseignements fournis dans le texte qui précède, remplis une fiche semblable à celle ci-contre.

Je planifie ma participation à la discussion

1. Mon ou ma partenaire:
2. Le sujet du jeu de rôles:
3. L'objectif du jeu de rôles:
4. Mon rôle:
5. Les trois aspects qui devront être abordés:
6. Tenue du jeu de rôles:
   Date:
   Jour de la semaine:
   Nombre de minutes allouées:

1. Choisir le film

Plusieurs films ont été tournés à partir de romans célèbres; c'est le cas du film *Les Misérables*, inspiré du roman de Victor Hugo, du film *Le Tour du monde en quatre-vingts jours*, inspiré du roman de Jules Verne et du film *Le Matou*, inspiré du roman d'Yves Beauchemin.

D'autres films québécois que tu as peut-être vus dans la série *Contes pour tous* ont été inspirés de romans ou ont inspiré l'écriture de romans, dont *La Guerre des tuques*, *Bach et Bottine*, *Opération Beurre de Pinottes*, etc.

Avec ton coéquipier ou ta coéquipière et avec l'aide de vos amis ou de vos parents, trouvez un film que vous avez vu et qui est tiré d'un roman. Vous pouvez aussi visiter un vidéoclub et prendre le temps de lire les informations qui figurent sur les boîtiers de certains films que vous avez déjà vus. Si un film a créé une forte impression sur vous, essayez de vous rappeler le titre et vérifiez auprès de votre enseignant ou de votre enseignante ou de la personne responsable de la bibliothèque de l'école si ce film est inspiré d'un roman.

Lorsque vous aurez choisi un film, remplissez la fiche qui suit. Vous en aurez besoin pour présenter le film ou pour préparer les questions du ou de la propriétaire du vidéoclub.

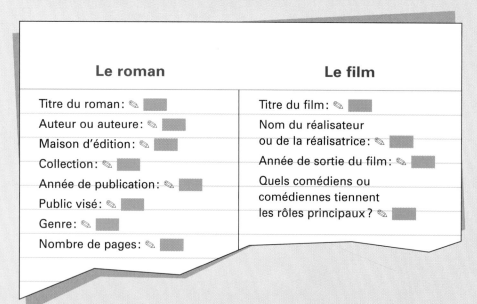

Le roman	Le film
Titre du roman: ✎	Titre du film: ✎
Auteur ou auteure: ✎	Nom du réalisateur ou de la réalisatrice: ✎
Maison d'édition: ✎	
Collection: ✎	Année de sortie du film: ✎
Année de publication: ✎	Quels comédiens ou comédiennes tiennent les rôles principaux? ✎
Public visé: ✎	
Genre: ✎	
Nombre de pages: ✎	

2. Décrire l'univers fictif du film

Le ou la propriétaire du vidéoclub doit convaincre son client ou sa cliente de choisir le film en fournissant des détails intéressants sur l'histoire racontée. L'univers fictif d'un film se rapproche sensiblement de l'univers narratif d'un roman.

Pour t'aider à parler de l'histoire, inspire-toi de fiches semblables à celles que tu as utilisées pour décrire l'univers narratif d'un roman:

1. *Évolution du personnage principal* (voir page 178);

2. *Les lieux* (voir page 184);

3. *Le temps* (voir page 189);

4. *Résumé du roman* (voir page 193).

Ces renseignements te seront utiles pour organiser et retenir tes idées.

3. Réactions personnelles

Enfin, le ou la propriétaire du vidéoclub doit remplir une *Fiche de réactions personnelles*. C'est par l'information que contient cette fiche qu'il ou elle pourra convaincre le client ou la cliente de son choix.

Fiche de réactions personnelles

1. Le visionnement de ce film t'a-t-il rappelé des événements de ta vie? Lesquels? ✎ ▨ Ces événements sont-ils tristes ou heureux? ✎ ▨

2. As-tu trouvé ce film intéressant? As-tu appris des choses nouvelles en le regardant? As-tu été surpris ou surprise par certains éléments de l'univers fictif? ✎ ▨

3. Quel personnage as-tu le plus apprécié? Pourquoi? ✎ ▨

4. Recommanderais-tu ce film à tes camarades? Pourquoi? ✎ ▨

4. Préparation du dialogue

Vous devez maintenant préparer un dialogue entre les deux personnages que vous incarnez. Il n'est pas nécessaire de l'écrire au complet: notez simplement quelques mots pour vous aider lorsque ce sera votre tour de présenter le dialogue. Respectez les étapes suivantes:

— les formules d'entrée, c'est-à-dire quand le client ou la cliente arrive dans le vidéoclub;

— la première intervention du ou de la propriétaire pour présenter le film choisi (voir la fiche *Le roman / Le film*);

— les questions du client ou de la cliente et les réponses du ou de la propriétaire du vidéoclub (cette partie de l'entretien permet de présenter l'univers fictif du film: personnages, lieux, actions, résumé, etc.);

— les formules de clôture de l'entretien: le client ou la cliente peut décider de louer le film ou non, mais dans les deux cas, il ou elle doit justifier sa décision.

Faire un essai

Assurez-vous que vous avez en main toutes les notes et les fiches nécessaires pour le déroulement du jeu de rôles. Vous pouvez alors faire un essai.

Voici une liste des critères qui guideront votre enseignant ou votre enseignante dans l'évaluation de votre participation.

CRITÈRES D'ÉVALUATION

- ☑ 1. L'élève a transmis des informations pertinentes sur les facteurs qui ont déclenché son envie de voir le film dont il est question.
- ☑ 2. L'élève a tenu compte de ses destinataires.
- ☑ 3. Les propos de l'élève ont suscité l'intérêt de son auditoire (manifesté par des questions).
- ☑ 4. L'élève a présenté son exposé de façon claire.
- ☑ 5. L'élève a respecté les consignes relatives à la durée de l'exposé.
- ☑ 6. L'élève a respecté le sens généralement attribué aux mots.
- ☑ 7. La prononciation et le débit de l'élève ont facilité la compréhension de sa présentation.
- ☑ 8. L'intonation de l'élève a contribué à susciter l'intérêt de son auditoire.

Déroulement de la discussion

Au moment de présenter les jeux de rôles, ton enseignant ou ton enseignante t'expliquera comment se déroulera l'activité.

Rédige un court texte qui rendra compte de ta participation à la discussion. Les suggestions qui suivent pourront t'aider à le faire.

J'évalue ma participation à la discussion

Dans la première phrase, tu pourrais dire de quoi tu as parlé au cours de la discussion.

Dans la deuxième phrase, tu pourrais indiquer si tu as toujours, parfois ou rarement tenu compte des réactions de ton auditoire.

Dans la troisième phrase, tu pourrais préciser comment était ton débit et, s'il était trop rapide ou trop lent, tenter d'expliquer pourquoi.

Dans la quatrième phrase, tu pourrais préciser si, par ton intonation, tu as suscité l'intérêt de ton auditoire.

Dans la cinquième phrase, tu pourrais dévoiler le nom du roman que tu as l'intention de lire ainsi que le nom du film dont il est tiré, en expliquant brièvement les raisons de ton choix.

Dans la sixième phrase, tu pourrais indiquer si tu es satisfait ou satisfaite de ta participation et préciser les points que tu amélioreras la prochaine fois.

6 LA POÉSIE

René Magritte, *Les valeurs personnelles* (1957). ADAGP / Kinémage.

«Ce peintre [...] est devant un poème comme le poète
devant un tableau. Il rêve, il imagine, il crée.»

Paul ÉLUARD

D ans chacune des deux toiles présentées dans ces pages, on retrouve des objets familiers que le peintre a reproduits de façon originale, inusitée, inhabituelle. Chaque toile traduit l'imaginaire du peintre.

Les poètes sont comme des peintres: ils ont une vision très personnelle du monde: leurs poèmes le prouvent.

La séquence que tu entreprends maintenant te permettra d'apprendre à **lire** et à **comprendre un poème**.

POÈTE, POÈTE, DIS-MOI, QU'AS-TU VU ?

À l'occasion d'un récital de poésie, dire un poème qui rend compte d'une expérience personnelle et participer à une discussion.

COMPÉTENCES À DÉVELOPPER

• Lire un texte poétique
• Écrire un texte poétique

ATELIER D'ACQUISITION DE CONNAISSANCES

Atelier:

ATELIER D'INTÉGRATION

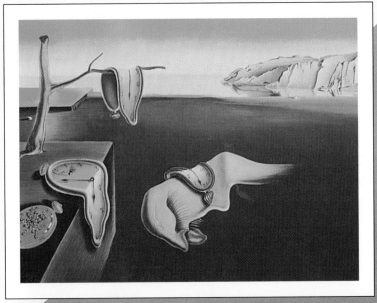

Salvador Dali, *Persistance de la mémoire* (1931).
Vis Art. Photo P. Habans, Sygma / Publiphoto.

DÉCOUVRIR
L'UNIVERS DE LA POÉSIE

Balthus, *Jeune fille à la fenêtre*, détail (1955).
Édimédia/Publiphoto.

J'explore

emotion

J'ai mal à la terre,
Mal aux océans,
Mal à mes artères,
Aux poissons dedans.
Mon ventre n'est plus qu'un cratère
Géant... béant...
J'ai mal à la terre.

répétitions   [...]

Gilles VIGNEAULT, *J'ai mal à la terre*,
© Le vent qui vire, 1996.

Je regarde et je vois
Tout à coup
Quelque chose se passe
Un arbre frémit
L'oiseau se tait
Le sable fuit
Les pierres se crispent
L'océan fume
Les poissons suffoquent
La terre tremble
Je regarde et je vois
Tout à coup
Je ne suis plus là

Les trois premiers vers
sont d'Eugène GUILLEVIC.

1 Lequel de ces deux textes préfères-tu ? Explique pourquoi.

2 En quoi ces deux textes se ressemblent-ils ? En quoi sont-ils différents ?

3 Qu'est-ce que les annotations mettent en évidence ? Fournis une explication sur chacune des manières d'annoter.

4 À ton avis, ces textes sont-ils des poèmes ? Explique pourquoi.

5 Complète l'énoncé suivant.

«Les activités 1, 2, 3 et 4 m'ont permis de découvrir qu'un poème est ✎ ▨▨▨ .»

LES CONNAISSANCES DE CET ATELIER

EN BREF

Le regard et **l'imagination** sont des ingrédients indispensables à la poésie.

Chaque poème témoigne **d'un moment privilégié** de la vie d'une personne qui a ressenti une émotion telle qu'il lui fallait la partager. On peut considérer les poèmes comme des **capsules d'émotion** en attente d'être partagées.

Les poètes utilisent **la langue de tous les jours** : c'est la manière de l'utiliser qui la rend poétique.

Les principales ressources dont disposent les poètes pour traduire leurs émotions sont :
- **les mots**;
- **les images** (la comparaison et la métaphore);
- **la musique**.

J'apprends

LE REGARD ET L'IMAGINATION

Quand tu voyages, tu ouvres grands tes yeux pour tout voir. Mais savais-tu qu'il est possible de voyager assis ou assise dans son salon, dans sa chambre ou sur un banc dans un parc ? C'est ce que font les poètes. Tu te demandes sans doute comment ils s'y prennent.

T'arrive-t-il d'observer les nuages ? Que vois-tu alors ? Des nuages, bien sûr ! Mais en y regardant bien, tu peux découvrir plein de choses: un vieil homme joufflu qui souffle en riant sur des éléphants lents, des chiens de gamins, des chats gras, des oursons grognons, des soldats de plomb, des bateaux ivres, des paysages lunaires, des avions qui tournent en rond, des hippocampéléphantocamélos ailés, des fleurs dérangées, des cadeaux de poussière de nuage et une foule d'autres choses.

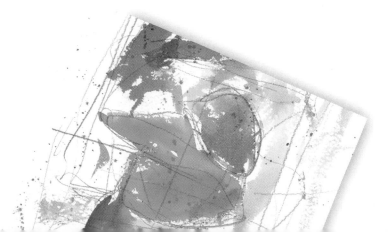

BREF,

Le REGARD et l'IMAGINATION sont des ingrédients indispensables à la poésie.

Quand on regarde les nuages avec les yeux d'un ou d'une poète, on peut apercevoir ce que les gens ordinaires ne voient pas. Cette manière personnelle de regarder et de voir est la première condition pour devenir poète.

Mon fils

Mon fils décide
que le chapeau est une lune.
Mon fils déclare
que l'horizon
se noie dans le potage.
Mon fils affirme
que le melon est assez mûr
pour remplacer ma tête.
Mon fils raconte
que le platane rit
en lui lisant mes vieux poèmes.
Mon fils promet quelques étoiles
à son chien favori.
Mon fils invente
un monde,
deux mondes,
quatre cents mondes,
et les mondes se vengent
en faisant de mon fils un adulte.

Alain BOSQUET,
dans *Les plus beaux poèmes pour les enfants*, Jean Orizet,
© Le Cherche Midi éditeur, 1982.

Tous les jours, tu vois des arbres, des pierres, peut-être même l'eau d'un lac, d'une rivière, du fleuve ou de la mer. Mais t'est-il déjà arrivé de t'arrêter pour bien regarder ce que tu vois ? Les poètes sont capables de prêter des couleurs et des formes aux choses, chaque fois comme s'ils les découvraient pour la première fois.

À quoi un arbre ou un tas de pierres ressemblent-ils ? À travers les lunettes des poètes, ils peuvent prendre diverses formes, s'animer, devenir presque humains.

STRATÉGIE **Trouver qui parle dans un poème.**

Lorsque tu lis un poème, demande-toi qui est cette personne qui parle dans le texte. Au cours de ta lecture, essaie de te mettre à sa place et de voir avec ses yeux les personnes, les lieux et les objets décrits. Tu pourras ainsi mieux comprendre sa manière de voir.

À lire pour le plaisir
L'orme, c'est mon navire, page 89.

L'ÉMOTION

Si tu lis un poème attentivement, tu constateras que derrière les mots se cache toujours une émotion. Cela, parce que chaque poème traduit un moment privilégié de la vie de la personne qui l'a écrit.

Ce moment privilégié et cette émotion peuvent résulter de la rencontre d'une personne, de la visite d'un lieu, de la découverte d'un objet, de la prise de conscience d'une réalité: la mort, la souffrance, l'amour, la beauté, etc.

Chaque poème témoigne d'une expérience unique vécue par une personne qui a ressenti une émotion si vive qu'il lui fallait l'exprimer, la partager. **On peut donc considérer les poèmes comme des capsules d'émotion en attente d'être partagées.**

Le début de la chanson de Gilles Vigneault (page 210) illustre bien ce phénomène. En lisant ce texte, il devient facile de comprendre qu'un jour, l'auteur a vécu une expérience qui lui a rappelé l'état de dégradation de la terre, plus particulièrement la pollution des eaux. Vigneault a eu envie de faire partager cette prise de conscience en écrivant un texte qui est ensuite devenu une chanson.

BREF,
On peut considérer les poèmes comme des CAPSULES D'ÉMOTION en attente d'être partagées.

STRATÉGIE **Retrouver l'émotion exprimée dans un poème.**

Lorsque tu lis un poème, porte une attention particulière aux mots qui révèlent des sentiments de joie ou de tristesse. De cette façon, tu ressentiras davantage l'émotion exprimée dans le poème.

MES CONNAISSANCES
EN BREF

Trouve maintenant une façon personnelle et originale d'expliquer à quelqu'un tes nouvelles connaissances sur le rôle du regard, de l'imagination et de l'émotion dans la poésie.

J'apprends Comment faire

LE REGARD ET L'IMAGINATION

1 Les poètes savent regarder. C'est un art qui s'acquiert. **Lis** le texte *Vois, arrête-toi, cet instant est beau!* dans *Mon encyclopédie*, page 195.

A Qui prononce les paroles reproduites dans le titre du texte?

B **Énumère** les six éléments que Colette est invitée à regarder et indique pour chacun la caractéristique que le regard lui permet de découvrir.

Exemple: Élément Caractéristique
le soleil *aussi blond*

C Selon l'auteure, à quelle époque de la vie est-on le plus apte à voir les choses qui nous entourent ? **Relève** un extrait du texte pour justifier ta réponse.

2 On peut être poète sans écrire de poèmes. On dit que tous les enfants le sont. **Lis** le texte *Un château dans mon assiette* dans *Mon encyclopédie*, **page 87.**

Dans ce texte, l'auteur décrit un enfant qui regarde de la nourriture dans son assiette. Comment voit-il les aliments ?

A **Précise** ce qu'il voit en remplissant un tableau semblable à celui-ci :

Aliments originaux	Aliments transformés
brocoli	orme

B **Relève** l'extrait dans lequel l'auteur explique ce qui permet aux enfants de voir les choses autrement.

C **Relève** l'extrait dans lequel l'auteur explique pourquoi sa mère ne voit pas les choses de la même manière que lui.

D Comme Colette, l'auteure du texte *Vois, arrête-toi, cet instant est beau*, Sylvain Trudel croit que c'est durant l'enfance que l'imagination est la plus fertile.

Relève la phrase dans laquelle il décrit ce qui se passe quand on devient adulte.

E Es-tu d'accord avec cette phrase ? **Explique** ta réponse en citant l'exemple de quelqu'un que tu connais qui a gardé son regard d'enfant.

Exemple : *Non, car ma grand-mère...*

L'ÉMOTION

3 De banals événements de la vie quotidienne peuvent parfois inspirer un poème s'ils sont vécus par des poètes.

Les situations imaginaires suivantes auraient pu être à l'origine de certains poèmes présentés dans le manuel *Mon encyclopédie*.

Associe à chacune des situations décrites dans la colonne de gauche le poème correspondant dans la colonne de droite.

Situation 1
Une poète observe un enfant en mouvement.

Situation 2
Un poète regarde un enfant s'endormir.

Situation 3
Un poète regarde un enfant jouer dans sa chambre.

Texte 1
Un enfant qui s'endort (*Mon encyclopédie*, page 91)

Texte 2
Le jeu (*Mon encyclopédie*, page 92)

Texte 3
Portrait (*Mon encyclopédie*, page 93)

4 **Lis** le poème que tu as associé à la situation 1 de l'activité 3.

Vérifie ton choix en répondant aux questions suivantes :

A L'auteur qualifie l'enfant de *drôle*. Quelle différence y a-t-il entre les expressions *un drôle d'enfant* et *un enfant drôle* ?

Explique ta réponse en donnant des expressions équivalentes.

B Dans le texte, **trouve** des mots et des expressions qui illustrent que l'enfant est en mouvement.

C À quoi l'auteur compare-t-il l'enfant ?

D D'après toi, qu'est-ce qui lui a permis de voir l'enfant ainsi ?

E Trouve trois autres expressions qu'il aurait pu utiliser pour décrire l'enfant.

F L'auteur a-t-il réussi à te faire partager sa manière de voir l'enfant ?

5 Lis le poème que tu as associé à la situation 2 de l'activité 3.

Vérifie ton choix en répondant aux questions suivantes :

A Relève les mots du texte qui révèlent que l'enfant dort.

B Relève trois verbes qui décrivent ce que fait l'enfant.

C Sa façon de décrire l'enfant qui s'endort t'a-t-elle permis de partager ce que ressentait le poète ? Explique ta réponse.

D Dans le dernier paragraphe, quel mot décrit l'image que l'enfant gardera de son enfance une fois devenu adulte ?

6 Lis le poème que tu as associé à la situation 3 de l'activité 3.

Vérifie ton choix en répondant aux questions suivantes :

A Relève, dans les cinq premiers vers du poème, les mots et les expressions que l'auteur utilise pour décrire le jeu de l'enfant.

B Dans les vers 7 à 13, relève les objets avec lesquels l'enfant joue.

C Dans les mêmes vers, relève les éléments du paysage imaginaire de l'enfant.

D L'auteur ne précise pas quels objets permettent à l'enfant d'imaginer son arbre et sa montagne. Quels pourraient être ces objets ?

E L'auteur a-t-il réussi à te faire partager sa manière de voir un enfant qui joue dans sa chambre ?

F Relève les trois vers dans lesquels l'auteur décrit ce qu'il fait avec les mots.

G Es-tu d'accord avec l'auteur quand il dit que les poètes sont comme des enfants qui ont remplacé leurs jouets par des mots ? Explique ta réponse.

7 Lis le poème *Soulagement* d'Eudore Évanturel dans *Mon encyclopédie*, page 151.

Ce texte illustre très bien l'importance qu'on accorde aux émotions et aux sentiments dans un poème.

A Quel vers, au début du poème, pourrait être remplacé par l'expression *Quand je m'ennuie* ?

B Dans les six premiers vers, relève les mots qui sont associés à l'ennui et à la tristesse, et qui constituent un champ lexical.

C Lorsque l'auteur se sent triste, il sort faire une promenade. Relève tous les mots et toutes les expressions qui désignent ce qu'il voit alors.

D Relève le vers dans lequel l'auteur décrit ce qui l'amène à faire cette promenade.

E Relève le vers dans lequel il précise que sa promenade ne se fait pas selon un itinéraire précis.

F Relève le vers dans lequel le poète décrit l'effet que produit cette promenade sur lui.

G À ton avis, l'auteur a-t-il réussi à traduire l'expérience à l'origine de son poème et à faire partager ses émotions ? Explique ta réponse.

8 Lis les textes *Miracles* et *Mes bagages* dans *Mon encyclopédie*, page 90.

Ces deux textes démontrent que les poètes sont des êtres qui se servent de leur imagination pour voir les choses différemment des autres personnes.

Relève des exemples qui le prouvent dans chacun de ces textes.

9 Lis le texte *Le pinson poète* dans *Mon encyclopédie*, page 91.

Relève dans ce texte les éléments qui te permettent de dire que l'expérience à l'origine du poème est une expérience heureuse.

Mets tes connaissances en pratique lorsque tu écris

Consignes

Le poème *Soulagement* met en scène une personne qui fait une promenade pour chasser sa tristesse et son ennui. Exerce-toi à devenir poète.

– À la manière d'Eudore Évanturel, **écris un texte poétique** pour témoigner d'une expérience semblable, mais joyeuse. Inspire-toi de la structure du poème *Soulagement* présentée ci-après et suis les consignes entre parenthèses.

– **Applique** ensuite la **stratégie de révision de texte** qui est suggérée dans l'encadré.

POUR ENRICHIR TON VOCABULAIRE...

- Dans le poème *Soulagement*, relève tous les mots qui décrivent une émotion, un sentiment.

- Pour enrichir ta banque de mots, consulte un dictionnaire de synonymes et d'antonymes et trouve un antonyme à chacun des mots que tu as relevés.

- Complète ta liste en ajoutant:
  – des mots qui révèlent des manifestations de joie;
  – des synonymes de *joie*.

(Donne un titre à ton poème)

Quand je ressens une grande joie,

Je sors (Décris dans quel état d'esprit tu te trouves.)

Dans un endroit quelconque (Décris ce lieu de manière à faire comprendre que ta joie te fait voir les choses différemment.)

Ô (Décris l'effet que produit ce lieu sur toi.)

Je me sens (Trouve un mot ou une expression qui résume bien ton état.)

Et quelquefois aussi (Tu décris une autre chose que tu fais.)

{À l'aide d'accolades,} indique les passages qui traduisent une émotion; trace une flèche et écris le mot *émotion*.

émotion

Je sors et je m'en vais,{l'âme triste et morose.} →

Eudore ÉVANTUREL, «Soulagement»,
Premières poésies.

émotions

{Espoirs,{illusions qu'on{regrette{tout bas

Albert LOZEAU, «Effets de neige et de givre»,
L'Âme solitaire.

J'apprends

LA LANGUE DES POÈTES

Si tu veux voyager dans l'univers de la poésie, il te faut connaître la langue des poètes. Mais quelle langue parle-t-on quand on est poète ? La même langue que toi. Il n'existe ni dictionnaire ni grammaire à l'usage exclusif des poètes. Non, les poètes utilisent **la langue de tous les jours**. Mais, lorsque tu lis un poème, même si tu connais la plupart des mots, **tu constates qu'ils sont utilisés d'une manière particulière qui leur donne un caractère poétique.**

En effet, les poètes explorent toutes les ressources que leur offre la langue pour traduire leurs sentiments, leurs émotions, et pour livrer leurs expériences.

En outre, les poètes aiment jouer avec les mots. Un peu comme les peintres s'amusent avec les couleurs, les poètes jonglent avec les mots pour créer de la beauté.

Les poètes disposent de diverses ressources pour écrire leurs poèmes : les mots, les images et la musique.

Les mots

Les poètes s'expriment avec les mots, des **mots magiques** capables d'ouvrir les portes de l'imaginaire. Ainsi, lorsque tu lis un poème, certains mots te frappent plus que d'autres parce qu'ils évoquent en toi des souvenirs, heureux ou malheureux : ce sont des **mots magiques**.

Ces mots peuvent être :

DES MOTS SIMPLES

Une pierre
deux maisons
trois ruines
quatre fossoyeurs
un jardin
des fleurs

un raton laveur
[...]

> Jacques PRÉVERT, «Inventaire»,
> *Paroles*, © Gallimard, 1949.

Tu dis sable
et déjà
la mer est à tes pieds

Tu dis forêt
et déjà
les arbres te tendent leurs bras
[...]
Tu dis nuages
et déjà
un cumulus t'offre la promesse du
voyage
[...]

> Joseph-Paul SCHNEIDER, «Le secret»,
> dans *Les plus beaux poèmes
> pour les enfants*, Jean Orizet,
> © Le Cherche Midi éditeur, 1982.

BREF,

Les poètes utilisent la langue de tous les jours, mais c'est la manière dont ils l'utilisent qui la rend poétique.

BREF,

Les principales ressources dont disposent les poètes pour traduire leurs émotions sont :
– les mots ;
– les images ;
– la musique.

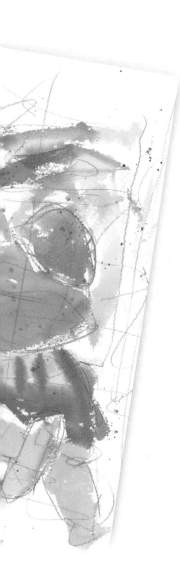

DES MOTS MAJESTUEUX

> Je rêve de marcher comme un conquistador,
> Haussant mon labarum triomphal de victoire,
> Plein de fierté farouche et de valeur notoire,
> Vers des assauts de ville aux tours de bronze et d'or.
> [...]

Émile NELLIGAN, «Châteaux en Espagne»,
Poésies complètes.

DES MOTS SONORES

> Le coq égosillé chancelle comme un pitre.
> Par grands coups de clarté, le soleil cogne aux vitres
> [...]

Medjé VÉZINA, «Matin», *Chaque heure a son visage.*

DES MOTS INVENTÉS

> Les noiseaux
> mangent des noisettes
> Les crapaud des pâquerettes
> Les chats des challumettes
> Quand il fait frais
> Des chalumeaux
> Quand il fait chaud

Paul VINCENSINI, «Qu'est-ce qu'ils bouffent»,
Qu'est-ce qu'il n'y a ?, © Saint-Germain-des-Prés.

Qu'ils soient simples ou compliqués, les mots que les poètes utilisent présentent une caractéristique commune comme l'explique le poète Raymond Queneau:

> Bien placés bien choisis
> quelques mots font une poésie
> les mots il suffit qu'on les aime
> pour écrire un poème
> [...]

Raymond QUENEAU, «Pour un art poétique»,
L'Instant fatal, © Gallimard, 1952.

STRATÉGIE **Trouver le mot magique.**

Dans chaque poème que tu lis, cherche les mots que tu préfères. Parmi ceux-ci, relève celui qui produit la plus forte impression sur toi, celui qui ouvre les portes de ton imaginaire. Ce **mot magique** te permettra de te familiariser avec le vocabulaire du poème et, plus généralement, avec le rôle des mots en poésie.

Les images

Parfois, les poètes ont l'impression que les mots de tous les jours ne suffisent plus à traduire de façon satisfaisante leurs sentiments ou leurs émotions. **Ils ont alors recours aux images poétiques pour renouveler leur manière de dire les choses.**

Toi aussi tu utilises tous les jours des images poétiques pour t'exprimer, par exemple lorsque tu dis *J'ai une faim de loup* ou, après avoir trop mangé, *J'ai l'impression de peser une tonne* ou encore, lorsque tu as très envie d'un plat, *Je le mange des yeux.*

Il existe d'innombrables manières de créer des images poétiques. Les spécialistes de la poésie leur ont même donné des noms: celles qui sont le plus fréquemment utilisées sont la comparaison et la métaphore.

BREF,

L'image poétique permet aux poètes de renouveler la manière de dire les choses.

LA COMPARAISON

Ce procédé permet de mettre en relation deux éléments qui ont un point commun, l'élément comparé et l'élément comparant, à l'aide de termes comparatifs tels que: *comme, pareille à, semblable à, tel que, ainsi que,* etc.

BREF,

La COMPARAISON est un procédé qui permet de mettre en relation deux éléments qui ont un point commun à l'aide d'un terme comparatif.

élément comparé

terme comparatif

élément comparant

> [...]
> Et je m'en vais
> Au vent mauvais
>   Qui m'emporte
> Deçà, delà,
> Pareil à la
>   Feuille morte.

Paul VERLAINE, «Chanson d'automne»,
Poèmes saturniens.

éléments comparés

termes comparatifs

éléments comparants

> La mort
> comme un bleuet sur la paille
> l'amour
> comme un enfant sans mains
> l'ennui
> comme un soulier dans les roseaux
> [...]

Jean CAYROL, dans *Poésie vivante,*
n° 17-18, 1953.

BREF,

La MÉTAPHORE
met en relation
deux éléments
qui ont un point
commun sans
l'intermédiaire
d'un terme
comparatif.

LA MÉTAPHORE

Ce procédé met en relation deux éléments qui ont un point commun sans l'intermédiaire d'un terme comparatif.

Elle prenait l'eau dans sa main, douce fée   élément comparé
Et laissait retomber des perles de ses doigts.   élément comparant

> Victor HUGO, «Les gouttes, comme des perles,
> retombaient sur ses doigts».

nous avons vu lentement tomber un mot
(comme un objet)

et la lumière respire
(comme une personne)

je redécouvre un pays qui se réchauffe entre mes doigts
(comme un petit animal)

> François CHARRON, «La transparence du désir»,
> *La beauté des visages ne pèse pas sur la terre*,
> © Les Écrits des Forges, 1990.

STRATÉGIE **Chercher les images.**

Si tu désires relever les images dans un poème, relis le texte et cherche tous les termes comparatifs. Tu découvriras ainsi les comparaisons.

Cherche ensuite les adjectifs qui sont associés à des mots de façon inhabituelle. Cela te mettra sur la piste des métaphores.

À lire pour le plaisir
Une marguerite qui vole, page 137.

La musique

La musique est faite pour être entendue. Un poème est écrit pour être lu à voix haute, tout comme une chanson ou une pièce musicale est composée pour être interprétée.

Mais quelle musique entend-on quand on récite des vers ? **D'où vient cette musique ? Des mots eux-mêmes.**

Lis les vers suivants à voix haute et tu découvriras que, parfois, des mots choisis judicieusement créent une musique.

> Le vent beugle, rugit, siffle, râle et miaule.
> Il mord, déchire, arrache et tranche les nuées.
>
> LECONTE DE LISLE

> Les sons aigus des scies et les cris des ciseaux.
>
> Paul VALÉRY

> Pour qui sont ces serpents qui sifflent sur vos têtes ?
>
> Jean RACINE

Les poètes ont aussi d'autres moyens **pour créer de la musique dans leurs poèmes.** Ainsi, en lisant le texte qui suit, tu constateras:

1. que certains sons reviennent à la fin de chaque ligne (vers); on appelle ce phénomène **la rime**;
2. qu'il y a **de nombreuses répétitions**;
3. que **la longueur des vers** n'est pas identique mais que chaque paragraphe (strophe) a la même structure.

> Dans notre ville, il y a
> Des tours, des maisons par milliers,
> Du béton, des blocs, des quartiers,
> Et puis mon cœur, mon cœur qui bat
> Tout bas.
> Dans mon quartier, il y a
> Des boulevards, des avenues,
> Des places, des ronds-points, des rues,
> Et puis mon cœur, mon cœur qui bat
> Tout bas.
> Dans notre rue, il y a
> Des autos, des gens qui s'affolent,
> Un grand magasin, une école,
> Et puis mon cœur, mon cœur qui bat
> Tout bas.
> [...]
>
> Jacques CHARPENTREAU, «L'école», *L'école des poètes*,
> Hachette Jeunesse, coll. «Le livre de poche», 1990.

BREF,

Les principaux moyens auxquels ont recours les poètes pour créer de la musique sont:

– les mots eux-mêmes;

– les rimes;

– les répétitions;

– la longueur des vers.

Il existe de nombreuses autres manières de créer de la musique dans un poème. Ainsi, dans le poème qui précède, en lisant les vers:

> Et puis mon cœur, mon cœur qui bat
> Tout bas

on a l'impression d'entendre un cœur qui bat.

De plus, la longue énumération de noms *(tours, maisons, béton, blocs, quartiers, boulevards, avenues, ronds-points, rues, autos, magasin, école)* évoque le rythme trépidant des grandes villes.

Il n'est pas nécessaire de connaître tous les moyens utilisés pour apprécier la musique des poètes. Il suffit parfois de bien l'écouter.

STRATÉGIE   **Découvrir la musicalité d'un poème.**

Il existe un seul moyen pour découvrir la musicalité d'un poème: le lire à voix haute. Pour découvrir les divers éléments qui donnent sa musique au texte, amuse-toi à le lire à voix haute mais de différentes façons: rapidement ou très lentement, en chuchotant ou en criant, en répétant plusieurs fois chaque vers, en frappant dans tes mains ou en tapant du pied pour rythmer ta lecture, en *rappant*, etc.

Tu deviendras alors plus sensible à la musicalité du texte.

Pour reconnaître un poème

On reconnaît instantanément un poème en ouvrant un livre.

La disposition des mots et des phrases dans la page, avec beaucoup de blanc autour, attire immédiatement l'attention. Les yeux se posent tout de suite sur le texte. C'est un peu comme si on te disait:

«Regarde bien, c'est là que ça se passe ! Le texte que tu as sous les yeux relate une expérience humaine unique, un condensé d'émotions. Si tu y ajoutes un peu de toi-même, il occupera alors toute la place qui lui revient.»

MES CONNAISSANCES
EN BREF

Trouve maintenant une façon personnelle et originale d'expliquer à quelqu'un tes nouvelles connaissances sur la langue des poètes.

J'apprends Comment faire

LES MOTS

1 La plupart du temps, les poètes utilisent des mots de tous les jours pour écrire leurs poèmes. Malgré cela, les poèmes ne sont pas toujours faciles à comprendre.

Lis le poème *Ce que veulent dire les mots* dans *Mon encyclopédie*, page 150.

A Relève les deux vers dans lesquels l'auteur explique que les mots d'un poème ne se comprennent pas toujours du premier coup.

B Relève les deux vers dans lesquels l'auteur donne une sorte de mode d'emploi pour comprendre un poème.

C Remplace ces deux vers par deux vers que tu composeras pour exposer ta propre recette. Commence par:

Et si l'on sait...

2 Dans chaque poème, si on tend bien l'oreille, il y a des **mots magiques**, des mots qui ouvrent les portes de l'imaginaire. Si tu t'y arrêtes, ces mots peuvent te suggérer plein d'autres mots, évoquer des sentiments, des émotions, te transporter dans le monde des souvenirs. **Tu as déjà lu les textes suivants:** *Miracles*, *Un enfant qui s'endort* et *Le pinson poète* (*Mon encyclopédie*, pages 90 et 91).

A Relis-les et relève dans chacun un «mot magique» qui ouvre les portes de ton imaginaire.

B Écris ces mots sur une feuille et indique ce que chacun te suggère à l'aide de moyens graphiques (collage, illustrations, banque de mots, etc.).

C Compare ton travail avec celui des autres élèves de la classe.

3 Les poètes aiment jouer avec les mots et créent même parfois de nouveaux langages.

Lis le texte *L'adversité* dans *Mon encyclopédie*, page 182.

Dans ce texte, Sol (Marc Favreau) a remplacé des mots usuels par des mots inventés ou des mots utilisés dans un sens inhabituel.

A Dresse la liste des dix mots que tu trouves les plus amusants.

B Un peu à la manière d'un lexique français-anglais, donne l'équivalent, dans le langage courant, des dix mots que tu as retenus du langage de Sol. Inspire-toi de l'exemple suivant:

ADVERSITÉ: remplace le mot «université» dans une phrase comme «J'ai même pas eu la chance d'aller à l'adversité.»

4 Certains poètes utilisent un procédé pour créer de nouveaux mots appelés des **mots-valises**. Il s'agit de fusionner deux mots pour n'en faire qu'un seul.

Lis le texte *Drôle de lettre!* dans *Mon encyclopédie*, page 123.

Tous les mots écrits en couleurs sont des mots-valises.

A Trouve les deux mots qui ont servi à former chacun de ces mots-valises.

B À ton tour de créer des mots-valises! Choisis dix noms d'animaux contenant plus d'une syllabe et forme cinq mots-valises qui créeront autant de nouveaux animaux. Illustre chacun d'eux si tu le peux.

LES IMAGES

5 **Lis** le poème *Entrez dans mon livre d'images* dans *Mon encyclopédie*, page 150.

À ton avis, de quel livre d'images est-il question dans le texte? Choisis la réponse qui convient parmi les suivantes:

– un album à colorier;
– une bande dessinée;
– un recueil de poèmes;
– un livre d'art;
– un album de photos.

6 Le poème *Entrez dans mon livre d'images* contient de nombreuses métaphores. Ainsi, dans **la deuxième strophe**, six mots ou expressions sont associés au mot *poème* pour créer des métaphores. Certains le caractérisent, d'autres décrivent des actions.

A À quoi l'auteur compare-t-il le poème en procédant ainsi?

B **Élabore un organisateur graphique** pour illustrer ces métaphores en inscrivant les mots et les expressions et en les associant au mot *poème*.

C L'auteur utilise le même procédé dans **la troisième stophe** à partir du mot *mot*. À quoi compare-t-il le mot *mot*?

D **Fais un organisateur graphique** dans lequel tu inscriras le mot *mot* et les expressions qui lui sont associées pour créer des métaphores.

E Peux-tu expliquer le sens de la métaphore *Poussez la porte de papier* (ligne 22)? Pour y arriver, explique ce qui permet à l'auteur d'associer le mot *porte* au mot *papier*.

7 **A** Si tu écrivais un poème, à quoi pourrais-tu comparer les éléments suivants?

– la jeunesse;
– des yeux;
– une lettre de ton père;
– une lectrice;
– un écrivain.

B Des auteurs ont utilisé des comparaisons pour parler de ces divers éléments dans leur texte.

Dans le manuel *Mon encyclopédie*, **lis** les textes d'Émile Nelligan (page 152, colonne de gauche), de Jacques Poulin (page 50), d'Évelyne Reberg (page 51), d'Hubert Reeves (page 56) et de Gilles Vigneault (page 122).

Trouve les comparaisons que les auteurs ont ulilisées et compare-les avec les tiennes.

LA MUSIQUE

8 Dans un poème, les mots contribuent à créer de la musique. Leur regroupement forme une mélodie.

Lis le poème *Effets de neige et de givre* d'Albert Lozeau dans *Mon encyclopédie*, page 151.

Relève les lettres et les sons qui contribuent à rendre mélodieux chacun des vers suivants:

A – En fleurs de givre, en fruits de frimas fins,
                         en branches
     D'argent [...]
– Sur la vitre du cœur, frêles fleurs de
                             frimas...

B – Des arbres de vermeil l'un à l'autre
                            enlacés,

C – Tranquille, mol et blanc. Calme petit
                             espace
   Où tout a le repos profond de l'eau qui
                             dort,

9 Fais le même exercice qu'au numéro 8 avec les vers suivants, tirés de *Mon encyclopédie*, pages 150 et 152.

A – Poussez la porte de papier :

Marc ALYN

B – Elle a vécu dans les soirs doux, dans les odeurs ;

Émile NELLIGAN

– Ma pensée est couleur de lunes d'or lointaines

Ibid.

10 Les rimes jouent un rôle important dans la musicalité d'un poème.

A En équipes, relevez et comparez les rimes des poèmes suivants :

– *Entrez dans mon livre d'images* (*Mon encyclopédie*, page 150)

– *Effets de neige et de givre* (*Mon encyclopédie*, page 151).

Pour vous aider à faire ce travail, répondez aux questions suivantes :

– Les rimes sont-elles disposées de la même manière ?

– Combien de sons semblables chaque rime contient-elle ?

– Quelles rimes trouvez-vous particulièrement réussies ?

– Lesquelles trouvez-vous moins intéressantes ?

B Ajoutez à chaque rime un troisième mot qui rimerait avec les deux premiers.

C Choisissez une rime qui vous inspire, puis chaque membre de l'équipe compose deux vers qui se terminent par la même rime.

D Comparez vos créations, choisissez la meilleure et améliorez-la s'il y a lieu.

Communiquez le résultat à la classe.

11 Le poème prend toute sa dimension lorsqu'il est récité à voix haute. L'activité suivante te permettra de t'en rendre compte.

T'est-il déjà arrivé de participer à une réunion de famille ou d'amis où chacun et chacune doit faire un petit numéro ? Si tu ne joues pas d'un instrument de musique ou que tu n'as pas réellement de talent pour le chant, comment pourrais-tu te tirer d'une situation aussi embarrassante ? Tu pourrais toujours réciter un poème...

Le manuel ***Mon encyclopédie*** en propose plusieurs. Par exemple, le poème ***Le mot*** de Victor Hugo **à la page 139** te permettrait sans doute de remporter un vif succès.

Réalise les activités qui suivent pour préparer ta récitation.

A À ton avis, les deux premiers vers devraient-ils être dits à voix haute ou chuchotés ? Explique pourquoi.

B Quel mot du troisième vers devrait être dit avec insistance ? Explique pourquoi.

C À la fin du troisième vers, devrait-on faire une légère pause ou enchaîner avec le vers suivant ? Explique pourquoi.

D Quels mots du cinquième vers devraient être prononcés lentement, en les détachant nettement ?

E Relève des mots qui indiquent que les vers 6 à 12 doivent être dits tout bas, presque chuchotés.

F À partir du treizième vers, le rythme devrait être rapide, s'accélérer même. Pourquoi ?

G Jusqu'à quel vers ce rythme devrait-il être maintenu ?

H Quels mots du dernier vers devraient être dits de manière théâtrale, appuyés par un geste ?

Mets tes connaissances en pratique lorsque tu écris

Consignes

Tu connais maintenant un peu mieux les ressources dont disposent les poètes pour écrire leurs poèmes. Les activités suivantes te permettront de vérifier si tu peux en utiliser quelques-unes lorsque tu écris.

1. | Si la terre était carrée
   | Les enfants auraient des coins pour se cacher

   Mélanie LOREAU
   (*Mon encyclopédie*, page 60)

   Écris quelques vers pour compléter l'un des vers suivants:

   — *Si la terre était plate...*　　　— *Si la terre était jolie...*
   — *Si la terre était bleue...*　　　— *Si la terre était ronde...*

2. | C'était par une sombre et orageuse nuit...

   Charles M. SCHULZ
   (*Mon encyclopédie*, page 53)

   Écris deux vers pour compléter cette phrase en faisant rimer les derniers mots avec *nuit*.

3. | Un jour, la lettre Z
   | quitta l'azur, quitta le nez,

   Pierre GAMARRA
   (*Mon encyclopédie*, page 197)

   Écris un texte semblable au poème de Pierre Gamarra. Tu pourrais le faire commencer de l'une ou l'autre des façons suivantes:

   — *Un jour la lettre T*　　　— *Un jour la lettre P*
   　quitta la terre...　　　　　*quitta le poulailler...*

   — *Un jour la lettre V*
   　quitta le vaisseau...

4. | Comme si c'était vrai

   Gérard BOCHOLIER
   (*Mon encyclopédie*, page 90)

   Compose deux strophes qui se termineraient par ce vers tiré du poème *Miracles* de Gérard Bocholier. Chacune des strophes pourrait commencer par les vers suivants:

   Derrière ma maison
   Il y a...

   Dans mon sac d'école
   Il y a...

Je sais comment faire quand je lis

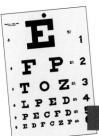

POUR COMPRENDRE UN TEXTE POÉTIQUE

SYNTHÈSE DES STRATÉGIES DE LECTURE

Quand ça va bien !

- Quand tu lis un poème, essaie de te mettre dans la peau de la personne qui a écrit le texte. Essaie de découvrir si l'expérience dont il est question dans le texte est heureuse ou malheureuse.
- Arrête-toi souvent en cours de lecture pour laisser aux mots le temps de produire leur effet.
- Relis les vers qui te touchent particulièrement.
- Lis le texte à voix haute pour en découvrir toute la musicalité.
- Demande-toi si ce poème t'a permis de voir le monde *autrement*.

Consignes

– **Lis** le poème de Paul Verlaine à la page suivante. Pour vérifier si tu l'as bien compris, photocopie-le ou transcris-le et **annote-le** de manière à mettre en évidence:

1. ce que voit le poète;
2. les sentiments qu'il exprime;
3. le ou les mots magiques;
4. les images (comparaisons et métaphores);
5. les procédés utilisés par l'auteur pour créer la musique de son poème.

– **Résume** en une phrase l'expérience dont il est question dans le poème.

Il pleure dans mon cœur
Comme il pleut sur la ville ;
Quelle est cette langueur
Qui pénètre mon cœur ?

Ô bruit doux de la pluie
Par terre et sur les toits !
Pour un cœur qui s'ennuie
Ô le chant de la pluie !

Il pleure sans raison
Dans ce cœur qui s'écœure.
Quoi ! nulle trahison ?...
Ce deuil est sans raison.

C'est bien la pire peine
De ne savoir pourquoi
Sans amour et sans haine
Mon cœur a tant de peine !

Paul VERLAINE, *Romances sans paroles*.

Si tu es en panne

STRATÉGIES

1.
Relève les mots qui révèlent **qui parle dans le texte**.

2.
Relève les mots qui désignent **ce que voit le poète**.

3.
Relève les mots et les expressions qui révèlent des **sentiments**.

4.
Relève le **mot magique** qui te permet de te familiariser avec le vocabulaire du poème.

5.
Relève tous les **termes comparatifs**.

6.
Relève les noms, les adjectifs et les verbes qui sont associés à d'autres mots de façon inhabituelle.

7.
Relève les mots qui créent de la musique.

8.
Relève les répétitions de sons (rimes et autres), de mots, d'expressions et de phrases.

Je fais le point

1. Quelles stratégies as-tu trouvées les plus utiles pour comprendre un poème ?
2. Peut-être as-tu besoin d'activités supplémentaires pour maîtriser la compétence à lire un poème ? Si oui, ton enseignant ou ton enseignante t'en remettra.

Je sais comment faire quand j'écris

POUR RENDRE COMPTE D'UNE EXPÉRIENCE POÉTIQUE

• FICHE DESCRIPTIVE •

Préalables:
– Atelier 9: *Découvrir l'univers de la poésie* (pages 210 à 230).
– Atelier de grammaire 12 (voir *Mes ateliers de grammaire*).

Objectifs:
– Écrire un texte dans lequel est évoqué un univers poétique.
– Écrire un texte en ayant recours à des procédés propres à la langue des poètes.
– Mettre en pratique des stratégies de révision de texte:
  • *Je révise et je corrige les groupes du nom* (page 358);
  • Les autres stratégies que tu connais et dont tu as encore besoin.

Poète, poète, dis-moi, qu'as-tu vu ?

Observe les toiles de Magritte et de Dali aux pages 208 et 209. Chacune représente des objets familiers. Tu peux toutefois constater que les peintres les ont représentés de manière originale, parce qu'ils les ont vus avec des yeux de poètes.

Connais-tu une personne, un lieu ou un objet qui provoque chez toi une émotion que tu aurais envie de communiquer dans un texte poétique?

POUR ENRICHIR TON VOCABULAIRE...

Pour décrire ce que l'on voit, il faut choisir des mots reliés à la couleur, à la forme et aux dimensions.
• Consulte un dictionnaire analogique sous les entrées *couleur, forme* et *mesure* de manière à te constituer une banque de mots que tu pourras utiliser pour parler du lieu, de la personne ou de l'objet que tu décriras dans ton texte.

Contraintes d'écriture
1. **Rédige un poème** dans lequel tu décriras à la manière des poètes, c'est-à-dire de façon personnelle et originale, la personne, le lieu ou l'objet que tu as choisi.

2. Assure-toi que dans ton texte tu as recours à des **procédés propres à la langue des poètes**: mots évocateurs, images, musicalité (répétitions, jeux de sonorité, rime, longueur des vers), etc.

3. **Applique les stratégies de révision** de texte demandées dans la fiche descriptive de la page 229.

4. **Transcris ton poème au propre. Conserve-le** car tu en auras besoin pour l'atelier de communication orale de la page 233.

Complète les deux énoncés suivants:

1. «J'ai trouvé cet atelier (facile/difficile/intéressant/etc.) ✎ ▨ parce que ✎ ▨.»

2. «Les activités que j'ai réalisées dans les étapes *J'apprends comment faire* et *Je sais comment faire*... m'ont révélé que je maîtrise:
   - (peu/assez bien/très bien/etc.) ✎ ▨ la compétence à lire un texte poétique;
   - (peu/assez bien/très bien/etc.) ✎ ▨ la compétence à écrire un texte poétique.»

DE LA LECTURE À LA CULTURE

Tu aimes la poésie ?

Les recueils suivants contiennent des poèmes et des textes de chansons qui sauront te faire rêver.

Félix Leclerc,
Cent chansons

Bibliothèque québécoise, 1988.

Gilles Vigneault,
Silences

Nouvelles éditions de l'Arc, 1978.

Michel Rivard,
Chansons naïves

Lanctôt éditeur, 1996.

Sylvain LELIÈVRE,
Les mots découverts

VLB éditeur, 1994.

André Gaulin,
La chanson québécoise de la Bolduc à aujourd'hui

Nuit blanche, 1994.

Georges Jean,
Il était une fois, la poésie...

La Farandole, 1974.

Jacques Charpentreau,
Il était une fois, les enfants...

Messidor/La Farandole, 1979.

Jacqueline Held,
Il était une fois, les couleurs du monde...

Messidor/La Farandole, 1988.

Jacques Charpentreau et Georges Jean,
Dictionnaire des poètes et de la poésie

Gallimard, 1983.

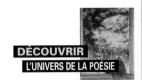

RÉCITER UN POÈME ET PARTICIPER À UNE DISCUSSION

Balthus, *Jeune fille à la fenêtre* (1955).
Édimédia/Publiphoto.

Poète, poète, dis-moi, qu'as-tu vu ?

PROJET : À l'occasion d'un récital de poésie, dire un poème et participer à une discussion.

ÉTAPES :

1. Planifier ma participation au récital et à la discussion.
2. Me préparer.
3. Faire un essai.
4. Évaluer ma démarche.

Planifier ma participation au récital et à la discussion

Dans l'activité *Poète, poète, dis-moi, qu'as-tu vu ?*, à la page 229, tu as écrit un poème pour traduire une expérience, une émotion, de façon personnelle et originale. Tu diras ce poème à l'occasion d'un récital de poésie.

Prépare ce récital **en équipe**. Trouve des élèves qui ont écrit un poème sur un thème qui appartient à la même catégorie que celle que tu as choisie (une personne, un lieu ou un objet). Au cours du récital, les membres d'une même équipe présenteront ainsi successivement des poèmes sur un thème semblable.

Quand tous les élèves auront dit leur poème, ton enseignant ou ton enseignante animera une **discussion** pour déterminer quel est le poème le plus personnel et le plus original, celui qui fait qu'on ne verra jamais plus la personne, le lieu ou l'objet évoqué de la même manière.

Les interventions qui suivront la présentation de chaque équipe devront traiter des quatre éléments suivants:
- préciser le thème (personne, lieu, objet) du poème;
- dire si cette personne, ce lieu ou cet objet est familier;
- dégager l'impression (triste ou joyeuse) qui ressort du poème;
- expliquer comment le poème fait voir différemment le lieu, la personne ou l'objet qu'il évoque.

Pour planifier ta participation au récital de poésie, remplis une fiche semblable à la suivante:

Je planifie ma participation au récital et à la discussion

1. Mes partenaires pour le récital:

2. Notre catégorie de thème:
   ☐ personne ☐ lieu ☐ objet

3. L'objectif du récital et de la discussion:

4. Les quatre aspects qui devront être abordés au cours de la discussion:

5. Tenue du récital et de la discussion:
   Date:
   Jour de la semaine:

Me préparer

1. Préparer la lecture des poèmes

Toi et les membres de ton équipe, faites une première lecture à voix haute des poèmes que vous avez écrits dans l'activité *Poète, poète, dis-moi, qu'as-tu vu ?*

Cherchez ensemble la meilleure manière de réciter chaque poème pour bien exprimer l'émotion qui s'en dégage et pour en faire ressortir toute la musicalité. Choisissez parmi les façons suivantes :

- le dire rapidement ;
- le dire très lentement ;
- le chuchoter ;
- le dire en frappant dans les mains ou en tapant du pied pour marquer le rythme ;
- le dire en *rappant* ;
- le dire en criant.

Si vous trouvez une meilleure façon de réciter le poème, n'hésitez pas.

2. Préparer une mise en scène

Souvent, même si l'auditoire observe le silence et prête une oreille attentive, il a besoin d'aide pour bien comprendre les poèmes.

En équipe, imaginez une mise en scène simple pour aider votre public à mieux comprendre le message de chacun des poèmes. Vous pourriez, par exemple, utiliser un fond musical, créer une atmosphère particulière dans la classe, distribuer les textes avant d'en faire la lecture, etc. Pensez à des choses simples qui ne prolongeront pas la durée du récital.

3. Préparer la participation à la discussion

Pendant que vous êtes en équipe, familiarisez-vous avec les éléments sur lesquels portera la discussion qui suivra la présentation de chaque équipe.

Pour ce faire, remplissez une fiche *Écoute du poème* pour chaque poème des membres de votre équipe.

Écoute du poème

1. Titre du poème : ✎ ▓

2. Nom de l'élève qui l'a écrit : ✎ ▓

3. Thème du poème : personne ? ✎ ▓   objet ? ✎ ▓   lieu ? ✎ ▓

4. Suis-je familier ou familière avec cette personne, ce lieu ou cet objet ?
   ❏ oui   ❏ non

5. La façon de présenter cette personne, ce lieu ou cet objet m'est-elle
   familière ? ❏ oui   ❏ non

6. Quelle impression (triste ou joyeuse) se dégage du poème ? ✎ ▓

7. Quels mots contribuent à créer cette impression ? ✎ ▓

8. Comment le poème me fait-il voir différemment la personne, le lieu
   ou l'objet présenté ? ✎ ▓

9. Si j'avais à évaluer l'originalité de ce poème, je lui donnerais ▓ /10.

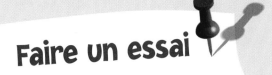

Faire un essai

Assurez-vous que vous avez en main tout le matériel nécessaire pour le récital de poésie et pour la discussion qui suivra. Vous pouvez maintenant faire un essai. D'abord, consultez les critères suivants qui guideront votre enseignant ou votre enseignante dans l'évaluation de votre participation.

CRITÈRES D'ÉVALUATION

Pendant la lecture de son poème:

☑ 1. L'élève a tenu compte de son auditoire.

☑ 2. La prononciation et le débit de l'élève ont facilité la compréhension
     du poème.

☑ 3. L'intonation de l'élève a contribué à susciter l'intérêt de son auditoire.

Pendant la discussion:

☑ 4. L'élève a transmis des informations qui ont manifesté sa
     compréhension du poème.

Déroulement du récital et de la discussion

Quand le temps du récital sera venu, ton enseignant ou ton enseignante te précisera comment se déroulera l'activité et comment tu devras participer à la discussion.

Après la présentation de chaque poème, assure-toi de remplir une fiche *Écoute du poème* semblable à celle de la page 235. N'oublie pas qu'il faudra **déterminer le poème le plus personnel et le plus original, celui qui fait qu'on ne pourra plus jamais voir la personne, le lieu ou l'objet évoqué de la même manière.**

BON RÉCITAL !

Évaluer ma démarche

Rédige un court texte qui rendra compte de ta participation au récital et à la discussion. Les suggestions de la page 237 pourront t'aider à le faire.

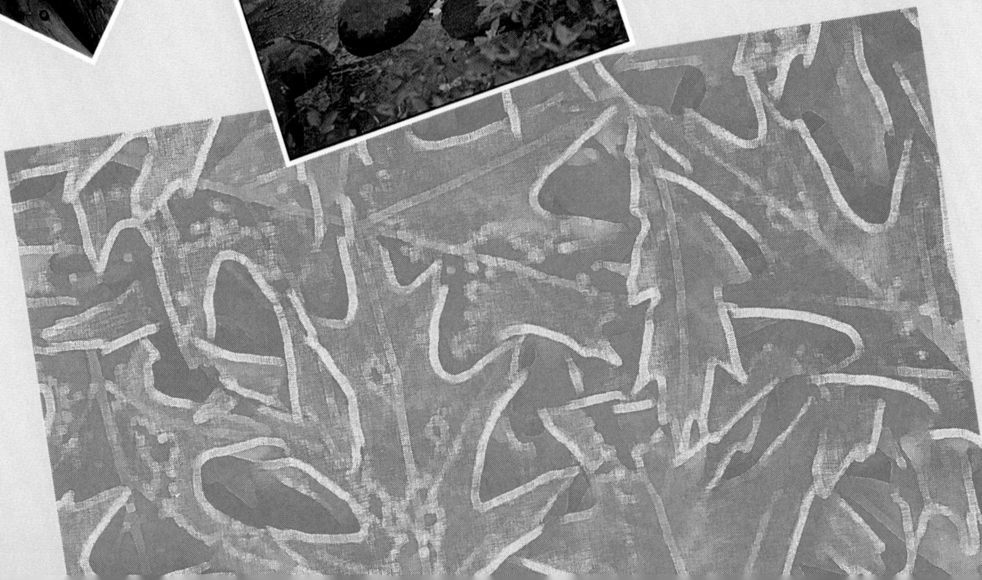

J'évalue ma participation
au récital et à la discussion

Dans la première phrase , tu pourrais donner le titre de ton poème et dire de quelle équipe tu faisais partie.

Dans la deuxième phrase , tu pourrais indiquer si tu as toujours, parfois ou rarement tenu compte des réactions de ton auditoire.

Dans la troisième phrase , tu pourrais préciser comment était ton débit et, s'il était trop rapide ou trop lent, tenter d'expliquer pourquoi.

Dans la quatrième phrase , tu pourrais dire si tu as toujours été capable de répondre aux questions de l'animateur ou de l'animatrice de la discussion et, s'il y a lieu, expliquer pourquoi tu as éprouvé des difficultés.

Dans la cinquième phrase , tu pourrais donner le titre du poème que tu as préféré et dire pourquoi tu ne verras plus jamais de la même manière la personne, le lieu ou l'objet qui en était le thème.

Dans la sixième phrase , tu pourrais indiquer si tu es satisfait ou satisfaite de ta participation et préciser les points que tu amélioreras la prochaine fois.

7

LES PARAGRAPHES

Jean Dubuffet, *Site fréquenté* (1981). ADAGP / Kinémage.

D ans les deux toiles présentées ici, tu peux voir que certains éléments pourraient facilement être isolés, un peu à la manière des paragraphes dans un texte.

La séquence que tu entreprends maintenant te permettra d'acquérir des connaissances liées aux **paragraphes** et au **texte de type descriptif**.

UN BESOIN, UNE HISTOIRE, UNE INVENTION

Écrire un texte pour souligner l'importance que j'accorde à une invention.

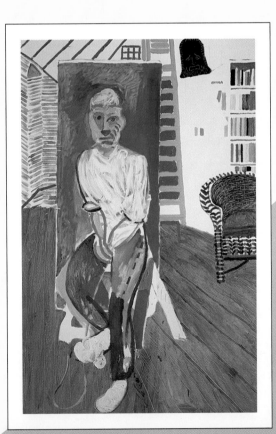

David Hockney, *Untitled portrait of Ian* (1983). © David Hockney.

COMPÉTENCES À DÉVELOPPER

- Comprendre le sens d'un paragraphe
- Lire un texte de type descriptif
- Écrire un texte de type descriptif

ATELIER D'ACQUISITION DE CONNAISSANCES

ATELIER D'INTÉGRATION

COMPRENDRE
LE SENS D'UN PARAGRAPHE

Gisèle Leclerc, *Cycle maternel*, détail (1975).

Le moineau n'attache pas un soin particulier à sa maison. Il construit des nids désordonnés et, somme toute, assez laids, n'importe où: sur les arbres, dans les granges, sous les porches, sous les corniches, dans les trous des murs. Il utilise des matériaux de toutes sortes: tiges d'herbes, branchettes, brins de paille, laine, crin, mousse, etc. Parfois, notre oiseau n'a même pas envie de se bâtir une demeure. Il a recours alors à un système très simple; il occupe le nid de boue qu'une hirondelle a construit sous une gouttière, et en chasse sans pitié la propriétaire.

D'après *Tout l'Univers*, tome X, © Livre de Paris.

Le moineau n'attache pas un soin particulier à sa maison

Il construit (...)

Notre oiseau n'a même pas envie (...)

Il utilise (...)

---

1 Comment intitulerais-tu ce paragraphe ?

2 Si un autre paragraphe consacré au moineau suivait celui-ci, de quoi pourrait-il parler ?

3 Observe la liste de mots dans l'encadré suivant.

> toit - fenêtre - chapeau - cheval - cœur - bois -
> arbre - abri - branche - roi - enfant

Parmi ces mots, choisis-en cinq qui auraient pu être employés dans le texte, et justifie tes choix.

4 Si un camarade de classe te chuchotait à l'oreille: «C'est quoi un paragraphe ?», que lui répondrais-tu ?

5 Complète l'énoncé suivant:

«Les activités 1, 2, 3 et 4 m'ont permis de constater qu'un paragraphe, c'est ✎ ▨▨▨ et que pour mieux le comprendre je dois pouvoir ✎ ▨▨▨.»

LES CONNAISSANCES DE CET ATELIER
EN BREF

Pour comprendre un paragraphe, il faut pouvoir:

1. identifier le **sujet**;
2. identifier l'**aspect** développé;
3. déterminer le **point de vue** de la personne qui écrit;
4. relever l'**information importante**;
5. dégager la **structure**.

J'apprends

Quand tu tournes la page d'un livre, ce qui te frappe d'abord avant même les mots ou les phrases, **ce sont les blocs de phrases que constituent les paragraphes**. Tu n'as pas encore lu un mot que déjà tu vois des sections de texte dans la page. Bref, tu repères les paragraphes très facilement.

Les paragraphes témoignent des divisions du texte. Dans un texte de type descriptif, chaque paragraphe regroupe une série de RENSEIGNEMENTS sur un même sujet. Les paragraphes sont construits de manière à faciliter ta lecture et à te permettre d'organiser l'information dans ta tête.

TROUVER LE SUJET DU PARAGRAPHE

Comme tu le sais déjà, **pour comprendre une phrase, tu dois être capable de répondre à la question** *DE QUI ou DE QUOI parle-t-on dans la phrase?* Il en est de même pour un paragraphe.

En effet, **pour comprendre un paragraphe** dans un texte de type descriptif, **tu dois d'abord repérer** avec certitude **le sujet du paragraphe** en répondant à la question *DE QUI ou DE QUOI parle-t-on dans ce paragraphe?* Pour répondre facilement à cette question, tu n'as qu'à déterminer DE QUI ou DE QUOI on parle dans la **première phrase**, puis **dans la majorité des phrases**.

BREF,

paragraphes

En tournant une page, tu vois d'abord les paragraphes.

BREF,

Comprendre un paragraphe, c'est un peu comme comprendre une phrase.

BREF,

Pour trouver le sujet d'un paragraphe, on pose la question *DE QUI ou DE QUOI parle-t-on dans ce paragraphe?*

La première phrase présente souvent le sujet du paragraphe

Très souvent, le sujet d'un paragraphe est dévoilé dès la première phrase.

Le sujet de la première phrase est-il aussi celui du paragraphe ?

QUOI? — RENSEIGNEMENT

Le moineau n'attache pas un soin particulier à sa maison.

Comme tu peux le constater, dans la première phrase du texte d'exploration, on parle du moineau. **Il ne reste plus qu'à vérifier DE QUOI on parle dans la majorité des autres phrases** pour confirmer que le sujet est effectivement le moineau.

Il n'est pas certain qu'on trouvera toujours le même mot pour désigner le sujet du paragraphe. Ainsi, dans le texte d'exploration, on se rend compte que l'auteur a voulu éviter d'alourdir son texte en employant constamment le mot *moineau*. Il a préféré utiliser des mots substituts. Ces mots substituts permettent de faire un lien entre les phrases du texte. D'une phrase à l'autre, l'auteur parle du moineau, mais sans recourir au même terme. Comme en témoignent les annotations de la partie *J'explore*, le moineau est désigné trois fois par le pronom *il* et une fois par l'expression *notre oiseau*.

D'autres pronoms comme *lui* ou *celui-ci*, ou d'autres expressions comme *cet animal*, *cet ennemi de l'hirondelle*, *cette créature ailée* auraient pu aussi être employés pour remplacer le mot *moineau*.

Lorsqu'on croit avoir trouvé le sujet du paragraphe dans la première phrase, il ne faut pas perdre sa trace. Il faut le «suivre» tout au long du paragraphe. Attention ! Il se cache parfois derrière les mots substituts.

STRATÉGIE **Trouver le sujet du paragraphe.**

Pour découvrir DE QUI ou DE QUOI on parle dans le paragraphe, cherche DE QUI ou DE QUOI on parle dans la première phrase. Cette stratégie te permettra très souvent de trouver le sujet du paragraphe.

Quand la première phrase ne révèle pas le sujet

Il arrive parfois que la première phrase n'annonce pas le sujet du paragraphe. Dans ce cas, il faut absolument poursuivre sa lecture et identifier DE QUI ou DE QUOI on parle dans la majorité des phrases.

Beaucoup de bons spectacles auront lieu cette année à Sherbrooke. Par exemple, **les filles du groupe Chapeau pointu** chanteront à la salle paroissiale. **Elles** ont déjà un album sur le marché et terminent une tournée de promotion. **Ces musiciennes** sont, paraît-il, extraordinaires sur scène.

Dans ce paragraphe, la première phrase n'annonce pas le sujet, mais en observant DE QUI on parle dans la majorité des phrases, on peut affirmer que dans le paragraphe on parle des **filles du groupe Chapeau pointu**.

TROUVER L'ASPECT DU SUJET

Si tu devais prouver à ton enseignant ou à ton enseignante que tu as compris le paragraphe du texte d'exploration, tu lui dirais d'abord qu'il y est question du moineau. Mais serait-ce suffisant ? Peut-être pas ! Car on pourrait te demander : « Oui, mais quel genre de renseignements donne-t-on sur le moineau ? »

Dans un texte de type descriptif, les RENSEIGNEMENTS fournis sur le sujet du paragraphe ont un lien entre eux. Par exemple, un paragraphe peut donner des RENSEIGNEMENTS essentiellement sur les caractéristiques physiques du moineau, et un autre sur son alimentation, ses voyages, sa longévité ou sa façon de voler... Bref, on peut regrouper des RENSEIGNEMENTS de même nature, portant sur un même **aspect** du sujet.

L'aspect, c'est un peu le titre que l'on pourrait donner à un paragraphe. Ainsi, on peut très bien imaginer que les paragraphes d'un texte sur le moineau s'intitulent : *L'alimentation du moineau, La femelle du moineau, Les prédateurs du moineau*, etc.

Très souvent, l'aspect est dévoilé par un RENSEIGNEMENT fourni dans la toute première phrase. Le début du texte d'exploration le montre bien :

Le moineau n'attache pas un soin particulier à sa <u>maison</u>.

Ce mot fournit un indice sur l'aspect qui
sera abordé dans le reste du paragraphe.

BREF,

Les RENSEIGNE-MENTS fournis dans un paragraphe ont un lien entre eux et portent généralement sur un aspect du sujet.

BREF,

L'aspect du sujet, c'est un peu comme le titre du paragraphe.

BREF,

Très souvent, l'aspect du sujet est dévoilé dès la première phrase du paragraphe.

BREF,

Le vocabulaire
employé peut
aussi aider
à trouver l'aspect
développé dans
un paragraphe.

Le vocabulaire employé par l'auteur ou l'auteure peut aussi aider à trouver l'aspect développé dans un paragraphe.

Ainsi, on peut regrouper les mots du texte d'exploration dans un champ lexical comme celui-ci:

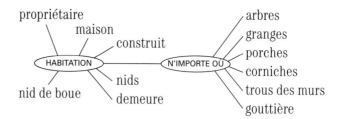

Comme le vocabulaire employé pour livrer des RENSEIGNEMENTS sur le moineau porte sur son habitation, on dira sans se tromper que l'aspect développé dans ce paragraphe est **l'habitation du moineau**. Naturellement, si le paragraphe avait porté sur un autre aspect de la vie du moineau, on aurait eu un champ lexical différent.

<u>STRATÉGIE</u> **Rendre compte de l'aspect.**

Pour trouver l'aspect développé dans un paragraphe, imagine un titre à partir de la formule suivante:

	L'aspect	→ du →	sujet
Exemples:	L'habitation	du	moineau
	Les différentes pièces	de	la maison
	L'alimentation	des	Touaregs
	Le rôle	des	élèves
	Les vêtements	des	sans-abri

Pour y arriver, observe attentivement le début du paragraphe. On découvre souvent l'aspect développé en lisant le RENSEIGNEMENT contenu dans la première phrase.

Tu peux aussi regrouper les mots qui font partie d'un même champ lexical. À partir du champ lexical principal, tu seras en mesure de déterminer plus facilement quel est l'aspect développé dans le paragraphe.

ATTENTION!

Parfois, dans un texte, un même aspect peut être développé dans plusieurs paragraphes. Il faut alors considérer chaque paragraphe comme un sous-aspect.

LE POINT DE VUE DE LA PERSONNE QUI ÉCRIT

Quand on lit un texte de type descriptif, on accumule des RENSEIGNEMENTS sur un sujet. Cependant, en portant attention, on remarque souvent que la personne qui écrit laisse voir ses opinions sur le sujet traité.

> Les animaux font souvent preuve d'une intelligence **extraordinaire**. On **s'émerveille** de voir un chimpanzé nous communiquer ses besoins par un système de codes. Les gorilles ont tissé des liens sociaux complexes et **impressionnants**. Quant aux rats, ils sont **malins** et ils savent survivre dans les lieux les plus dangereux !

Dans ce cas-ci, que pense l'auteur de l'intelligence des animaux ? Son point de vue est-il favorable ou défavorable ? Pour répondre à ces questions, il faut considérer le vocabulaire utilisé.

Quand on aime quelque chose, on emploie des mots comme *heureusement*, *extraordinaire*, *bon*, *bien*, *extrêmement*, *gentil*, *sympathique*, etc. Quand on aime moins quelque chose, on utilise plutôt des mots comme *mauvais*, *triste*, *malheureusement*, *hélas*, *méchant*, etc.

Pour trouver le point de vue de la personne qui écrit, il faut donc considérer le vocabulaire utilisé. Ainsi, dans le paragraphe sur les animaux, les mots en caractères gras sont des mots généralement employés pour exprimer un point de vue favorable sur quelque chose. On peut donc dire que l'auteur admire l'intelligence des animaux.

En revanche, dans le paragraphe du texte d'exploration, on ne trouve pas de mots qui révèlent si l'auteur aime ou n'aime pas le moineau. On dira alors que la personne qui écrit adopte un point de vue **neutre** sur l'habitation du moineau.

BREF,
La personne qui écrit laisse parfois voir ses opinions sur le sujet traité.

BREF,
Pour trouver le point de vue de la personne qui écrit, il faut porter attention au vocabulaire utilisé. On peut alors découvrir si son point de vue sur le sujet est favorable ou défavorable.

STRATÉGIE Trouver le point de vue de la personne qui écrit.

Repère dans un paragraphe les mots que tu emploierais pour parler de quelque chose que tu aimes ou de quelque chose que tu n'aimes pas. Évalue ensuite le point de vue de la personne qui écrit en complétant la phrase suivante :

Parce qu'elle emploie des mots tels que (les mots du paragraphe qui révèlent le point de vue)

la personne qui écrit adopte un point de vue < favorable ou défavorable > sur (l'aspect du sujet).

Les paragraphes dans un texte de type narratif

Lorsque tu tournes les pages d'un roman ou d'un recueil de contes, tu remarques au simple coup d'œil que là aussi le texte est divisé en paragraphes. Mais **lorsque tu lis un paragraphe d'un texte de type narratif, au lieu de chercher le sujet, tu essaies plutôt de découvrir de quel personnage on parle**, et au lieu de relever les renseignements, tu t'attardes plutôt à relever les actions des personnages, comme l'illustre l'exemple qui suit.

Au matin, **Supercristal** se réveilla en pleine forme. De sa chambre, **elle** contempla cette belle nature qui s'éveillait. Soudainement, **elle** entendit le cri d'un animal en détresse. **Elle** s'habilla, puis courut à la rescousse de ce petit être. Dans une cage d'environ 1 m², **elle** trouva un petit écureuil qui avait dû être attiré par les appâts qu'avait préparés un chasseur. Trente secondes plus tard, **notre héroïne** libéra l'animal à l'aide de son canif nucléaire. Sans même **la** remercier, l'écureuil s'enfuit dans les bois.

Somme toute, que le paragraphe fasse partie d'un texte de type narratif ou de type descriptif, il demeure une division du texte qui permet de regrouper en un seul bloc une série de RENSEIGNEMENTS ou d'ACTIONS.

MES CONNAISSANCES

EN BREF

Trouve maintenant une façon personnelle et originale d'expliquer à quelqu'un tes nouvelles connaissances sur les paragraphes.

J'apprends Comment faire

LA PREMIÈRE PHRASE

1 **Lis** chacun de ces paragraphes et **réponds** aux questions de la colonne de droite.

Tin demeure à Richelieu. Il est âgé de 13 ans. Il aime jouer de la guitare et écrire des chansons. Ce jeune musicien joue également du violon et du piano. Dans quelques années, Tin espère pouvoir étudier la musique au cégep.	**A** DE QUI ou DE QUOI parle-t-on dans la première phrase ? **B** Quels sont les mots substituts employés pour désigner le sujet du paragraphe ?
Le suisse ressemble à un petit écureuil. Il possède toutefois une queue plus petite. Il est roux, mais sa coloration varie d'un animal à l'autre. Ce rongeur mue généralement deux fois l'an.	**C** DE QUI ou DE QUOI parle-t-on dans la première phrase ? **D** Quels sont les mots substituts employés pour désigner le sujet du paragraphe ?
	4/4 ⟹ P. 242 ☞ NR

2 Dans les paragraphes du tableau suivant, seule la première phrase est lisible. **Reproduis** ce tableau, puis **remplis-le.**

	Le sujet du paragraphe DE QUI ou DE QUOI parle-t-on dans chacune de ces phrases ?	L'aspect traité Sur quel aspect portent les RENSEIGNEMENTS fournis dans ce paragraphe ?	Les mots qui révèlent l'aspect développé Quels mots t'ont permis de découvrir l'aspect développé dans ce paragraphe ?
A Les pyramides égyptiennes ont résisté aux pires épreuves du temps. Λεσ πυ μιδεσ γυπτιεννεσ οντ ρ σιστ. αθχ πιρεσ πρεθωεσ δθ τεμπσ.			
B L'athlète amateur doit se soumettre à un entraînement extrêmement rigoureux. Λ ατηλ τε αματεθρ δοιτ σε σοθμεττρε. θν εντρα νεμεντ εχτρ μεμεντ ριγοθρεθχ.			
C Cette année, la mode nous éblouira par ses couleurs flamboyantes. Ψεττε αννε λα μοδε νοθσ. βλοθιρα παρ σεσ ψοθλεθρσ φλαμβουαντεσ.			
	3/3 ⟹ AIDE ☞ NR	3/3 ⟹ AIDE ☞ NR	3/3 ⟹ AIDE ☞ NR

TROUVER L'ASPECT TRAITÉ

3 Voici quatre séries de mots tirés de quatre paragraphes sur les Inuits. Sans même lire ces paragraphes, **détermine** les aspects qui y sont traités.

A Sol, foyer, neige, entrée, porte, aération.

B Caribou, cru, viande, chasse, poisson, digestion.

C Roues, motoneige, route, kilomètre, essence.

D Hockey, chasse, jeux, danse, télévision, fête.

4 **Lis** ce texte sur le peuple dominicain.

En République dominicaine, la plupart des gens se nourrissent de succulents produits locaux. Les Dominicains et les Dominicaines mangent beaucoup de riz, de poisson, de fèves et de fruits. Il faut goûter aux mangues pour se rendre compte que le bonheur existe.

A Quel aspect du peuple dominicain est traité dans ce paragraphe ? **Relève** cinq mots qui te permettent de le découvrir.

B Dans ce texte, deux mots prouvent que l'auteur a un point de vue favorable sur certains produits du pays. **Trouve** ces mots.

LE POINT DE VUE DE LA PERSONNE QUI ÉCRIT

5 **Lis** ce texte farfelu et difficile où l'on décrit le *gsychna*.

Le *gsychna*, dont les bras et les jambes portent les stigmates de ses interminables prises de bec, sait toujours se sortir du pétrin. Ce chevalier masqué terrasse ses adversaires grâce à sa ruse. Il maudit les pleutres et les traîtres. Sa pugnacité en fait un des soldats les plus recherchés que la terre ait portés.

A D'après ce texte, le *gsychna* est-il un lieu, une personne, un animal ou un objet ? **Justifie ta réponse.**

B Parmi les aspects suivants, **choisis** celui dont il est question dans le paragraphe sur le *gsychna*. **Justifie ta réponse.**
  – La faiblesse du *gsychna*.
  – Le courage du *gsychna*.
  – La bonté du *gsychna*.

C La personne qui a écrit ce paragraphe avait-elle un point de vue favorable, défavorable ou neutre sur le *gsychna* ? **Justifie ta réponse** en citant un passage.

COMPRENDRE DÈS LA PREMIÈRE PHRASE !

6 **Après avoir lu** les premières phrases de paragraphes contenues dans le tableau suivant, **réponds** aux questions qui les accompagnent.

Première phrase du paragraphe	Quel sera le sujet de ce paragraphe ?	Trouve un pronom et une expression synonyme qui pourraient remplacer le sujet dans une autre phrase du paragraphe.	Quel serait l'aspect de ce paragraphe ?	Imagine quatre mots appartenant au même champ lexical qui pourraient révéler l'aspect du paragraphe.
Les précisions manquent sur la vie (plutôt compliquée) de Gutenberg.	A	B	C	D
Comme tous les gens du monde, les Vietnamiens aiment se détendre et s'amuser après une journée de dur labeur.	E 2/2 ➟ AIDE ☞ I	F 2/2 ➟ AIDE ☞ J	G 2/2 ➟ AIDE ☞ K	H 2/2 ➟ AIDE ☞ L
Comme tous les autres jeunes, ceux de la terre de Baffin adorent les *hamburgers* et les frites.	I	J	K	L

7 **Lis** ces petits textes tirés de *Mon encyclo-pédie* :

A page 98, le paragraphe sur la vie de Gutenberg;

B page 85, les lignes 134 à 155;

C page 107, les lignes 15 à 30.

Pour chaque texte, **fais** un **organisateur graphique** semblable à celui-ci :

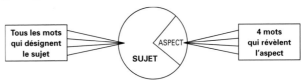

L'auteur t'a joué un tour ! L'as-tu remarqué ?

Mets tes connaissances en pratique lorsque tu écris

Consignes

Écris un court paragraphe qui pourrait s'intituler *L'habitat du rat*. Avant de le transcrire au propre, **applique** les stratégies de révision indiquées dans l'encadré ci-dessous.

POUR ENRICHIR TON VOCABULAIRE...

• Construis un champ lexical dont les mots auraient un rapport évident avec l'aspect de la vie du rat qui t'intéresse, c'est-à-dire son habitat.

• Dans ton paragraphe, tu adopteras sans doute un point de vue fort expressif pour décrire les lieux que fréquente le rat. Constitue une banque d'adjectifs qualificatifs qui témoigneront du dédain et de la terreur qu'inspirent ces lieux.

1. <u>Marque</u> d'un double soulignement les mots qui proviennent de ta banque de mots et qui révèlent l'aspect traité.

> On trouve les goélands en abondance partout où l'être humain laisse des déchets de nourriture: <u>aires de pique-nique</u>, <u>parcs</u>, etc. Ces oiseaux <u>gloutons</u> accompagnent aussi les pêcheurs lorsqu'ils nettoient les poissons en haute <u>mer</u>. <u></u> Les <u>dépotoirs</u> à ciel ouvert, plus rares maintenant, sont aussi des <u>lieux</u> de prédilection pour ces <u>rats volants</u>.

2. <u>Surligne en orange</u> les mots qui révèlent ton point de vue. Dessine ensuite dans la marge une de ces petites figures 😊😐🙂 pour indiquer si ton point de vue est favorable, défavorable ou neutre.

J'apprends

Si on te demandait de résumer un paragraphe tiré d'un texte de type descriptif, tu pourrais sans doute dire DE QUI ou DE QUOI on parle dans ce paragraphe et préciser ensuite quel aspect du sujet y est traité. Mais est-ce bien suffisant pour prouver ta compréhension ? Probablement pas. En fait, on ne sait toujours pas quels RENSEIGNEMENTS l'auteur ou l'auteure donne sur son sujet. Donc, pour rendre compte de ta lecture, **tu dois tenir compte de ces RENSEIGNEMENTS.**

Si la personne qui écrit a choisi de grouper des phrases dans un même paragraphe, c'est pour livrer aux lecteurs et aux lectrices une information importante. Pour transmettre cette information, elle a recueilli des RENSEIGNEMENTS sur un même sujet. Elle les agence ensuite selon un ordre déterminé. **Si tu arrives à relever l'information importante dans un paragraphe et à déterminer l'ordre dans lequel sont présentés les RENSEIGNEMENTS, tu comprendras mieux le paragraphe que tu lis.**

TROUVER L'INFORMATION IMPORTANTE

Les Touaregs n'ont pas d'habitat fixe. Lorsqu'ils accompagnent leurs bêtes au pâturage, ils vivent à la belle étoile. Abrités derrière leurs bagages, ils dorment sur une peau de mouton, enveloppés dans une couverture de laine. Dans leur campement d'hiver, les Touaregs déploient leur tente de laine faite de peaux de chèvre et de mouton cousues les unes aux autres et soutenues par des piquets de bois. L'été, la zériba constitue l'habitation idéale. Plus fraîche que la tente, elle est fabriquée de hautes tiges d'herbes liées à une charpente de branchages.

Gaston CÔTÉ, *La Terre, planète habitée*,
© Éditions CEC, 1992.

Très souvent, la personne qui écrit un texte de type descriptif **présente dans une «phrase vedette» l'information importante qu'elle veut transmettre.** Cette phrase révèle un RENSEIGNEMENT général important sur le sujet qui sera développé. Souvent, cette «phrase vedette» se trouve en début de paragraphe et **les phrases qui suivent fournissent des RENSEIGNEMENTS qui appuient, illustrent et complètent l'information importante.**

Par exemple, si on écrit dès le début:

Les Touaregs n'ont pas d'habitat fixe.

il faut ensuite démontrer, appuyer et illustrer cette «phrase vedette» !

On peut dès lors imaginer que d'autres RENSEIGNEMENTS sur les *Touaregs* viendront démontrer qu'ils *n'ont pas d'habitat fixe*. Si on avait à classer toutes les phrases du paragraphe dans un schéma, il faudrait s'assurer que la «**phrase vedette**» «**brille**» et que les autres RENSEIGNEMENTS viennent appuyer l'information importante.

Les Touaregs n'ont pas d'habitat fixe.

| Abrités derrière leurs bagages, ils dorment sur une peau de mouton, enveloppés dans une couverture de laine. | Lorsqu'ils accompagnent leurs bêtes au pâturage, ils vivent à la belle étoile. | Dans leur campement d'hiver, les Touaregs déploient leur tente de laine faite de peaux de chèvre et de mouton cousues les unes aux autres et soutenues par des piquets de bois. | L'été, la zériba constitue l'habitation idéale. |

Plus fraîche que la tente, elle est fabriquée de hautes tiges d'herbes liées à une charpente de branchages.

À l'occasion, comme dans l'exemple suivant, la «**phrase vedette**» peut être la deuxième ou la troisième phrase du paragraphe. Dans certains cas, ce n'est qu'à la dernière phrase du paragraphe que l'auteur ou l'auteure révèle l'information importante. Mais ces cas sont plus rares. La plupart du temps, tu trouveras l'information importante dès la première phrase.

> La Sibérie possède un joyau de la nature. **Son grand lac Baïkal est le réservoir d'eau douce le plus important du monde après les glaces situées aux pôles.** Il contient 23 000 km³ d'eau ! Soit un cinquième des réserves d'eau douce de la planète. Si on voulait le remplir, tous les fleuves du monde devraient y déverser leur eau pendant un an ! Actuellement, 544 cours d'eau et rivières se jettent dans le lac Baïkal.
>
> D'après Christine LAZIER, *Nature, des phénomènes extraordinaires*,
> © Fleurus enfants, coll. «Imagia», 1995.

BREF,

Dans un paragraphe, l'information importante n'est pas toujours présentée dès la première phrase.

Il arrive également que l'auteur ou l'auteure ne présente pas mot pour mot l'information importante du paragraphe. Celui-ci est en fait constitué d'une suite de RENSEIGNEMENTS sur un même sujet, sans «phrase vedette» qui «brille» et qui «englobe» toutes les autres.

> En 1934, le couturier Michel Jeanne proposa la robe pour homme. Hélas! sa création eut peu de succès. Quatre ans plus tard, il se présenta à Paris avec ses fameux souliers réversibles. La même année, il imposa véritablement son style avec la chaussette en peluche. Hélas, il mourut d'une crise cardiaque durant le défilé qui le rendit célèbre.

Dans ce paragraphe, on fournit une suite de RENSEIGNEMENTS sur Michel Jeanne sans dire lequel est le plus général ou le plus important. Dans ce cas, il faut au moins t'assurer de reconnaître le sujet du paragraphe.

STRATÉGIE   **Trouver l'information importante.**

Lis toujours la première phrase d'un paragraphe avec beaucoup d'attention et demande-toi s'il s'agit de la «phrase vedette».

Si tu penses que l'information importante n'est pas présentée dans la première phrase, demande-toi si elle l'est dans une autre phrase du paragraphe. Si une phrase présente l'information importante, elle te paraîtra indispensable, c'est-à-dire qu'il te semblera impossible de l'enlever sans détruire complètement le sens du paragraphe. Tu constateras cependant que, la plupart du temps, c'est la première phrase qui présente l'information importante.

BREF,

Dans un paragraphe, les RENSEIGNEMENTS peuvent être organisés:

– à partir du temps;

– à partir du regard ou de l'espace;

– selon la logique.

L'ORGANISATION DES RENSEIGNEMENTS

Que l'information importante soit révélée ou non dans la première phrase, les RENSEIGNEMENTS du paragraphe sont toujours organisés selon un certain ordre.

Il existe bien des façons de structurer un paragraphe:

- à partir du temps;
- à partir du regard ou de l'espace;
- selon la logique.

Les paragraphes organisés à partir du temps

Le 6 juillet, Abercromby, avec plus de 15 000 hommes, arrive au lac Saint-Sacrement, à quelques milles du fort Carillon. **Depuis la mi-juin**, plusieurs régiments français se sont mis en route à destination du fort. Montcalm quitte Montréal **le 24 juin**. **Le 6 juillet**, le général reconnaît qu'il est préférable de construire non loin du fort une série de retranchements. **Une fois les travaux terminés**, on attend l'ennemi. Lévis, Bourlamaque et Montcalm commandent les Français. Abercromby paraît vers **midi et demi, le 8 juillet**. **À une heure**, le combat s'engage. Toutes les attaques anglaises sont repoussées. **À sept heures du soir**, Abercromby abandonne la partie. Il a perdu 2 000 hommes, tués ou blessés. Les pertes françaises sont minimes […]

D'après Jacques LACOURSIÈRE et Denis VAUGEOIS,
Canada-Québec: synthèse historique,
© Éditions du Renouveau pédagogique, 1976.

Un paragraphe peut présenter des actions, des événements ou des faits dans un ordre chronologique.

Des marqueurs de relation comme *avant, à 8 h, après, dès, quand,* etc. permettent de bien suivre la chronologie des RENSEIGNEMENTS contenus dans le paragraphe.

On pourrait comparer la lecture d'un paragraphe structuré à partir du temps au visionnement d'un film. En effet, on voit défiler les actions ou les faits dans sa tête au fur et à mesure que le temps avance dans le texte.

BREF,

Un paragraphe peut présenter des actions, des événements ou des faits dans un ordre chronologique.

__STRATÉGIE__ **Situer les RENSEIGNEMENTS dans le temps.**

En repérant les éléments qui répondent à la question *Quand ?*, tu pourras situer dans le temps les RENSEIGNEMENTS présentés dans un paragraphe. Imagine ensuite le film que tu pourrais tourner à partir de ces RENSEIGNEMENTS.

Les paragraphes organisés à partir du regard ou de l'espace

Quand on entre **dans le Musée de l'horreur**, on est d'abord surpris par **la porte du bâtiment**, ornée de sculptures effroyables. **Le hall d'entrée** est tapissé d'immenses photographies de monstres qui ont marqué l'histoire du cinéma. **À gauche**, on se rend au vestiaire où des momies s'occupent de nos manteaux. Il faut se rendre **au premier étage** pour payer son droit d'entrée. **C'est là** qu'un robot détraqué nous accueille et nous guide durant la visite.

Dans les paragraphes structurés à partir du regard ou de l'espace, on peut suivre le regard de la personne qui écrit à travers la description des objets, des lieux ou des personnes.

Si on avait à décrire en un paragraphe les illustrations suivantes, on se demanderait par où commencer. Il faudrait donc faire des choix afin d'organiser ses phrases.

Si on décrit une maison,

commencera-t-on par le bas pour décrire ensuite les étages supérieurs ?

Si on décrit un appareil,

commencera-t-on par décrire l'extérieur pour parler ensuite de ses composantes intérieures ?

Si on décrit une personne,

commencera-t-on par décrire ses pieds, puis ses bras et finalement sa tête ?

Bref, lire un paragraphe de type descriptif, c'est un peu comme suivre un itinéraire. Il faut imaginer que notre regard se pose là où le texte attire notre attention.

Des marqueurs de relation tels que *à gauche*, *plus haut*, *près de la maison*, *audessus de l'œil* permettent presque de voir les objets, les personnes et les lieux qui sont décrits.

STRATÉGIE **Situer les RENSEIGNEMENTS dans l'espace.**

Pour mieux situer un objet, une personne ou un lieu dans l'espace, porte une attention particulière aux éléments de la phrase qui répondent à la question *Où ?*

Les paragraphes organisés selon la logique

Sous l'Ancien Régime, l'apprentissage de la lecture procède d'une méthode qui nous apparaît aujourd'hui bien peu pédagogique. **D'abord**, la lecture est dissociée de l'écriture : on commence par l'une, on ne va pas toujours jusqu'à maîtriser l'autre au-delà de la simple signature. **Ensuite**, on apprend à lire en latin, même si on n'étudie pas cette langue par la suite. **Enfin**, les leçons consistent à épeler systématiquement des combinaisons de lettres dont toutes ne se rencontrent pas en français. Beaucoup d'élèves ânonnent des textes mécaniquement sans les comprendre...

Les Grands Événements de l'histoire des enfants,
coll. «Mémoire de l'Humanité», © Larousse, 1995.

Quand on décrit une situation complexe qui ne peut être structurée ni à partir du temps ni à partir de l'espace, il faut tout de même organiser les RENSEIGNEMENTS selon un certain ordre. **On structure alors les RENSEIGNEMENTS selon un ordre logique.**

Dans l'exemple précédent, pour bien faire comprendre que «l'apprentissage de la lecture nous apparaît aujourd'hui bien peu pédagogique», on a débuté certaines phrases avec des marqueurs de relation comme *d'abord*, *ensuite* et *enfin*. **Dans d'autres cas, on pourra suivre la logique du paragraphe à l'aide de marqueurs de relation tels que :** *premièrement, deuxièmement, troisièmement* ou encore *d'une part, d'autre part, par ailleurs, toutefois, donc, ainsi, par exemple*, etc.

STRATÉGIE **Comprendre la logique de la personne qui écrit.**

Relève les marqueurs de relation qui permettent de mettre de l'ordre dans le paragraphe. Tu arriveras ainsi à suivre le raisonnement de la personne qui écrit.

BREF,

Quand on décrit une situation complexe, on peut structurer les RENSEIGNEMENTS selon la logique.

BREF,

Certains marqueurs de relation permettent de suivre la logique d'un paragraphe (*premièrement, deuxièmement, par ailleurs, toutefois*, etc.).

MES CONNAISSANCES
EN BREF

Trouve maintenant une façon personnelle et originale d'expliquer à quelqu'un tes nouvelles connaissances sur les paragraphes.

COMPRENDRE
LE SENS D'UN PARAGRAPHE

J'apprends Comment faire

TROUVER L'INFORMATION IMPORTANTE

1 Voici les phrases d'un paragraphe présentées dans le désordre :

– Il peut aussi venir à la rescousse de ceux et celles qui veulent accumuler de l'information dans une banque de données.

– Sans compter qu'avec un modem, l'ordinateur nous ouvre la voie du vaste réseau Internet.

– Finalement, l'ordinateur permet d'écrire des textes et de les préparer chez soi comme s'il s'agissait de documents professionnels.

– L'ordinateur est une machine dont on ne peut plus se passer.

– On peut l'utiliser pour tenir son budget.

A Choisis une phrase qui pourrait commencer le paragraphe et constituer ainsi l'information principale.

B Choisis également la phrase qui pourrait conclure le paragraphe. Justifie ton choix.

2 Les paragraphes ci-dessous ont perdu leur «phrase vedette». Retrouve dans l'encadré celle qui convient à chacun et assure-toi qu'elle contient l'information importante du paragraphe.

1. Des quelque 2 500 langues qui existent à travers le monde, certaines sont parlées par un plus grand nombre de personnes que d'autres.

2. La savane est peuplée de grands animaux.

3. Rien n'a vraiment changé chez les Inuits depuis qu'ils ont rencontré les Européens.

4. Les mammifères sont des animaux vraiment étonnants.

5. Le mode de vie du peuple inuit a bien changé au cours du dernier siècle.

6. Le mandarin est une langue extrêmement ancienne.

A Μεσ ατελιερσ δε λεψτθρε ετ δ ψριτθρε Στρατ γιεσ Μον ενψυψλοπ διε. Les premiers contacts avec les baleiniers étrangers ont transformé leur vie quotidienne en apportant la monnaie, les barques en bois, les carabines, les allumettes et une foule d'aliments nouveaux. Aujourd'hui, le peuple inuit reprend de plus en plus la maîtrise de sa destinée.

B Μεσ ατελιερσ δε λεψτθρε ετ δ ψριτθρε Στρατ γιεσ Μον ενψυψλοπ διε. On y trouve de magnifiques herbivores, tels les gazelles, les zèbres, les buffles, les antilopes, les girafes, les gnous, les rhinocéros et les éléphants. La plupart de ces herbivores sont pourchassés par les grands carnassiers comme les lions, les tigres et les panthères... Quant aux chacals, aux hyènes et aux oiseaux de proie, ils attendent les restes du festin.

C Μεσ ατελιερσ δε λεψτθρε ετ δ ψριτθρε Στρατ γιεσ Μον ενψυψλοπ διε. Le chinois (mandarin) est la langue parlée par le plus grand nombre de personnes. Toutefois, elle n'est utilisée qu'en Chine. La deuxième langue la plus parlée dans le monde est l'anglais. Elle est aussi la langue utilisée dans le plus grand nombre de pays.

D'après Gaston CÔTÉ, *La Terre, planète habitée*, © Éditions CEC, 1992.

3/3 ➡ P. 250 ET 251 ☞ NR

---

3 Dans les paragraphes suivants, l'information importante n'est pas forcément présentée dès la première phrase. **Détermine** dans quelle phrase elle est présentée.

A ⬜1 La baignade est sans doute l'activité la plus populaire les beaux jours d'été. ⬜2 À cela, il faut ajouter les sports nautiques, tels la planche à voile, le canotage, la voile, la plongée, etc. ⬜3 L'eau est à l'origine d'une grande variété de loisirs et, du même coup, d'une importante industrie touristique.

D'après Gaston CÔTÉ, *La Terre, planète habitée*, © Éditions CEC, 1992.

B ⬜1 Les noix de coco, les fruits des cocotiers, sont des miracles de la nature ! ⬜2 Les jeunes noix produisent un lait clair très désaltérant. ⬜3 Les plus âgées ont une chair délicieuse, le coprah, dont on extrait une huile végétale. ⬜4 Les fibres qui entourent la graine servent à fabriquer des filets de pêche, des cordages, et la coque sert à allumer le feu.

Christine LAZIER, *Nature, des phénomènes extraordinaires*, © Fleurus enfants, coll. «Imagia», 1995.

C ⬜1 Le journaliste Osvaldo Lopez connaît bien les fêtes célébrées au cours de l'année au Japon. ⬜2 Parmi celles-ci, les fêtes du Nouvel An, qui ont lieu du 1er au 3 janvier, sont les plus importantes. ⬜3 L'entrée de la maison est décorée du kadomatsu : deux branches de pin entourent la porte, derrière chacune sont placées trois tiges de bambou; au-dessous de la porte est tendue une corde à laquelle sont accrochées des bandes de papier. ⬜4 Le pin symbolise la longévité; le bambou, la constance et la vertu.

3/3 ➡ AIDE ☞ NR

L'ORGANISATION DES **RENSEIGNEMENTS**

4 Voici une banque de marqueurs de relation :

> • en 1903 • à l'est • d'une part • du haut de la colline • plus tard • d'autre part • par exemple • ce jour-là • en sortant du pont • dans quelques années

Détermine ceux que tu pourrais trouver si tu lisais :

A Un texte sur l'histoire des suffragettes, ces femmes qui menèrent un combat pour avoir le droit de voter.

B Un texte sur l'importance du plancton dans la chaîne alimentaire.

C Un texte sur la situation géographique de l'île d'Orléans.

3/3 ➡ AIDE ☞ NR

---

5 Si tu devais décrire en quelques phrases cette image :

A Quel serait le sujet de ton paragraphe et quel aspect y aborderais-tu ?

B **Dresse** une liste de mots que tu pourrais employer pour révéler l'aspect traité.

C Comment organiserais-tu les RENSEIGNEMENTS dans ton paragraphe ?

D **Imagine** une première phrase très générale qui pourrait être la «phrase vedette» du paragraphe.

6 Si tu devais écrire un texte à propos de la page 154 de *Mon encyclopédie*:

A Quel serait le sujet de ton paragraphe et quel aspect aborderais-tu?

B Dresse une liste de mots que tu pourrais employer pour révéler l'aspect traité.

C Comment organiserais-tu les RENSEIGNEMENTS dans ton paragraphe?

D Imagine une première phrase très générale qui pourrait être la «phrase vedette» du paragraphe.

7 Si tu avais à faire un organisateur graphique pour chacun de ces paragraphes tirés de *Mon encyclopédie*, quel modèle parmi ceux de l'encadré choisirais-tu?

A Le premier paragraphe de la page 83 (lignes 41 à 47).

B Le texte sur le Japon de la page 163.

C Le texte encadré de la page 175.

D Le paragraphe commençant à la ligne 25, à la page 55.

1. **Une horloge:** Je dessinerais une horloge et à côté des chiffres qui indiquent l'heure, j'inscrirais des RENSEIGNEMENTS.

2. **Un plan:** Je ferais un plan afin de pouvoir presque voir les objets ou les lieux que l'on décrit.

3. **Un schéma:** Je placerais les phrases dans un schéma comme celui-ci pour montrer que l'organisation est logique et qu'une «phrase vedette» du paragraphe «brille» par son importance.

8 Réalise maintenant un organisateur graphique pour un des textes mentionnés dans l'exercice précédent.

Mets tes connaissances en pratique lorsque tu écris

Consignes

À l'étape *J'explore* (page 240), on te demandait de définir ce qu'est un paragraphe, mais tu n'avais pas encore acquis toutes les connaissances que tu possèdes maintenant.

– **Rédige un paragraphe** qui portera sur **la compréhension du paragraphe**. Inspire-toi du texte de l'encadré, écrit par une élève qui résumait ce qu'elle avait appris sur les phrases.

– **Applique** ensuite la stratégie de révision qui apparaît dans l'encadré.

POUR ENRICHIR TON VOCABULAIRE...

Construis une banque de mots portant sur le paragraphe et qui t'aidera à écrire ton texte. Pour y parvenir, consulte les étapes *J'apprends* de cet atelier (pages 241 à 246 et 250 à 255).

---

1. (Encercle) le mot qui désigne le sujet dans la première phrase.

2. (Encercle) ensuite les autres mots du texte qui désignent ce sujet.

3. Surligne en vert la «phrase vedette» et dessine un petit organisateur graphique pour la mettre en évidence et la faire briller.

(Les phrases) sont parfois longues et très difficiles. Par exemple, (elles) peuvent être composées de plusieurs groupes de mots qui indiquent des circonstances. (Certaines phrases) comportent également de nombreuses précisions. J'ai même déjà vu (des phrases) (qui) s'étiraient sur quinze lignes dans un texte de *Mon encyclopédie*. Ces (monstres) existent parce que la personne qui écrit a voulu donner beaucoup de détails. (Ces phrases) sont donc remplies de RENSEIGNEMENTS auxquels s'ajoutent de nombreuses circonstances répondant aux questions *Où ?, Quand ?, Comment ?, Pourquoi ?*, etc. Parfois, plein de petits grains de sable viennent aussi bloquer la compréhension. En effet, dans (ces «monstres») beaucoup de noms sont précisés. Pour mieux connaître les (phrases difficiles) je vous recommande la lecture des pages de *Mes ateliers de lecture et d'écriture*. C'est drôle à dire, mais grâce à ces ateliers, j'ai appris à aimer les (phrases) !

Les phrases sont parfois longues et très difficiles

4. Surligne en orange les mots qui révèlent ton point de vue et dessine une petite figure dans la marge pour indiquer s'il est favorable 😊, défavorable 😞 ou neutre 😐.

Je sais comment faire quand je lis

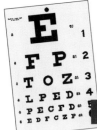

POUR COMPRENDRE LE SENS D'UN PARAGRAPHE

SYNTHÈSE DES STRATÉGIES DE LECTURE

Quand ça va bien !

- Lorsque tu lis un paragraphe, prends l'habitude de t'arrêter à la première phrase pour trouver DE QUI ou DE QUOI on parle. Vérifie ensuite DE QUI ou DE QUOI on parle dans les autres phrases du texte afin de déterminer le sujet du paragraphe. Trouve ensuite l'aspect développé. Essaie d'imaginer un titre pour chaque paragraphe.

- Demande-toi si la première phrase présente l'information importante du paragraphe. Vérifie si les autres phrases viennent appuyer cette «phrase vedette».

- Adopte un point de vue personnel sur l'objet, le lieu, l'animal, la personne ou la situation que l'on décrit dans le paragraphe et compare-le ensuite avec celui de la personne qui a écrit le texte.

Consignes

Lis les deux paragraphes suivants et **prouve que tu les comprends** en écrivant pour chacun un court énoncé en t'inspirant de la formule suivante:

«Dans ce paragraphe, on parle de (sujet et aspect) d'un point de vue (favorable, défavorable ou neutre). On nous dit que (information importante). Les RENSEIGNEMENTS sont structurés selon un ordre qui tient compte (de la logique, du regard, du temps).»

PARAGRAPHE 1

Les Inuits ont créé nombre d'outils pratiques. Plusieurs de ces outils ont été fabriqués grâce aux ressources qu'offraient le phoque et le caribou. On peut dire que ces animaux ont été essentiels à la survie du peuple inuit. Les os et les bois du caribou servaient à confectionner des harpons et des flèches. Les nerfs et les tendons de l'animal devenaient du fil ou des courroies. La peau du phoque, découpée en lanières, donnait des cordages. L'estomac et la vessie de ces animaux pouvaient servir de contenants. La graisse et l'huile de phoque étaient utilisées comme combustible. En les faisant brûler dans des vases sculptés dans le talc, les Inuits obtenaient de la chaleur et de la lumière.

D'après Gaston CÔTÉ,
La Terre, planète habitée, © Éditions CEC, 1992.

PARAGRAPHE 2

Située en ex-URSS, la mer d'Aral, qui a été le 4e lac du monde, est en train de disparaître. L'homme est le principal responsable de ce désastre. Il a détourné les deux fleuves qui s'y jetaient pour irriguer les cultures. En 25 ans, la surface de la mer s'est rétrécie de moitié et son niveau a baissé de 14 m. Elle est devenue si salée que beaucoup de poissons sont morts. Maintenant, par endroits, à la place de la mer s'étend un désert poussiéreux parsemé de vieilles carcasses de bateaux. Si rien n'est fait, la mer d'Aral ne sera plus qu'un petit étang complètement pollué.

D'après Christine LAZIER,
Nature, des phénomènes extraordinaires,
© Fleurus enfants, coll. «Imagia», 1995.

Si tu es en panne

STRATÉGIES

Pour identifier le sujet

1.

Réponds à la question *DE QUI ou DE QUOI parle-t-on dans la première phrase?* Réponds ensuite à la question *DE QUI ou DE QUOI parle-t-on dans la majorité des phrases?*

2.

Suis la trace du sujet en portant attention aux pronoms et aux expressions synonymes.

Pour identifier l'aspect traité

3.

Fais un organisateur graphique pour rendre compte des champs lexicaux. Trouve le champ lexical le plus important du paragraphe et détermine s'il révèle bien l'aspect du sujet.

Pour reconnaître le point de vue

4.

Relève les mots que tu emploies pour exprimer que tu aimes ou n'aimes pas quelque chose. Adopte un point de vue personnel sur le sujet traité. Tu seras ainsi plus sensible aux mots qui révèlent le point de vue de la personne qui écrit.

Pour repérer l'information importante

5.

Repère la phrase qui te semble indispensable au paragraphe. Vérifie ensuite s'il s'agit d'une «phrase vedette». S'il n'y a aucune «phrase vedette» imagines-en une.

Pour organiser les RENSEIGNEMENTS dans ta tête

6.

Examine les marqueurs de relation.

- Si tu trouves des mots comme *ce matin, plus tard, en 1993, ce jour-là, à 21 h...*, situe les RENSEIGNEMENTS dans le temps.

- Si tu trouves des mots comme *à gauche, à droite, sur la tête, près de lui, à 20 m*, essaie de visualiser ce que l'on décrit.

- Si tu trouves des mots comme *premièrement, deuxièmement, d'autre part, par exemple, aussi*, etc., suis le raisonnement de la personne qui écrit en essayant de voir quelle information importante elle tente de fournir.

COMPRENDRE
LE SENS D'UN PARAGRAPHE

261

1. Quelles stratégies as-tu trouvées les plus utiles pour comprendre le sens des paragraphes ?

2. Peut-être as-tu besoin d'activités supplémentaires pour maîtriser la compétence à comprendre le sens des paragraphes ? Si oui, ton enseignant ou ton enseignante t'en remettra.

Je sais comment faire quand j'écris

POUR MIEUX ÉCRIRE DES PARAGRAPHES

• FICHE DESCRIPTIVE •

Préalables :
– Atelier 10 : *Comprendre le sens d'un paragraphe* (pages 241 à 263).
– Atelier de grammaire 13 (voir *Mes ateliers de grammaire*).

Objectifs :
– Écrire un paragraphe structuré à partir du regard ou de l'espace.
– Mettre en pratique des stratégies de révision de texte :
   • Les stratégies d'annotation développées dans l'activité *Mets tes connaissances en pratique lorsque tu écris* (page 259) ;
   • Les stratégies de révision de l'atelier de grammaire 13 ;
   • Les autres stratégies que tu connais et dont tu as encore besoin.

Un tableau qui me fait rêver

Imagine que tu veux acheter un des tableaux reproduits dans *Mes ateliers de lecture et d'écriture*. Lequel choisirais-tu ? Imagine maintenant que tu décris ce tableau en un paragraphe à une correspondante vivant en Belgique.

POUR ENRICHIR TON VOCABULAIRE...

En une minute précise, écris tous les mots qui te viennent spontanément à l'esprit en regardant le tableau que tu as choisi.

Contraintes d'écriture

1. Rédige la première phrase de ton paragraphe selon la formule suivante et assure-toi de présenter une information importante.

«Dans ce tableau, (le nom du peintre) présente...»

2. Structure les autres phrases en utilisant des marqueurs de relation qui permettent de se situer dans la description (*derrière, devant, à gauche, en arrière-plan, à côté de, plus haut, à quelques pas de là, autour de,* etc.).

3. Applique les stratégies mentionnées dans la fiche descriptive de la page précédente et **transcris** tes phrases au propre.

Complète les deux énoncés suivants:

1. «J'ai trouvé cet atelier (facile/difficile/intéressant/etc.) 🖉 [   ] parce que 🖉 [   ].»

2. «Les activités que j'ai réalisées dans les étapes *J'apprends comment faire* et *Je sais comment faire...* m'ont révélé que je maîtrise:

   – (peu/assez bien/très bien/etc.) 🖉 [   ] la compétence à comprendre le sens d'un paragraphe;

   – (peu/assez bien/très bien/etc.) 🖉 [   ] la compétence à écrire un paragraphe.»

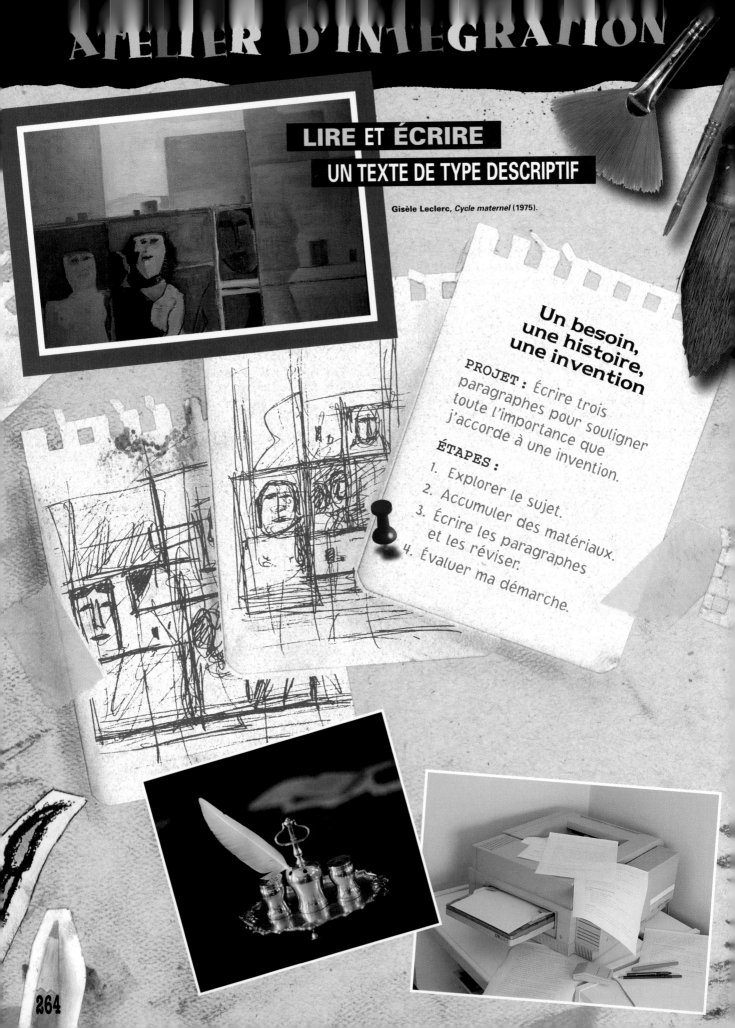

LIRE ET ÉCRIRE
UN TEXTE DE TYPE DESCRIPTIF

Gisèle Leclerc, *Cycle maternel* (1975).

Un besoin, une histoire, une invention

PROJET : Écrire trois paragraphes pour souligner toute l'importance que j'accorde à une invention.

ÉTAPES :

1. Explorer le sujet.
2. Accumuler des matériaux.
3. Écrire les paragraphes et les réviser.
4. Évaluer ma démarche.

1886

On a effectué un sondage auprès de 1000 Américains et Américaines pour savoir s'ils pourraient se passer ou non de certaines inventions. Les résultats de cette enquête sont présentés ci-dessous. Tu peux constater la popularité de la voiture et de l'ampoule électrique. Cependant, la majorité des gens disent pouvoir se passer de l'ordinateur et du sèche-cheveux. Cela t'étonne-t-il ? Reproduis le tableau suivant et remplis-le. Discute de tes résultats avec d'autres élèves de ta classe.

	Pourcentage d'Américains et d'Américaines qui ne pourraient vivre sans cette invention. (D'après le magazine *Newsweek*, 22 janvier 1996.)	Moi, pourrais-je me passer de cette invention ? (oui / non)	Pourcentage* des élèves de ta classe qui ne pourraient se passer de cette invention.	Pourcentage* des adultes que j'ai interrogés qui ne pourraient se passer de cette invention.
🚗	68 %			
💡	51			
☎	42			
📺	22			
💊	19			
🔲	18			
💇	8			
🖥	8			

* Si tu ne sais pas comment traduire tes résultats en pourcentage, demande l'aide de quelqu'un.

1876

Tes résultats diffèrent-ils selon que tu interroges un adulte ou quelqu'un de ton âge ? Si oui, comment expliques-tu ces différences ?

Accumuler des matériaux

POURQUOI lire?

Certains textes de *Mon encyclopédie* décrivent des inventions qui ont «révolutionné» l'apprentissage de la lecture et de l'écriture. Par exemple, que ferait ton enseignant ou ton enseignante sans crayon, papier, cahier ou dictionnaire?

Les inventions répondent à des besoins. Un jour, un problème se pose à quelqu'un. Il lui vient alors l'idée de créer un objet pour régler ce problème. C'est ainsi qu'il passe à l'histoire...

Les textes proposés te permettront de voir comment, en quelques paragraphes, on peut décrire un besoin, une histoire, une invention. Après les avoir lus, tu rédigeras toi-même des paragraphes pour parler d'un objet que tu aimerais avoir inventé.

QUOI lire ?

Premier texte

Textes sur les crayons et les stylos (*Mon encyclopédie*, page 21)

Deuxième texte

Un peu d'histoire (*Mon encyclopédie*, page 2)

Troisième texte

Un des deux textes suivants:
- *Post-it* (*Mon encyclopédie*, page 146)
- *Un jeu de lettres* (*Mon encyclopédie*, page 164)

COMMENT lire ?

Tu liras donc des textes qui décrivent des inventions. D'abord, **tu découvriras le sens des textes** sur les crayons et les stylos **en réalisant les activités** qui les accompagnent.

Ensuite, **tu liras en entier le texte** *Un peu d'histoire*, et **tu répondras aux questions** qui s'y rattachent.

Enfin, **tu choisiras un troisième texte** parmi ceux qui sont proposés, et **tu dégageras les matériaux** qui pourraient t'aider à réaliser ton projet.

Planifier ma lecture

Je lirai des textes parce que

 .

Je lirai les textes suivants:

1.
2.
3.

Comment lirai-je ces textes?
Premier texte:
Deuxième texte:
Troisième texte:

Textes sur les crayons et les stylos

Mon encyclopédie, page 21

DRÔLE DE MINE

T'AS DU PLOMB DANS LA TÊTE
LES SOIRS OÙ TU M'LA FAIS
QUAND J'VEUX PAS QU'TU T'ARRÊTES
TU ME BOUDES ET TE TAIS

QUAND JE SUIS À BOUT D'NERFS
TU TE ROULES SUR LA TABLE
JUSQU'À TOMBER PAR TERRE
ET RESTER INTROUVABLE

ET POURTANT Y'A DES SOIRS
OÙ TU T'MOULES À MES DOIGTS
PARFOIS J'AI PEINE À CROIRE
LES MOTS QUE TU M'ENVOIES

TU FAIS SEMBLANT DE RIEN
MAIS T'AS LE SANG QUI BOUT
TU ME PRENDS PAR LA MAIN
PUIS TU DANSES COMME UN FOU

Extrait de la chanson *Drôle de mine*
de Lynda Lemay, éditions Hallynda, 1994.

Avant la lecture

Avant de faire les activités qui suivent, jette un coup d'œil sur l'ensemble des textes (titre, illustrations, paragraphes, etc.).

1. Qu'est-ce qui te permet de savoir rapidement DE QUOI il sera question dans chacun de ces courts textes?

2. Pourquoi a-t-on groupé tous ces paragraphes dans la même page?

3. À ton avis, pourquoi l'auteur n'a-t-il pas pris la peine de faire une description très précise des objets dont il parle?

1183

1

Lis la première phrase du texte sur le crayon.

La première phrase est importante. Place les éléments qui la composent dans le schéma suivant:

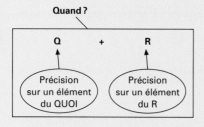

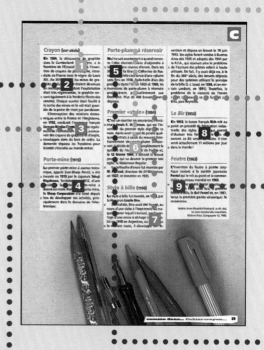

2

Lis la deuxième phrase du texte sur le crayon.

D'après ce que tu as lu jusqu'à maintenant dans ce paragraphe, quels mots prouvent qu'il est organisé selon le temps?

3

Termine la lecture du texte sur le crayon.

a) Trouve un mot qui marque le temps dans le deuxième paragraphe.

b) L'évolution du crayon a connu deux grandes étapes. Reproduis le schéma suivant afin de situer les grandes étapes de l'histoire du crayon.

c) Explique la différence de sens entre le mot *mine* à la ligne 6 et le mot *mine* dans l'expression «une *mine* de crayon».

4

Lis le texte sur le porte-mine.

Dans ce paragraphe, on parle d'une chose, puis d'une autre.

a) DE QUOI parle-t-on dans la première phrase?

b) DE QUOI parle-t-on dans la deuxième phrase?

c) L'essentiel de ce paragraphe est-il transmis dans la première phrase ou dans la deuxième?

5

Lis la première phrase du texte sur le porte-plume.

Complète la formule suivante à partir de l'information importante de ce paragraphe:

«Dans ce paragraphe, l'auteur va donner des RENSEIGNEMENTS pour nous montrer que...»

6

Lis le texte sur le premier stylo.

a) Les inventions répondent toujours à un besoin. Relève la circonstance qui a contribué à la création du premier stylo.

b) Quel est le sujet du deuxième paragraphe?

c) Il y a trois grandes dates dans l'histoire du stylo. Trace un schéma semblable à celui du numéro 3 afin de montrer les grands moments de l'histoire du stylo.

7

Lis le texte sur le stylo à bille.

a) Quelle est l'information importante dans ce court texte?

b) Les RENSEIGNEMENTS sont présentés selon un ordre chronologique. Cependant, l'auteur nous fait faire un important saut dans le temps. À quelle époque nous amène-t-il et DE QUOI parle-t-il?

c) Qui a d'abord bénéficié des avantages du stylo à bille? En quelle année?

8

Lis le texte sur le *Bic*.

Relève le pronom employé dans la dernière phrase pour désigner le *Bic*.

9

Lis le texte sur le stylo feutre.

a) Complète le schéma suivant:

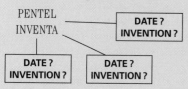

b) Quel titre donnerais-tu au deuxième paragraphe?
- Le premier feutre à bille
- La pointe céramique
- D'autres créations de Pentel

Le texte en quelques mots

Textes sur les crayons et les stylos

Le contenu des textes
Dans ces textes, on parle de ✎ ▓ .

L'organisation des textes
Comment l'auteur a-t-il organisé les RENSEIGNEMENTS dans ces paragraphes? ✎ ▓

Le point de vue
Dans quel texte l'auteur manifeste-t-il son étonnement face à la popularité d'une certaine invention? ✎ ▓

Réagir au texte

Parmi toutes ces inventions, j'aurais aimé avoir inventé ✎ ▓ parce que ✎ ▓ .
J'ai appris un tas de choses sur les crayons: je retiens surtout que le ✎ ▓ a été inventé (par/en/pour) ✎ ▓ et que le ✎ ▓ a été inventé (par/en/pour) ✎ ▓ .

Évaluer ma démarche de lecture

- J'ai particulièrement bien réussi les activités ✎ ▓ .
- J'ai éprouvé des difficultés dans les activités ✎ ▓ parce que ✎ ▓ .
- J'ai utilisé les moyens suivants pour surmonter mes difficultés: ✎ ▓ .
- À la lecture du prochain texte, *Un peu d'histoire*, je porterai une attention particulière à ✎ ▓ .

UN PEU D'HISTOIRE

Mon encyclopédie, page 2

Les déchiffreurs d'écriture

Ceux qui inventèrent les formes [d'écriture] infiniment variées et modernes dont on a usé et dont on use de par le monde, ceux-là, personne ne les connaît, ni ne les connaîtra jamais.

[...]

Mais ceux qui ont entrepris de donner un sens à ces signes obscurs qu'on voyait, qu'on regardait sans les comprendre, ces signes imprimés dans l'argile ou gravés dans la pierre, ceux-là sont proches de nous; ils sont presque nos contemporains.

Le premier, et sans doute le plus génial d'entre eux, Jean-François Champollion, est mort il y a à peine cent cinquante-cinq ans, en 1832!

Jean-François
Champollion (1790-1832)

Georges JEAN, *L'Écriture, mémoire des hommes*,
© Gallimard, 1987.

Avant la lecture

Que connais-tu de l'histoire de l'écriture? Outre le texte de la page 2, quel autre texte de *Mon encyclopédie* pourrait te fournir des renseignements sur ce sujet?

Après la lecture

1 Complète la phrase suivante afin de déterminer le sujet du paragraphe et l'aspect traité:

«Dans ce paragraphe, il est question de ✎ ▨ de ✎ ▨.»

2 Quelle est l'information importante dans ce long paragraphe?

3 Relève la phrase qui révèle l'organisation générale de ce paragraphe.

4 Quels sont les trois groupes de mots employés pour diviser les trois parties de ce paragraphe?

5 Si tu devais transmettre l'information de ce paragraphe à un large public, quel moyen utiliserais-tu?

a) Tu tournerais un film où le héros découvrirait l'alphabet.

b) Tu réaliserais un documentaire pour expliquer ce qu'est l'écriture cunéiforme.

Le texte en quelques mots

Un peu d'histoire

Le contenu du texte
Dans ce texte, on parle de ✎ ▨.

L'organisation du texte
Comment les auteurs ont-ils organisé les RENSEIGNE-MENTS dans ces paragraphes? ✎ ▨

Le point de vue
Que peux-tu dire sur le point de vue des auteurs? ✎ ▨

c) Tu concevrais un cédérom qui retracerait l'histoire de l'alphabet.

d) Tu écrirais un livre sur le développement des idéogrammes en Égypte.

6 À la ligne 13, à quoi renvoie l'expression *ce type d'écriture* ?

7 Comme toutes les inventions, l'alphabet répond à des besoins. À qui l'alphabet phénicien a-t-il surtout profité ?

8 DE QUI ou DE QUOI parle-t-on dans la phrase qui commence à la ligne 18 ? Pour répondre, trace un organisateur graphique semblable à ceux de l'atelier 7.

POUR ENRICHIR TON VOCABULAIRE ...

Pour parler du temps

1. Dans le texte *Un peu d'histoire*, tu as sûrement découvert des mots nouveaux qui t'ont plu et que tu aimerais utiliser. Note-les dans ta banque de mots.

2. Dans ce texte, qui relate les étapes de la création de l'alphabet, il est beaucoup question de temps.

Outre les marqueurs de relation que tu connais déjà (*pendant que*, *avant*, *après*, *lorsque*, *depuis*, etc.), lorsqu'on écrit un texte où il est question de temps, on peut utiliser plusieurs autres mots ou expressions.

Choisis cinq mots et cinq expressions dans les encadrés suivants et rédige des phrases pour prouver que tu en connais le sens.

Des mots		
Annuel	Millénaire	Bimensuel
Bisannuel	Centenaire	Périodique
Décennie	Bimillénaire	Hebdomadaire
Époque	Olympiade	Centenaire
Journalier	Période	Cinquantenaire
Quotidien	Mensuel	Jubilé

Réagir au texte

Si on me demandait de résumer l'histoire de l'alphabet, je dirais d'abord que 🖉 ▮▮, ensuite que 🖉 ▮▮.

Si je devais chercher d'autres textes sur l'alphabet à la bibliothèque, je chercherais dans le fichier sous les rubriques 🖉 ▮▮ et 🖉 ▮▮.

Évaluer ma démarche de lecture

– J'ai particulièrement bien réussi les activités 🖉 ▮▮.

– J'ai éprouvé des difficultés dans les activités 🖉 ▮▮ parce que 🖉 ▮▮.

– J'ai utilisé les moyens suivants pour surmonter mes difficultés : 🖉 ▮▮.

– À la lecture du prochain texte, je porterai une attention particulière à 🖉 ▮▮.

Des expressions

– Petit à petit, l'oiseau fait son nid.
– À chaque jour suffit sa peine.
– Par les temps qui courent.
– Il est grand temps de...
– Tuer le temps.
– Il y a des lustres.
– Il y a belle lurette.
– Quand les poules auront des dents.
– Dans la semaine des quatre jeudis.
– Remettre aux calendes grecques.
– Être de son temps.
– Le temps, c'est de l'argent.

INVENTION A

Le feuillet autoadhésif est très souvent jaune, mais on le retrouve parfois en vert ou en rose. Le format le plus courant mesure 3,5 cm sur 5 cm. D'un côté, une bande de colle permet au bout de papier d'adhérer sur les pages d'un livre ou sur n'importe quelle surface plane. De l'autre côté, on note les choses que l'on ne veut pas oublier.

INVENTION B

En ouvrant la boîte de ce jeu, on remarque d'abord un grand tableau de carton quadrillé. Au fond de la boîte, on trouve un sac contenant des jetons de bois sur lesquels sont peintes des lettres. Au bas de chaque jeton, à droite, un petit chiffre indique la valeur de la lettre.

1983

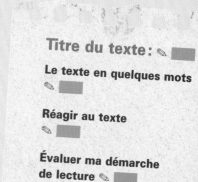

Avant la lecture

1. a) Dans les paragraphes présentés ci-dessus, comment les REN-SEIGNEMENTS sur les INVENTIONS A et B sont-ils structurés ?
- À partir du temps.
- À partir du regard ou de l'espace.
- Selon la logique.

b) Justifie ta réponse en relevant deux marqueurs de relation dans chacun des textes.

2. a) De quelles inventions est-il question dans ces textes ?

b) Laquelle des deux te paraît la plus importante ? Justifie ta réponse.

3. Lis le texte associé à l'invention qui te paraît la plus importante, puis fais les activités qui suivent.
- Pour l'**INVENTION A**, voir *Mon encyclopédie*, page 146.
- Pour l'**INVENTION B**, voir *Mon encyclopédie*, page 164.

Après la lecture

Réponds aux questions de la page suivante en disposant tes réponses dans des encadrés de manière à recréer une page de *Mon encyclopédie*.

Ensuite, rends compte de ta lecture en remplissant une fiche semblable à celle ci-contre.

Titre du texte : ✎ ▇

Le texte en quelques mots
✎ ▇

Réagir au texte
✎ ▇

Évaluer ma démarche de lecture ✎ ▇

comme dans...

▌NVENTION

1

Écris le nom de l'invention que tu as choisie.

Un besoin

2

Transcris la phrase qui te renseigne sur ce qui a motivé l'inventeur à mettre au point son invention.

L'inventeur

3

a) Transcris les deux premières phrases du paragraphe où il est spécifiquement question de l'inventeur.

b) Trouve, dans tout le texte, trois mots différents (pronoms, noms propres ou mots substituts) que l'auteur emploie pour parler de l'inventeur.

c) Quel métier l'inventeur exerce-t-il ? Réponds par une phrase complète.

Une histoire

4

a) Trouve deux paragraphes commençant par un mot qui marque le temps. Transcris la première phrase de ces paragraphes.

b) Transcris la phrase qui nous situe à la toute première date évoquée dans l'histoire de l'invention.

c) Transcris la phrase qui nous situe à la toute dernière date évoquée dans l'histoire de l'invention.

5

Relève la première phrase du premier paragraphe qui révèle où commence l'histoire de l'invention.

6

a) Trouve le paragraphe qui parle des succès de l'invention et relève une phrase importante qui le prouve.

b) Vers la fin du texte, l'auteur accole au mot *succès* un qualificatif qui révèle son point de vue. Quel est ce mot ?

Une invention

7

Trouve le paragraphe où l'on décrit comment l'invention est conçue et transcris la phrase de ce paragraphe qui permet le mieux de «voir» à quoi ressemble l'invention.

De la lecture à l'écriture

Titres des textes: – Textes sur les crayons et les stylos
– *Un peu d'histoire*
–

Les activités de lecture que tu viens de terminer visaient à te permettre d'accumuler des matériaux afin d'écrire un texte sur une invention. En quelques phrases, précise maintenant quels éléments des textes lus pourraient t'être utiles pour l'écriture de ton propre texte.

Dans la première phrase, tu pourrais dire quel texte tu as trouvé le plus difficile à lire et expliquer pourquoi.

Dans la deuxième phrase, tu pourrais dire quel texte tu as préféré et expliquer pourquoi.

Dans la troisième phrase, tu pourrais dire quelle invention, parmi celles qui t'ont été présentées dans cet atelier, te paraît la plus importante.

Dans la quatrième phrase, tu pourrais imaginer la vie sans cette invention.

Dans la cinquième phrase, tu pourrais faire des hypothèses sur la popularité de ton invention préférée et imaginer quels résultats elle aurait obtenus si on l'avait soumise à l'étude présentée à la page 265.

Dans la sixième phrase, tu pourrais dire comment tu aurais amélioré cette invention s'il s'agissait de la tienne.

Dans la septième phrase, tu pourrais dire si tu te sens maintenant en mesure d'écrire ton texte sur une invention. Sinon, précise simplement à quel domaine appartient l'invention dont tu traiteras (loisirs, ordinateurs, mode, voitures, sports, musique, communications, arts, cinéma, etc.).

1948

Écrire des paragraphes

Les textes que tu as lus sur les inventions t'ont permis de constater qu'on peut, à l'intérieur d'un paragraphe bien organisé, communiquer des RENSEIGNEMENTS sur le besoin qui a fait naître une invention et relater son histoire. Les inventions présentées ont changé la vie de bien des gens. Par exemple, tu pourrais difficilement te passer de l'alphabet, du crayon ou du stylo à bille. Voici maintenant ton tour d'écrire des paragraphes pour faire connaître une invention qui te paraît importante.

-2500

Texte à écrire

POURQUOI ÉCRIRE ?
Pour décrire une invention comme si j'en étais l'inventeur ou l'inventrice.

QUOI ÉCRIRE ?
Trois paragraphes détachés.

À QUI ÉCRIRE ?
Aux lecteurs et lectrices de Mon encyclopédie.

◆ **RESSOURCES DOCUMENTAIRES PERMISES :**
– dictionnaires, grammaires et textes que tu as lus dans cet atelier d'intégration;
– atelier 10.

◆ **ÉLÉMENTS NOTIONNELS À APPLIQUER ET À VÉRIFIER :**
– le contenu (sujet et aspects) et l'organisation des paragraphes (voir page 259);
– l'utilisation des pronoms (voir Mes ateliers de grammaire, atelier 13);
– les éléments notionnels vus dans les ateliers précédents (utilise les stratégies dont tu as encore besoin).

Planifier l'écriture de mon texte

1. Pourquoi écrirai-je un texte ? ✎ ▩
2. Sur quoi écrirai-je ce texte ? ✎ ▩
3. Dans quel type de publication mon texte pourrait-il paraître ? ✎ ▩
4. Comment puis-je parler d'une invention ? Quels sont les différents aspects que je peux aborder ? ✎ ▩
5. Quels pronoms ou mots substituts vais-je employer pour parler de mon invention ? ✎ ▩ (Trouves-en au moins quatre.)

Contraintes d'écriture

Certaines inventions te paraissent indispensables de nos jours, d'autres te semblent peu utiles. Si tu pouvais refaire l'histoire, de quel objet aurais-tu aimé être l'inventeur ou l'inventrice ?

Imagine que tu as réellement inventé cet objet... Imagine que tu as vécu à une autre époque. Imagine que tu es maintenant célèbre parce que les gens ne peuvent plus se passer de ton invention.

Marche à suivre

Réalise les activités qui suivent. Au fur et à mesure de ta rédaction, arrête-toi pour vérifier le contenu et la langue de ton texte à l'aide de la fiche ci-contre.

1. Consulter ma banque de mots

Tout au long de cette séquence sur les paragraphes, tu as constitué une banque de mots à utiliser pour parler des inventions.

Garde cette banque de mots à portée de la main. Tu pourras y puiser des mots différents de ceux que tu utilises tous les jours et qui rendront tes phrases plus précises et plus intéressantes à lire.

2. Rédiger des paragraphes

Rédige tes trois paragraphes en respectant chacune des consignes suivantes.

Réviser la langue et le contenu de mon texte

1. Ai-je effectué correctement la tâche imposée ?

2. Ai-je tenu compte des destinataires ?

3. Mes paragraphes sont-ils construits correctement (voir page 259) ?

4. Ai-je utilisé correctement les pronoms (voir atelier de grammaire 13) ?

5. Mes phrases sont-elles construites correctement (voir page 360) ?

6. Les mots que j'ai utilisés sont-ils orthographiés correctement (voir page 360) ?

UN BESOIN

A. Écris un paragraphe de cinq à dix lignes sur les besoins que ton invention a pu combler. Structure ton paragraphe logiquement en t'inspirant des repères suivants (assure-toi de présenter une « phrase vedette » au début) :

- *L'INVENTION a changé notre vie. Avant, il fallait...*

- *Maintenant, l'INVENTION permet...*

- *Aussi... Par ailleurs... Premièrement... Deuxièmement...* et d'autres marqueurs de relation qui permettent de structurer logiquement le paragraphe.

1924

B. Quelle est l'histoire de l'objet dont tu as décidé de parler ? Rédige un paragraphe de dix à quinze lignes en le structurant avec des mots qui marquent le temps. N'oublie pas que tu es l'inventeur ou l'inventrice... Tu peux donc faire ce que tu veux. Imagine que ton texte répond à certaines de ces questions :

À quel endroit et à quelle époque as-tu réalisé ton invention ? / À quelle date as-tu fait ta première démonstration publique et fait breveter ton invention ? / En quelle année ton invention est-elle devenue populaire ? / Combien d'unités as-tu vendues ? / Qui t'a aidé à réaliser ton projet ? / Quelles difficultés majeures as-tu connues ? / Etc.

1666

C. De quoi ton invention a-t-elle l'air ? Évidemment, les gens de ton entourage savent DE QUOI tu parles, mais imagine qu'un personnage de l'Antiquité se retrouve à notre époque. **Fais-lui une description avec des mots qui permettent de mieux «voir» l'INVENTION.** Mais d'abord, trace un schéma représentant les différentes pièces qui composent ton objet. (Inspire-toi de schémas illustrés dans un dictionnaire visuel.)

Exemple

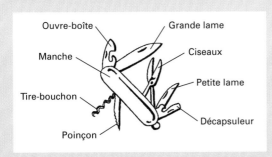

Ouvre-boîte — Grande lame
Manche — Ciseaux
— Petite lame
Tire-bouchon —
— Décapsuleur
Poinçon —

3. Vérifier l'efficacité de la description

Assure-toi que ta description est efficace. Pour cela, remplace tous les mots qui désignent ton invention par le mot INVENTION, puis lis le texte à un ami ou une amie et demande-lui de remplacer le mot INVENTION par les mots que tu as réellement employés.

4. Réviser le texte

Corrige ton brouillon et vérifie les éléments présentés dans la fiche *Réviser la langue et le contenu de mon texte* à la page 276.

5. Faire la mise en page des paragraphes

Mets ton texte au propre comme s'il s'agissait d'une page de *Mon encyclopédie*. On devrait y retrouver :

1. Le nom de ton invention.

2. Le schéma de l'invention.

3. Le paragraphe A.

4. Le paragraphe B.

5. Ton portrait (dessin, caricature ou photo).

6. Trouve de meilleurs titres pour tes paragraphes (inspire-toi du sujet du paragraphe et de l'aspect développé).

7. Le paragraphe C.

8. Le numéro de la page. (À quelle page irait ton texte dans *Mon encyclopédie* ?)

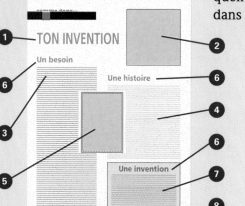

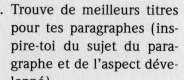

Relire mon texte

Avant de transcrire mon texte au propre, je dois le relire :

– une première fois pour vérifier la langue et le contenu, et apporter les corrections nécessaires ;

– une deuxième fois, à l'aide des stratégies apprises, pour vérifier si mes phrases sont bien construites.

Avant de remettre ton texte, vérifie également si tu as respecté les critères d'évaluation qui guideront ton enseignant ou ton enseignante dans sa correction. Tu pourras ainsi améliorer encore ton texte.

CRITÈRES D'ÉVALUATION

☑ **1.** Dans l'ensemble de ses paragraphes, l'élève s'est inspiré des textes qu'il ou elle a lus.

☑ **2.** L'élève a construit ses paragraphes selon les consignes de rédaction.

☑ **3.** L'élève a su inventer une histoire en se mettant dans la peau de l'inventeur ou de l'inventrice.

☑ **4.** L'élève a correctement utilisé des marqueurs de relation pour structurer son texte.

☑ **5.** L'élève a orthographié les mots correctement.

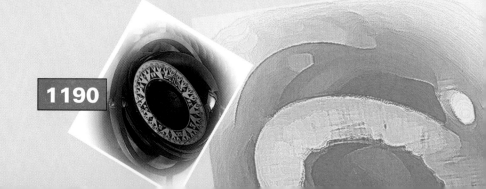

1190

Rédige un court texte pour rendre compte de ta démarche d'écriture.

1913

J'évalue ma démarche d'écriture

Titre du texte: ✎ ▢   **Date de production:** ✎ ▢

Dans la première phrase, tu pourrais dire quel paragraphe t'a donné le plus de difficulté.

Dans la deuxième phrase, tu pourrais dire quel paragraphe te donne le plus de satisfaction et expliquer pourquoi.

Dans la troisième phrase, tu pourrais dire si tu as aimé te mettre dans la peau d'un inventeur ou d'une inventrice et expliquer pourquoi.

Complète les énoncés suivants:
«J'ai (peu/assez/beaucoup/etc.) ✎ ▢ aimé faire ce projet parce que ✎ ▢. J'ai réussi à construire (quelques/la plupart des/tous les/etc.) ✎ ▢ paragraphes en respectant les consignes. Dans l'atelier d'intégration *Un besoin, une histoire, une invention*, j'ai (rarement/assez souvent/la plupart du temps/etc.) ✎ ▢ réussi à mettre en pratique les notions que j'avais acquises sur le sens des paragraphes.»

Enfin,
a) Demande à tes camarades de classe s'ils pourraient vivre sans l'invention que tu as choisi de décrire. Traduis les résultats en pourcentage et inscris-les dans un tableau semblable à celui de la page 265.

b) Cherche à connaître la véritable histoire de ton invention (pas celle que tu as imaginée). Raconte l'histoire réelle et celle que tu as imaginée à un camarade et demande-lui de deviner laquelle est la vraie.

LE ROMAN

Jean Paul Lemieux, *Maria Chapdelaine* (1981). Gestion ASL inc.

Les toiles reproduites dans cette séquence
ont illustré le roman *Maria Chapdelaine* de Louis Hémon,
aux Éditions internationales Alain Stanké, 1981.

L

es toiles de Jean Paul Lemieux présentées dans ces pages illustrent des scènes du roman Maria Chapdelaine de Louis Hémon.

Tout comme les peintres développent un style de peinture, les auteurs et les auteures de romans développent un style d'écriture qui leur est propre.

Cependant, la langue de leurs romans possède des caractéristiques communes.

Dans cet atelier, tu apprendras à reconnaître les caractéristiques de la **langue des romans**.

À BÂTONS ROMPUS

Écrire un récit et en parler dans le cadre d'un échange informel.

Jean Paul Lemieux, *L'église de Péribonka* (1981) Gestion ASL inc.

COMPÉTENCES À DÉVELOPPER

- Lire un texte de type narratif
- Écrire un texte de type narratif
- Participer à une discussion

ATELIER D'ACQUISITION DE CONNAISSANCES

Atelier:

ATELIER D'INTÉGRATION

LIRE

LA LANGUE D'UN ROMAN

Jean Paul Lemieux, *La cueillette des bleuets*, détail (1981). Gestion ASL inc.

J'explore

(En pleine nuit,) Cédric se sentit tiré par la manche de son pyjama.

Il (ronchonna) dans son sommeil. Mais la sensation persistait. L'enfant (protesta,) (se retourna,) (ouvrit) un œil. C'était le chat, un admirable ⟶ D chat blanc angora, qui avait griffé le pyjama et qui tirait dessus.

P ⟶ — Qu'est-ce que tu veux, Minou ? (demanda) l'enfant.

Et sans attendre la réponse, car évidemment il n'allait pas attendre une réponse d'un chat, il (se renfonça) dans son lit.

P ⟶ — Miaou, (miaula) le chat.

[...]

Cédric (protesta :)

P ⟶ — (Onze heures et demie !) Tu te moques du monde, mon Minou !

Yak RIVAIS, *Le Hok-Bras*, tiré de *Contes extraogredinaires*, © La Table ronde, 1992.

1 À quoi correspondent les encerclements, les surlignements et les lettres P, T et D utilisées pour annoter le texte ?

2 À quel temps les verbes encerclés sont-ils conjugués ?

3 Complète l'énoncé suivant:

« Les activités 1 et 2 m'ont permis de découvrir que dans un roman ✎ ▨▨▨ . »

La lecture, un passeport pour le monde

Troisième destination

Cette année, tu as déjà lu deux romans, peut-être même davantage. Tu devras maintenant en lire un troisième, un dixième ou un vingtième pour réaliser le projet de communication orale de cette séquence. Quelle sera ta nouvelle destination ? Cette fois, c'est probablement toi qui la choisiras !

Avant de faire ton choix, examine les couvertures de livres reproduites sur cette page; elles évoquent quatre différents univers de romans. Imagine que ton nom apparaisse sur l'une d'elles: quel roman aimerais-tu avoir écrit ?

Roman de science-fiction

Esther Rochon
L'Ombre et le cheval

Roman urbain

Felice Holman
LE ROBINSON DU MÉTRO

Roman d'aventures

Daniel Defoe
Robinson Crusoé
extraits

nouvelle approche

Roman psychologique

Mon bel oranger
José Mauro de Vasconcelos

Écrire un roman, est-ce possible ? Cette séquence te donnera l'occasion de le faire. Rassure-toi ! Tu n'auras que le premier chapitre à écrire. Comme tu devras t'inspirer de l'un des univers évoqués dans les romans mentionnés ci-dessus, il serait intéressant que tu fasses ton choix de lecture en fonction de l'univers que tu veux explorer.

Durée du voyage

Tu devras avoir fini ta lecture avant d'entreprendre l'atelier d'intégration, page 305.

Impressions de voyage

Pour rendre compte de ta lecture, tu devras remplir des fiches *Mes premières impressions* (voir séquence 2, page 41) et *La langue du roman* (voir cette séquence, page 293).

Bonne lecture ! Bon voyage !

1. Dans un roman, **le narrateur ou la narratrice** est le personnage qui raconte l'histoire.

2. **Le récit** est le texte dans lequel l'histoire est racontée.

3. Certains indices révèlent si **le narrateur ou la narratrice raconte**:
   - **une histoire qui lui est arrivée** (pronoms personnels et déterminants possessifs de la première personne);
   - **une histoire qui est arrivée à quelqu'un d'autre** (pronoms personnels et déterminants possessifs de la troisième personne, noms propres).

4. Un récit peut comporter des **séquences dialoguées** et des **séquences descriptives**.

5. Dans un récit, les **personnages**, les **lieux** ou les **objets** peuvent être **désignés** par des **termes généraux, particuliers ou expressifs**.

6. Dans un récit, l'auteur ou l'auteure a recours à des **ressources linguistiques** pour **caractériser les personnages, les objets et les lieux** dont il ou elle parle:
   - l'adjectif qualificatif;
   - le groupe prépositionnel;
   - la subordonnée relative;
   - l'attribut du sujet;
   - le complément direct.

LE NARRATEUR OU LA NARRATRICE DANS UN ROMAN

Dans un **roman**, quelqu'un raconte une **histoire**. Cette personne n'est pas l'auteur ou l'auteure du roman. C'est un personnage à qui l'auteur ou l'auteure a confié la tâche de raconter l'histoire à sa place, comme l'illustre l'extrait qui suit, tiré du roman *Moby Dick*. L'auteur de ce roman est Herman Melville, mais le personnage qui raconte l'histoire s'appelle Ishmaël.

> Je m'appelle Ishmaël. Mettons, il y a quelques années,
> sans préciser davantage, n'ayant plus d'argent ou pres-
> que, et rien de particulier à faire sur la terre, l'envie **me**
> prit de naviguer encore un peu et de revoir le monde de
> l'eau.
>
> Herman MELVILLE, *Moby Dick*,
> © Gallimard, coll. « 1000 Soleils », 1981.

On appelle narrateur ou narratrice celui ou celle qui raconte l'histoire dans un roman, et on appelle **récit** le texte dans lequel cette histoire est racontée.

BREF,

On appelle narrateur ou narratrice la personne qui raconte l'histoire dans un roman.

Dans un roman, le narrateur ou la narratrice peut raconter une histoire qui lui est arrivée personnellement:

> «Chère Marie», c'est ce que **j'**écrirais si **je** t'écrivais une
> lettre, mais ceci n'est pas une lettre, ceci est **mon** journal
> personnel.
>
> *La Mouette rieuse*, page 4.

Mais il ou elle peut aussi raconter une histoire qui est arrivée à quelqu'un d'autre, comme l'illustrent les deux exemples suivants:

BREF,

Le narrateur ou la narratrice peut raconter une histoire qui lui est arrivée personnellement ou qui est arrivée à quelqu'un d'autre.

> L'histoire que je vais vous raconter **est arrivée à mon
> grand-père** il y a bien longtemps.
>
> *Ibid.*, page 56.

> Debout sur le sable synthétique, **Marie** observait l'onde.
>
> *Ibid.*, page 102.

> Libre! **Il** a les mains libres! Promptement, **il** tire de la
> poche de **son** gilet cette plume qui ne le quitte jamais et,
> après avoir saisi **son** nécessaire, **il** rédige d'une écriture
> minuscule le message suivant: [...]
>
> *Ibid.*, page 38.

Certains indices révèlent si le narrateur ou la narratrice joue un rôle dans l'histoire. Ainsi, lorsque dans un récit tu trouves des **pronoms personnels** de la première personne ainsi que des **déterminants possessifs** comme *mon, ma, mes, nos*, tu peux penser que le narrateur ou la narratrice joue un rôle dans l'histoire.

Par contre, lorsque tous les personnages sont désignés par des **noms propres** *(Marie)*, par des **pronoms personnels** tels *il, elle, ils*, etc., et qu'on ne trouve que des **déterminants possessifs** tels *son, sa, ses, leur, leurs*, etc., il est possible que le narrateur ou la narratrice ne joue aucun rôle dans l'histoire.

BREF,

Certains indices révèlent qui est le narrateur ou la narratrice dans un roman:
– les pronoms personnels;
– les déterminants possessifs;
– les noms propres.

STRATÉGIE **Reconnaître le narrateur ou la narratrice du récit.**

Lorsque tu entreprends la lecture d'un roman, demande-toi qui raconte l'histoire. Dans la première page, relève tous les noms de personnes. Si tu le peux, encercle les pronoms personnels et les déterminants possessifs. Tu auras alors tous les éléments pour reconnaître le narrateur ou la narratrice.

LE MOMENT DE L'HISTOIRE

Habituellement, les événements relatés dans les romans ont déjà eu lieu au moment où ils sont racontés. C'est pourquoi la plupart des verbes qu'on y trouve sont à des temps passés (passé simple ou passé composé). On peut qualifier ces récits de «récits au passé». L'extrait du roman *Moby Dick* l'illustre bien:

Le récit au passé

Ici, le narrateur parle de lui au présent au moment où il commence à raconter son histoire.

Ici, le narrateur annonce qu'il va parler d'un événement qui a eu lieu dans le passé.

Je m'appelle Ishmaël. Mettons, **il y a quelques années**, sans préciser davantage, n'ayant plus d'argent ou presque, et rien de particulier à faire sur la terre, l'envie me **prit** de naviguer encore un peu et de revoir le monde de l'eau.

Herman MELVILLE, *Moby Dick*, © Gallimard, coll. «1000 Soleils», 1981.

Ici, le narrateur rappelle un événement qui s'est produit *il y a quelques années*; il a alors recours au passé simple, *prit*, temps qu'il maintient tout au long de son récit.

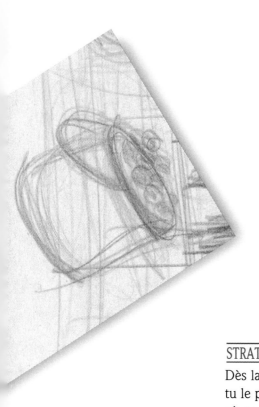

BREF,

Un récit peut être écrit au passé ou au présent.

Dans certains romans, par contre, **des événements passés sont relatés comme s'ils se déroulaient au présent. Les verbes sont alors au temps présent.** On dit que ces récits sont des «récits au présent».

Le récit au présent

Ici, le narrateur indique que les événements dont il parlera se sont déroulés il y a bien longtemps.

Marie et les pirates

Il **fait** doux, en ce précoce printemps de l'an de grâce 1671. Nous **sommes** à Dieppe, en Normandie. Poussée par la brise du soir, une flottille de pêche **rentre** au port. Amarrée un peu à l'écart, *La Bonne Nouvelle* **scintille** de ses dorures et de ses bois vernis dans les feux du soleil couchant. La frégate **est** à la veille d'un grand jour: elle **s'apprête** à traverser l'Atlantique. Oui, vous avez bien lu. Demain, on **appareille** pour le Nouveau Monde.

La Mouette rieuse, page 12.

Ici, le narrateur raconte des événements qui ont eu lieu il y a bien longtemps comme s'ils se déroulaient au présent. C'est pourquoi il utilise le présent de l'indicatif.

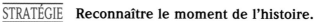

STRATÉGIE **Reconnaître le moment de l'histoire.**

Dès la première page d'un roman, porte une attention particulière à ce que tu lis. Si tu le peux, souligne les mots ou groupes de mots qui contribuent à situer le moment où se déroule l'histoire.

Si tu le peux, surligne les verbes de la première page. Si tu en relèves plusieurs au passé simple ou au passé composé, il s'agit probablement d'un récit au passé.

Si tu trouves surtout des verbes au présent de l'indicatif, vérifie d'abord s'ils font partie du récit. Si oui, il s'agit probablement d'un récit au présent.

LES SÉQUENCES DIALOGUÉES

BREF,

Dans les séquences dialoguées, le narrateur ou la narratrice interrompt son récit pour céder la parole aux personnages.

Dans un roman, **c'est le narrateur ou la narratrice qui raconte l'histoire, mais il lui arrive parfois d'interrompre son récit pour céder la parole à ses personnages.** Cela donne lieu à des séquences dialoguées.

Le narrateur ou la narratrice peut annoncer qu'un personnage va parler :

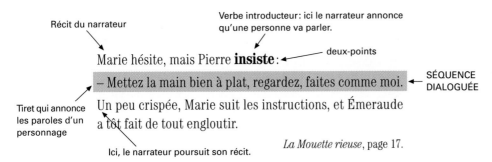

Récit du narrateur

Verbe introducteur : ici le narrateur annonce qu'une personne va parler.

deux-points

Marie hésite, mais Pierre **insiste** :

– Mettez la main bien à plat, regardez, faites comme moi.

SÉQUENCE DIALOGUÉE

Tiret qui annonce les paroles d'un personnage

Un peu crispée, Marie suit les instructions, et Émeraude a tôt fait de tout engloutir.

Ici, le narrateur poursuit son récit.

La Mouette rieuse, page 17.

Le narrateur ou la narratrice peut, sans avertissement, laisser la parole au personnage :

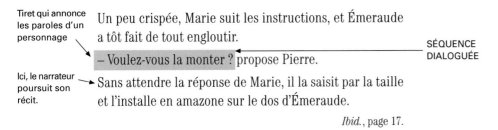

Tiret qui annonce les paroles d'un personnage

Un peu crispée, Marie suit les instructions, et Émeraude a tôt fait de tout engloutir.

– Voulez-vous la monter ? propose Pierre.

SÉQUENCE DIALOGUÉE

Ici, le narrateur poursuit son récit.

Sans attendre la réponse de Marie, il la saisit par la taille et l'installe en amazone sur le dos d'Émeraude.

Ibid., page 17.

Dans certains romans, les séquences dialoguées sont mises entre guillemets :

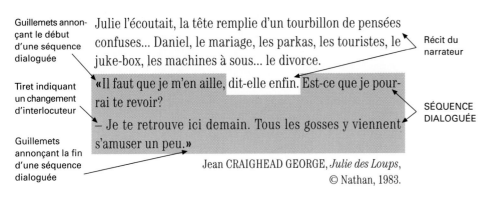

Guillemets annonçant le début d'une séquence dialoguée

Julie l'écoutait, la tête remplie d'un tourbillon de pensées confuses... Daniel, le mariage, les parkas, les touristes, le juke-box, les machines à sous... le divorce.

Récit du narrateur

Tiret indiquant un changement d'interlocuteur

«Il faut que je m'en aille, dit-elle enfin. Est-ce que je pourrai te revoir?

– Je te retrouve ici demain. Tous les gosses y viennent s'amuser un peu.»

SÉQUENCE DIALOGUÉE

Guillemets annonçant la fin d'une séquence dialoguée

Jean CRAIGHEAD GEORGE, *Julie des Loups*,
© Nathan, 1983.

STRATÉGIE **Reconnaître les séquences dialoguées.**

Au fil de ta lecture, si tu aperçois des tirets ou des guillemets, tu te trouves probablement en présence d'une séquence dialoguée.

Demande-toi qui prononce les paroles. Pour trouver la réponse, essaie de voir si, avant ou après le tiret ou les guillemets, il y a des verbes introducteurs tels que *dit*, *rétorqua*, *reprit*, etc.

S'il n'y en a pas, relis le paragraphe qui précède; il te fournira des indices pour découvrir qui parle.

BREF,

Dans les séquences descriptives, le narrateur ou la narratrice interrompt son récit pour décrire un personnage, un objet ou un lieu.

LES SÉQUENCES DESCRIPTIVES

Dans un roman, l'action revêt une grande importance. Les événements s'enchaînent et se multiplient pour développer une intrigue et tenir les lecteurs et les lectrices en haleine. Toutefois, **il arrive que le narrateur ou la narratrice interrompe son récit** pour fournir des renseignements sur les personnages, les lieux ou les objets dont il est question dans l'histoire. Cela donne lieu à des **séquences descriptives** plus ou moins longues.

Les séquences descriptives longues

Pour que les lecteurs ou les lectrices puissent bien se représenter ce dont il est question dans l'histoire, **il arrive que le narrateur ou la narratrice décrive de façon assez élaborée un personnage, un lieu ou un objet.**

Ces séquences descriptives sont assez faciles à repérer car elles marquent une sorte de **pause** dans le récit, comme si l'on interrompait le déroulement d'un film en appuyant sur le bouton «pause» de la télécommande du magnétoscope. Un autre indice : la plupart du temps, les verbes des séquences descriptives sont au présent ou à l'imparfait de l'indicatif, comme en témoignent les deux exemples suivants :

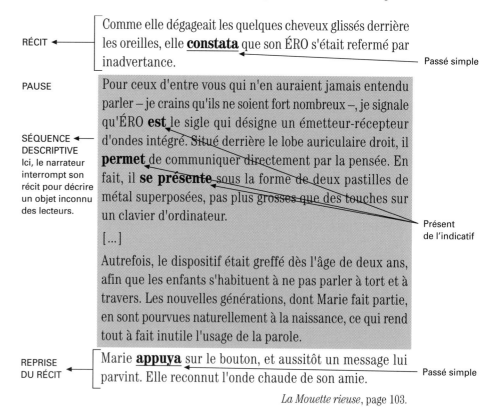

RÉCIT ◄ — Comme elle dégageait les quelques cheveux glissés derrière les oreilles, elle **constata** que son ÉRO s'était refermé par inadvertance. — Passé simple

PAUSE

SÉQUENCE ◄ — Pour ceux d'entre vous qui n'en auraient jamais entendu
DESCRIPTIVE parler – je crains qu'ils ne soient fort nombreux –, je signale
Ici, le narrateur qu'ÉRO **est** le sigle qui désigne un émetteur-récepteur
interrompt son d'ondes intégré. Situé derrière le lobe auriculaire droit, il
récit pour décrire **permet** de communiquer directement par la pensée. En
un objet inconnu fait, il **se présente** sous la forme de deux pastilles de
des lecteurs. métal superposées, pas plus grosses que des touches sur
un clavier d'ordinateur. — Présent de l'indicatif

[...]

Autrefois, le dispositif était greffé dès l'âge de deux ans, afin que les enfants s'habituent à ne pas parler à tort et à travers. Les nouvelles générations, dont Marie fait partie, en sont pourvues naturellement à la naissance, ce qui rend tout à fait inutile l'usage de la parole.

REPRISE ◄ — Marie **appuya** sur le bouton, et aussitôt un message lui
DU RÉCIT parvint. Elle reconnut l'onde chaude de son amie. — Passé simple

La Mouette rieuse, page 103.

M. Trelawney (notre châtelain), le docteur Liversey, et tous ces messieurs m'ayant demandé d'écrire en détail l'histoire de l'Île au Trésor, du début à la fin, sans rien omettre sauf la position de l'île (uniquement parce qu'il y reste encore une partie du trésor), je prends la plume en l'an de grâce 17... pour me reporter à l'époque où le vieux marin au visage basané, balafré d'un coup de sabre, **vint** loger pour la première fois sous notre toit.

Je me souviens de lui comme si c'était hier: je le vois encore s'avancer à pas pesants vers la porte, suivi d'un homme qui portait son coffre de marin sur une brouette. **C'était** un grand et vigoureux gaillard à la peau de couleur noisette; sa queue enduite de goudron **retombait** sur le col de son habit bleu couvert de taches; ses mains rugueuses, couturées de cicatrices, **avaient** des ongles noirs et cassés; la balafre en travers de sa joue **était** d'un blanc livide et sale. Il **promena** son regard autour de la crique tout en sifflotant, puis, d'une voix aiguë, cassée par l'âge, qu'il semblait avoir exercée en manœuvrant le cabestan, il **entonna** cette vieille chanson de matelot que nous devions entendre si souvent par la suite: [...]

RÉCIT — *Passé simple* (vint)

PAUSE

SÉQUENCE DESCRIPTIVE
Ici, le narrateur interrompt le récit pour présenter un personnage.

Imparfait de l'indicatif

REPRISE DU RÉCIT

Passé simple

Robert-Louis STEVENSON, *L'Île au trésor*,
© Gallimard, «Folio Junior», 1980.

Dans certains romans, les **descriptions de personnages** s'étalent sur plusieurs lignes. On a même parfois l'impression qu'elles se détachent du récit. On appelle **portraits** ce genre de descriptions.

Portrait 1

Ce qui était trompeur, chez Barbara, c'était justement qu'on ne l'aurait jamais spontanément prise pour un agent secret. De grandeur moyenne, de taille en apparence frêle, bien sûr on eût plutôt dit un mannequin professionnel ou une starlette de cinéma. Car elle était d'une rare beauté, les cheveux d'un noir de jais, les yeux bleu foncé, une peau laiteuse et une bouche mobile et admirablement découpée. Certes, oui, une belle fille.

Yves THÉRIAULT, *La Montagne creuse*,
© Éditions CEC inc., 1981.

Portrait 2

Huckleberry, toujours en loques, portait des vêtements d'homme trop grands pour lui. Son chapeau n'était plus que ruine, sa veste, lorsqu'il en avait une, lui battait les talons. Une seule bretelle retenait son pantalon dont les jambes, tout effrangées, traînaient dans la poussière, quand elles n'étaient point roulées à mi-mollet. Huckleberry vivait à sa fantaisie.

Mark TWAIN, *Les Aventures de Tom Sawyer*.

Les séquences descriptives courtes

Parfois, les séquences descriptives peuvent être très courtes :

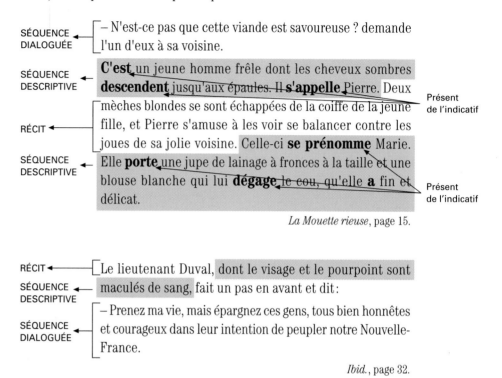

La Mouette rieuse, page 15.

RÉCIT — Le lieutenant Duval, dont le visage et le pourpoint sont
SÉQUENCE DESCRIPTIVE — maculés de sang, fait un pas en avant et dit :
SÉQUENCE DIALOGUÉE — – Prenez ma vie, mais épargnez ces gens, tous bien honnêtes et courageux dans leur intention de peupler notre Nouvelle-France.

Ibid., page 32.

BREF,

Dans les séquences descriptives, on désigne ou on caractérise les personnages, les objets et les lieux.

LES MOTS DE LA DESCRIPTION

Il existe divers moyens lexicaux pour décrire un personnage, un objet ou un lieu dans un roman. On peut désigner l'élément que l'on veut décrire, c'est-à-dire lui donner un nom, et on peut aussi le caractériser, c'est-à-dire lui attribuer des qualités.

Désigner

Pour **désigner** l'élément que l'on veut décrire, on utilise habituellement :
– un **nom commun** s'il s'agit d'un **objet** (*le tableau, la voiture*, etc.) ;
– un **nom propre** s'il s'agit d'une **personne** (*Marie, Pierre, Hercule Poirot*, etc.) ;
– un **nom commun** (*le jardin, la ville*, etc.) ou un **nom propre** (*Québec, l'Europe*, etc.), s'il s'agit d'un **lieu**.

On peut désigner un élément par des termes généraux, particuliers ou expressifs.

Les **termes généraux** fournissent peu d'information et n'aident pas le lecteur ou la lectrice à bien se représenter ce qui est décrit.

Exemple :   *Une maison, une voiture, une personne.*

Les **termes particuliers** permettent d'avoir une meilleure idée de ce qui est décrit.

Exemple :
Une maison ➜ *un bungalow*
une voiture ➜ *un cabriolet*
une personne ➜ *un adolescent*

Enfin, **les termes expressifs** s'adressent à l'imagination du lecteur ou de la lectrice. En plus de désigner un élément, ils font connaître le point de vue de la personne qui écrit.

Exemple :
– *Une maison* ➜ *un bungalow* ➜ *un taudis* (ce mot suggère l'état pitoyable de la maison)

– *Une voiture* ➜ *un cabriolet* ➜ *un bolide* (ce mot suggère que le véhicule roule très vite)

– *Une personne* ➜ *un adolescent* ➜ *un punk* (ce mot précise de façon expressive l'allure physique de l'adolescent)

Les substituts

Après avoir nommé l'élément qui est décrit, il faut pouvoir le désigner de nouveau dans le reste du texte, tout en évitant les répétitions. Pour ce faire, il faut recourir à des substituts, qui peuvent être :

– des noms communs;
– des noms propres;
– des pronoms personnels;
– des adverbes;
– des expressions.

Vers les trois heures de l'après-midi, je me tenais sur le pas de la porte lorsque je vis un **homme** s'avancer lentement sur la route. À n'en pas douter, c'était un **aveugle**, car **il** frappait le sol devant **lui** avec un bâton, et portait une visière verte qui **lui** protégeait les yeux et le nez. Courbé par les ans ou par la fatigue, **il** était enveloppé d'un vieux manteau de marin tout déguenillé qui **le** faisait paraître complètement difforme. Je n'avais jamais vu de ma vie un **personnage** aussi effroyable.

Robert-Louis STEVENSON, *L'Île au trésor*,
© Gallimard, coll. «Folio Junior», 1980.

Nom commun qui sert à désigner le personnage décrit

Substitut (Nom commun)

Substituts (Pronoms personnels)

Substitut (Nom commun)

BREF,

Dans un roman, on peut désigner un objet, une personne, un lieu par :

– un terme général;
– un terme particulier;
– un terme expressif.

BREF,

Dans une séquence descriptive, pour éviter les répétitions, les auteurs et les auteures utilisent des mots substituts pour désigner un même élément.

Pauvre petit **garçon** !

Comme d'habitude, Mme Klara emmena son petit **garçon**, cinq ans, au jardin public, au bord du fleuve. Il était environ trois heures. La saison n'était ni belle ni mauvaise, le soleil jouait à cache-cache et le vent soufflait de temps à autre, porté par le fleuve.

On ne pouvait pas dire non plus de cet **enfant** qu'**il** était beau, au contraire, **il** était plutôt pitoyable même, maigrichon, souffreteux, blafard, presque vert, au point que ses camarades de jeu, pour se moquer de **lui**, l'appelaient **Laitue**. Mais d'habitude, les enfants au teint pâle ont en compensation d'immenses yeux noirs qui illuminent leur visage exsangue et lui donnent une expression pathétique. Ce n'était pas le cas de **Dolfi**, **il** avait de petits yeux insignifiants qui vous regardaient sans aucune personnalité. Ce jour-là, le **bambin** surnommé **Laitue** avait un fusil tout neuf qui tirait même de petites cartouches, inoffensives bien sûr, mais c'était quand même un fusil!

Dino BUZATTI, *Pauvre petit garçon !*, tiré de *Le K*, © Robert Laffont, 1967.

Caractériser

Ce qui permet véritablement au lecteur ou à la lectrice de bien se représenter les personnages, les lieux et les objets décrits dans les romans, ce sont les **précisions** que l'auteur ou l'auteure fournit sur ces divers éléments. C'est ce que l'on appelle **la caractérisation**.

Il existe de nombreuses ressources grammaticales pour caractériser un personnage, un lieu ou un objet:

– l'adjectif qualificatif:

Le personnage **effrayé** se dirigea vers la maison.

– le groupe prépositionnel:

Le héros **de ce roman** a été effrayé par un bruit.

– le groupe nominal en apposition:

Marie, **l'héroïne de ce roman**, a été effrayée par un bruit.

– la subordonnée relative:

Marie, **qui est l'héroïne de ce roman**, a été effrayée par un bruit.

– l'attribut du sujet:

Marie est **jeune et courageuse**.

– le complément direct:

Marie avait **les yeux bleus et les cheveux blonds**.

BREF,

Plusieurs ressources grammaticales servent à caractériser:

– l'adjectif qualificatif;

– le groupe prépositionnel;

– le groupe nominal en apposition;

– la subordonnée relative;

– l'attribut du sujet;

– le complément direct.

BREF,

La comparaison et la métaphore sont des procédés très utiles à la caractérisation.

Il existe un autre procédé auquel les auteurs ont souvent recours pour caractériser : les images. La **comparaison** et la **métaphore** frappent l'imagination du lecteur et de la lectrice et permettent à la personne qui écrit de faire connaître son point de vue sur ce dont elle parle.

> Jamais je n'avais vu visage si terrifiant, ni si effrayant ! Le regarder me donnait des frissons de la tête aux pieds. Fané, fripé, ridé, ratatiné. **On aurait dit qu'il avait mariné dans du vinaigre.** Affreux, abominable spectacle. Face immonde, putride et décatie. Elle **pourrissait** de partout, dans ses narines, autour de la bouche et des joues. Je voyais la peau pelée, **versicolée par les vers, asticotée par les asticots**... Et ses yeux qui balayaient l'assistance... **Ils avaient un regard de serpent !**
>
> Roald DAHL, *Sacrées sorcières*, © Roald Dahl Nominee Ltd., 1983.
> © Gallimard pour la traduction française.

STRATÉGIE **Reconnaître les séquences descriptives.**

Lorsque, dans le récit, apparaît un nouveau personnage ou un nouvel objet, ou qu'un changement de lieu se produit, il est probable que dans les lignes qui suivent on trouve une séquence descriptive.

Si le récit est au passé, l'apparition d'un verbe au présent ou à l'imparfait peut indiquer qu'il s'agit d'une séquence descriptive.

Si le récit est au présent, recherche des éléments qui caractérisent le personnage, le lieu ou l'objet. Cela te permettra de délimiter la séquence descriptive.

Fiche de lecture

La fiche suivante te permettra de consigner certaines observations sur la langue du roman que tu lis.

LIRE UN ROMAN

La langue du roman

Titre du roman ✎ ▢

- Dans ce roman, le narrateur ou la narratrice raconte une histoire ;
  - ❏ qui lui est arrivée.
  - ❏ qui est arrivée à quelqu'un d'autre.
- Le narrateur ou la narratrice raconte l'histoire :
  - ❏ au passé.
  - ❏ au présent.

Caractérisation des personnages

- Nom du personnage que je préfère : ✎ ▢
  Mots, expressions ou extraits qui me permettent de me le représenter : ✎ ▢
- Nom du personnage que je n'ai pas aimé : ✎ ▢
  Mots, expressions ou extraits qui me permettent de me le représenter : ✎ ▢

MES CONNAISSANCES

EN BREF

Trouve maintenant une façon personnelle et originale d'expliquer à quelqu'un tes nouvelles connaissances sur la langue d'un roman.

J'apprends Comment faire

LE NARRATEUR OU LA NARRATRICE

1 Récris les trois premières phrases des textes suivants de manière que l'histoire racontée soit arrivée à quelqu'un d'autre que le narrateur ou la narratrice. Les textes sont tous tirés de *Mon encyclopédie*.

> Si tu as besoin d'aide, consulte la page 285.
>
> Attention ! Quand tu écriras ces phrases, n'oublie pas d'apporter les modifications nécessaires pour qu'elles soient grammaticales et qu'elles aient du sens.

A *L'orme, c'est mon navire*, page 89.

B *Je n'ai pas d'amie*, page 113.

2/2 ⟹ AIDE ☞ **C**

C *Comme un trésor*, page 122.

2 **A** Récris les deux premiers paragraphes du texte *La tristesse de Monsieur Roy*, page 6 de *Mon encyclopédie*, en **transformant** les phrases comme si Monsieur Roy racontait sa propre histoire.

B Récris les lignes 1 à 9 du texte *Une marguerite qui vole*, page 137 de *Mon encyclopédie*, en transformant les phrases comme si Robinson racontait l'histoire.

2/2 ⟹ AIDE ☞ **C**

C Récris le premier paragraphe du texte *Où sont les livres ?*, page 19 de *Mon encyclopédie*. Transforme les phrases comme si c'était toi qui racontais l'histoire de l'ouvrier.

LE MOMENT DE L'HISTOIRE

3 Récris les cinq premières phrases (lignes 1 à 7) du récit *Mademoiselle Estela*, page 37 de *Mon encyclopédie*, en mettant à l'imparfait les verbes qui sont au présent.

1/1 ⟹ AIDE ☞ NR

4 Récris les lignes 1 à 17 du texte *L'invention extra-terrestre*, page 110 de *Mon encyclopédie*, en mettant au présent les verbes qui sont au passé simple et à l'imparfait.

1/1 ⟹ AIDE ☞ NR

LE PORTRAIT

Lis le portrait de Barbara fait par Yves Thériault à la page 289.

5 **A** Relève trois mots qu'Yves Thériault a utilisés pour désigner la personne dont il parle.

B L'auteur en fait-il une description physique ou psychologique ?

2/2 ⟹ AIDE ☞ NR

6 **A** Dans la deuxième phrase, relève les deux éléments que décrit Yves Thériault.

B Relève les mots ou groupes de mots qu'il a utilisés pour caractériser ces éléments.

C Quel autre procédé a-t-il utilisé dans cette phrase ?

3/3 ⟹ AIDE ☞ NR

7 **A** Dans la troisième phrase, quels sont les quatre éléments qu'Yves Thériault a choisi de décrire pour expliquer pourquoi cette personne *était d'une rare beauté*?

B Relève les mots ou groupes de mots qu'il a utilisés pour caractériser chacun de ces éléments.

2/2 ➡ AIDE ☞ NR

8 Lis le portrait qui suit.

Elle a bien [**soixante-dix ans**] et elle doit [**avoir les cheveux blancs**]; je n'en sais rien, personne n'en sait rien, car elle a toujours un serre-tête [**noir**] [**qui lui colle comme du taffetas sur le crâne**]; elle a, par exemple, la barbe [**grise**], un bouquet [**de poils**] ici, une [**petite**] mèche [**qui frisotte par là**] et de tous côtés des poireaux comme des groseilles [**qui ont l'air de bouillir sur sa figure**].

Pour mieux dire, sa tête rappelle, par le haut, à cause du serre-tête noir, une pomme de terre brûlée et, par le bas, une pomme de terre germée.

Jules VALLÈS, *L'Enfant*.

A Jules Vallès utilise toujours le pronom *elle* pour désigner la personne dont il fait le portrait. Imagine un nom commun qui pourrait désigner cette personne.

B Trouve-lui un nom qui pourrait la désigner et la caractériser tout à la fois.

9 Indique à laquelle des ressources grammaticales de l'encadré peut être associée chacune des caractérisations entre crochets dans le texte de Jules Vallès.

- groupe prépositionnel
- subordonnée relative
- complément direct du verbe
- groupe nominal en apposition
- attribut du sujet
- adjectif

9/9 ➡ P. 292 ☞ NR

10 À quel élément du texte se rapporte chacune de ces caractérisations?

11 Pour caractériser son personnage, l'auteur a eu recours à la comparaison. Relèves-en deux exemples dans le portrait.

2/2 ➡ P. 293 ☞ NR

12 Lis le portrait de Huckleberry Finn à la page 289. Mark Twain trace le portrait d'un misérable garçon. Transforme-le pour que Huckleberry ait l'air d'un garçon riche et de bonne famille.

Un rallye linguistique

Les activités qui suivent te permettront de mettre à l'épreuve ta rapidité à enregistrer les indices linguistiques liés au roman. Tu réaliseras alors que tu as déjà acquis une grande habileté dans ce domaine et que tu as développé des stratégies personnelles pour bien comprendre un roman. Tu franchiras des étapes semblables à celles d'une piste d'hébertisme: les pierres dans l'eau, le pont suspendu, la corde de Tarzan, le cheval allemand et la toile d'araignée.

Le rallye

PARCOURS: Les textes de *Mon encyclopédie*.

DURÉE MAXIMALE DU TRAJET: 60 minutes. À chaque étape, il te faudra noter le temps que tu as mis pour la franchir.

POINTS: Le nombre de points est indiqué pour chaque étape.

RÉSULTATS: Les résultats seront analysés en fonction de l'exactitude des réponses et du temps mis pour effectuer le trajet.

Conseils:

1. La veille du rallye, qui se déroulera en classe, mets-toi en forme! Pour cela, relis attentivement les stratégies proposées aux pages 285, 286, 287 et 293.

2. Pendant le rallye, ne t'attarde pas sur les questions qui te posent un problème; tu y reviendras quand tu auras répondu à toutes les autres.

PREMIÈRE ÉTAPE ⇒ Les pierres dans l'eau

LE NARRATEUR OU LA NARRATRICE

Consignes

Pour chacun des textes suivants, **indique** si le narrateur ou la narratrice raconte:

A. une histoire qui lui est arrivée;

B. une histoire qui est arrivée à quelqu'un d'autre.

Réponds en donnant seulement la lettre. Exemple: 1.A.

1. *Des lettres sur des galets*, page 4.
2. *La tristesse de Monsieur Roy*, page 6.
3. *Le 25 novembre*, page 12.
4. *Une musique inconnue*, page 22.
5. *La vie n'est pas si simple*, page 24.
6. *Combien de Demetrioff?*, page 34.
7. *Mademoiselle Estela*, page 37.
8. *Le dictionnaire de la ville*, page 44.
9. *Les plans d'un play-boy-à-lunettes*, page 63.
10. *Un château dans mon assiette*, page 87.

Inscris tes résultats sur une feuille selon le modèle suivant:

Nombre de points obtenus: ✎ ▮▮▮ / 10

Temps pris pour franchir l'étape: ✎ ▮▮▮ minutes

DEUXIÈME ÉTAPE ⇨ Le pont suspendu

LE MOMENT DE L'HISTOIRE

Consignes

Dans chacun des textes suivants, **relève** le premier verbe qui indique si le récit est au présent ou au passé.

1. *Le 25 novembre*, page 12.

2. *Les Gnangnan*, page 97.

3. *L'invention extra-terrestre*, page 110.

4. *Drôle de lettre !*, page 123.

5. *«Vois, arrête-toi, cet instant est beau !»*, page 195.

Inscris tes résultats sur une feuille selon le modèle suivant :

Nombre de points obtenus : ✎ ▢ /5   Nombre de points cumulés : ✎ ▢ /15

Temps pris pour franchir l'étape : ✎ ▢ minutes   Nombre de minutes cumulées : ✎ ▢ minutes

---

TROISIÈME ÉTAPE ⇨ La corde de Tarzan

LES SÉQUENCES DIALOGUÉES

Consignes

Pour chacun des textes qui suivent, **indique** qui a prononcé les paroles mentionnées.

La vie n'est pas si simple (page 24)

1. (page 25, ligne 38) — Ça va ?

2. (page 25, ligne 49) — Tu es gentille.

3. (page 26, ligne 82) — Colline, tu es là?

4. (page 26, ligne 86) — On mange dans quelques minutes. Ce n'est pas du *chinois*, mais ce n'est pas mal.

Une fois, c'était un seigneur... (page 27)

5. (page 27, ligne 1) «Une fois, c'était un seigneur...»

L'invention extra-terrestre (page 110)

6. (page 110, ligne 32) — Mes amis, je vous apporte un cadeau. Sur ma planète, nous avons organisé un concours pour l'invention de la chose qui vous serait la plus utile à vous, les Terriens. L'invention du gagnant est décrite dans cette enveloppe.

7. (page 110, ligne 89) — Et maintenant, montrez-nous la vôtre. On va bien voir si vous êtes plus forts que nous.

8. (page 110, ligne 95) — Ne croyez-vous pas que ça en valait la peine ?

Le mystère Klonk (page 117)

9. (page 118, ligne 70)   – Oui, mais les livres sont bien meilleurs.

L'Auberge de l'Ange-Gardien (page 126)

10. (page 127, ligne 59)   «Et qu'est-ce que tu as fait, quand ta mère t'a donné ton cadeau, le matin de Noël?

Inscris tes résultats sur une feuille selon le modèle suivant:

Nombre de points obtenus: ✎ ▢ /10   Nombre de points cumulés: ✎ ▢ /25

Temps pris pour franchir l'étape: ✎ ▢ minutes   Nombre de minutes cumulées: ✎ ▢ minutes

QUATRIÈME ÉTAPE ⇨ Le cheval allemand

LES SÉQUENCES DESCRIPTIVES

Consignes

Dans chacun des textes mentionnés, **relève** un extrait qui permettrait à un peintre de représenter sur toile le personnage, l'objet ou le lieu décrit. Réponds en indiquant simplement la première et la dernière ligne de l'extrait.

Comme cet exercice est plus difficile, il te permettra d'accumuler presque autant de points que tous les autres réunis.

Une musique inconnue (page 22)

1. À la page 22, quel extrait permettrait de tracer le portrait de l'institutrice?

Des lettres sur des galets (page 4)

2. À la page 4, quel extrait permettrait de tracer le portrait du vieillard?

L'invention extra-terrestre (page 110)

3. À la page 110, quel extrait permettrait de tracer le portrait de l'extra-terrestre?

Le mystère Klonk (page 117)

4. À la page 118, quel extrait permettrait de tracer le portrait de Klonk?

Le cadeau (page 132)

5. À la page 132, quel extrait permettrait de représenter le chapeau que Fridolin a offert à sa mère?

Les Hébrides (page 175)

6. À la page 175, quel extrait permettrait de représenter le salon de M. Follavoine?

Vous êtes comme un voyageur (page 50)

7. À la page 50, quel extrait permettrait de représenter le paysage où circule le voyageur?

Inscris tes résultats sur une feuille selon le modèle suivant:

Nombre de points obtenus: ✎ ▢ /35   Nombre de points cumulés: ✎ ▢ /60

Temps pris pour franchir l'étape: ✎ ▢ minutes   Nombre de minutes cumulées: ✎ ▢ minutes

LES MOTS DE LA DESCRIPTION

Consignes

Suis les consignes pour chacun des textes mentionnés.

L'été 63 (page 185)

1. Dans chacun des paragraphes des pages 186 et 187, **trouve** un mot ou un groupe de mots plus expressif ou plus précis qui pourrait remplacer le titre tout en désignant la même réalité. (Attention ! Il y a six réponses à donner.)

«Lettre» d'un Cheyenne à son fils (page 121)

2. **Trouve** le nom propre de l'expéditeur de la lettre.

3. **Trouve** le nom du destinataire de la lettre.

4. **Trouve** les trois mots employés par l'auteur pour désigner la lettre.

Des lettres sur des galets (page 4)

5. Quel procédé l'auteur a-t-il utilisé pour caractériser les lettres ?

Inscris tes résultats sur une feuille selon le modèle suivant:

Nombre de points obtenus: ✎ ▨ / 15   Nombre de points cumulés: ✎ ▨ / 75

Temps pris pour franchir l'étape: ✎ ▨ **minutes**   Nombre de minutes cumulées: ✎ ▨ **minutes**

Analyse tes résultats

Quand ton rallye aura été corrigé, réponds aux questions suivantes:

a) Combien de bonnes réponses as-tu obtenues ? ✎ ▨ /75

b) Combien de temps as-tu pris pour trouver ces réponses ? ✎ ▨ minutes
   - Si tu as pris 60 min ou moins, ajoute 5 points à ton résultat.
   - Si tu as pris plus de 60 min, retranche 5 points à ton résultat.

c) Comment juges-tu tes résultats ?
   ❏ Plus ou moins satisfaisants   ❏ Satisfaisants   ❏ Très satisfaisants

d) Quelle étape as-tu franchie le plus rapidement ?

e) Quelle étape as-tu trouvée la plus difficile ? Explique pourquoi.

Mets tes connaissances en pratique lorsque tu écris

Consignes

Dans *Mon encyclopédie* se trouvent de nombreuses photos d'auteurs et d'auteures, notamment dans les tableaux de la littérature québécoise (pages 154 à 159). Ces personnes ont passé leur vie à trouver des mots pour décrire leurs personnages. Voici maintenant leur tour d'être décrites. Le travail d'écriture que tu entreprends maintenant se fera en équipes de trois élèves.

1. Chaque membre de l'équipe:
   - **choisit** un volet de la littérature québécoise (théâtre, page 154; poésie, page 156; roman, page 158);
   - **relève** dans la *Banque de mots* qui suit une caractéristique qui pourrait convenir à chacune des personnes du tableau, et la note sur une feuille (exemple: Clémence Desrochers: air rieur).

2. Après avoir accompli cette tâche, chaque élève soumet son travail aux autres membres de l'équipe qui jugent les caractéristiques retenues pour chaque auteur et auteure et, si nécessaire, en trouvent des meilleures.

3. Chaque élève **choisit** ensuite l'auteur ou l'auteure dont il ou elle aimerait **faire le portrait** à l'aide des caractéristiques présentées dans la *Banque de mots*.

POUR ENRICHIR TON VOCABULAIRE...

PORTRAITS DE PERSONNAGES	
Aspects	**Mots suggérés**
Air	rieur, triste, fier, humble, avenant, boudeur, crispé, décontracté, aimable, froid, accueillant, méfiant, antipathique, sympathique, rayonnant, sévère.
Teint	frais, rosé, rougeaud, chiffonné, hâlé, bronzé, basané, hâve, grêle, terne, étincelant, livide, terreux, cireux, pâle, blafard, blême, épanoui, rubicond, éclatant, lumineux.
Yeux	sombres, froids, perçants, ternes, glauques, petits, enfoncés, vifs, brillants, ronds, en amande, bridés, saillants, globuleux, noirs, bruns, marron, noisette, verts, bleus, pers, clairs.
Regard	étonné, sournois, profond, fixe, dédaigneux, louche, menaçant, mauvais, éteint, brillant, terne, vitreux, étincelant, vif, mystérieux, troublant, rude, torve, morne, triste.
Nez	écrasé, épaté, aplati, crochu, camus, aquilin, proéminent, saillant, allongé, mince, minuscule, court, pointu, retroussé.
Bouche	sensuelle, pendante, rieuse, pincée, amère, étroite, large, crispée, expressive, gourmande, dédaigneuse.
Cheveux	bruns, noirs, châtains, carotte, aplatis, en broussaille, rares, soyeux, souples, ondulés, crépus, en brosse, raides, bouclés, longs, courts, blancs, gris, poivre et sel, gominés.

4. Chaque élève doit **rédiger cinq phrases** pour décrire l'auteur ou l'auteure de son choix en se servant de caractéristiques suggérées dans la **Banque de mots**. De plus, le portrait doit **comporter au moins une comparaison**.

5. Une fois les portraits terminés, ils sont soumis à l'équipe qui **choisit** celui qu'elle considère comme le meilleur et **l'améliore**, s'il y a lieu, à l'aide des stratégies proposées dans l'encadré ci-dessous.

6. Chaque équipe présente ensuite son portrait à toute la classe.

---

1. Surligne en bleu les mots ou groupes de mots que tu as utilisés pour caractériser la personne et demande-toi s'ils sont appropriés.

> Clémence Desrochers a un regard vif qui lui donne un air
>
> C ⟶ rieur comme une enfant qui s'amuse. Ses cheveux bouclés
> et son nez pointu la rendent tout de suite sympathique.

2. Inscris un C dans la marge vis-à-vis des passages où tu as employé une comparaison.

Je sais comment faire quand je lis

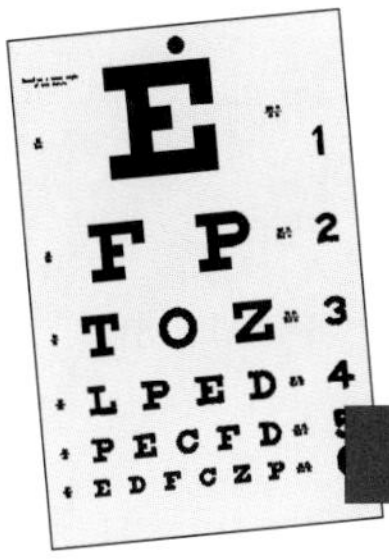

POUR LIRE LA LANGUE D'UN ROMAN

Quand ça va bien !

- Dès les premières pages d'un roman, porte une attention particulière aux pronoms personnels, aux déterminants possessifs et aux temps des verbes. Tu pourras alors découvrir si le **narrateur** ou la **narratrice** raconte **une histoire qui lui est arrivée ou non** et si **le récit est au présent** ou **au passé**.

- Dans les **séquences dialoguées**, essaie de repérer QUI prononce les paroles.

- Il t'arrive peut-être parfois de vouloir passer outre les **séquences descriptives**, croyant qu'elles retardent le récit. Prends la peine de t'y arrêter. Tu découvriras qu'il existe une foule de moyens pour parler d'une personne, d'un lieu ou d'un objet dans un récit. Tu y découvriras même des renseignements importants qui t'aideront à comprendre l'histoire.

Tu fais probablement déjà tout cela lorsque tu lis un roman, mais maintenant que tu as acquis des connaissances sur la façon de faire des auteurs, tu pourras profiter davantage de tes lectures.

Consignes

Voici maintenant le temps de mettre à profit toutes les connaissances et stratégies que tu as acquises sur la langue des romans. Si tu éprouves des difficultés à réaliser l'une ou l'autre des activités suivantes, vérifie si les stratégies de la rubrique *Si tu es en panne* ne pourraient pas t'aider.

1. Lis le texte *La dernière classe*, à la page 198 de *Mon encyclopédie*.

2. Remplis une fiche de lecture semblable à celle de la page 293.

3. Résume l'histoire en complétant les énoncés suivants:

C'est l'histoire de ✎ ▮ → qui est ✎ ▮ → Au début, on se trouve ✎ ▮ → Puis ✎ ▮ → Alors ✎ ▮ → Enfin ✎ ▮

Si tu es en panne

STRATÉGIES

Les stratégies qui suivent s'appliquent au texte *La dernière classe*.

Le narrateur

1.
Pour trouver si le narrateur raconte une histoire qui lui est arrivée ou une histoire qui est arrivée à quelqu'un d'autre, **relève**, dans le premier paragraphe, les pronoms personnels qui révèlent son identité.

2.
Pour valider ton hypothèse, **relève** tous les déterminants possessifs de ce même paragraphe.

3.
Enfin, dans les trois dernières lignes du texte, **relève** un pronom personnel qui confirme ton hypothèse.

Le moment de l'histoire

1.
Pour découvrir si le récit est au présent ou au passé, **relève** tous les verbes du premier paragraphe et **vérifie** si certains sont au passé simple ou au présent.

2.
Fais le même travail dans un paragraphe au milieu du texte (par exemple, le premier paragraphe de la page 199).

3.
Précise le temps des verbes des dernières lignes du texte, par exemple, de la ligne 150 jusqu'à la fin.

Les séquences dialoguées

1.
Relève les séquences dialoguées et **précise** QUI parle dans chacune.

2.
Explique ce que tu apprends sur la personnalité et le caractère de la personne qui parle le plus dans les séquences dialoguées.

Les séquences descriptives

1.
Au début de la page 199 se trouve une longue séquence descriptive.

À quelles lignes commence-t-elle et finit-elle?
- Qu'est-ce qui est décrit?
- Quelle impression se dégage de cette description: de la joie, de la tristesse ou de l'agressivité?

2.
Relève la séquence descriptive qui se trouve à la fin de la page 200.
- Qu'est-ce qui est décrit?
- Quelle impression se dégage de cette description?
- Si tu ne l'avais pas lue, quel renseignement précis aurais-tu ignoré?

Les mots de la description

Relis le texte.

1.
Relève cinq mots qui désignent un lieu, un objet ou un personnage de l'histoire.

2.
Pour chacun, **trouve** un mot ou un groupe de mots qui pourrait caractériser ce lieu, cet objet ou ce personnage.

1. Quelles stratégies as-tu trouvées les plus utiles pour comprendre la langue du récit ?

2. Peut-être as-tu besoin d'activités supplémentaires pour maîtriser la compétence à lire un roman ? Si oui, ton enseignant ou ton enseignante t'en remettra.

Je sais comment faire quand j'écris

POUR ÉCRIRE UN RÉCIT

• FICHE DESCRIPTIVE •

Préalables :
– Atelier 11 : *Lire la langue d'un roman* (pages 282 à 304).
– Ateliers de grammaire 1 à 15 (voir *Mes ateliers de grammaire*).

Objectifs :
– Compléter un récit troué en utilisant les ressources grammaticales et les procédés appris dans l'atelier *Lire la langue d'un roman*.
– Mettre en pratique des stratégies de révision de texte :
  • Les stratégies que tu connais et dont tu as encore besoin.

Comment résister à la télévision !

Le texte que tu vas compléter raconte l'histoire de Josiane, une mordue de la télévision. Ses parents lui ont bien fait comprendre que lorsqu'elle rentre de l'école, elle doit faire ses devoirs et non écouter la télévision.

Contraintes d'écriture

1. **Écris** le texte et **ajoute** aux endroits prévus des mots, des groupes de mots ou des phrases qui auront les caractéristiques demandées dans les parenthèses.

2. **Respecte** les contraintes liées à l'orthographe, à la syntaxe et au contexte.

3. **Relis** ton texte **en cours de rédaction** afin de vérifier s'il a du sens. Apporte les corrections nécessaires.

Josiane vient tout juste d'arriver de l'école. (**1.** *Ajoute deux phrases pour décrire Josiane.*) ✎ ▨ C'est l'hiver, par un après-midi (**2.** *Ajoute deux adjectifs pour caractériser le mot* après-midi.) ✎ ▨. Josiane regarde depuis dix minutes son sac (**3.** *Ajoute un groupe prépositionnel et un adjectif pour caractériser le mot* sac.) ✎ ▨. À l'intérieur, se trouve tout ce qu'il lui faut pour faire ses devoirs (**4** *Ajoute deux groupes prépositionnels pour caractériser le mot* devoir.) ✎ ▨.

Elle est seule, devant la fenêtre du salon; elle regarde la neige (**5.** *Ajoute une subordonnée relative pour caractériser le mot* neige.) ✎ ▨. (**6.** *Ajoute un passage dans lequel tu décriras ce que Josiane voit d'autre par la fenêtre.*) ✎ ▨ Une heure encore avant le retour de ses parents ! Elle est prise dans un affreux dilemme: faire ses devoirs ou écouter son émission favorite ? Tout en soupirant, elle s'éloigne de la fenêtre et se laisse tomber dans le fauteuil comme (**7.** *Ajoute une comparaison pour dire comment Josiane s'est laissée tomber.*) ✎ ▨.

«Comme ce serait bien de ne pas avoir (**8.** *Ajoute un complément direct.*) ✎ ▨, pense-t-elle. Ainsi, je n'aurais pas cette affreuse petite voix intérieure qui me parle toujours !» À peine a-t-elle émis cette possibilité que la petite voix se fait entendre. «Tu t'ennuies», dit-elle. «Tu t'ennuies comme (**9.** *Ajoute une comparaison.*) ✎ ▨, tu trouves que faire des devoirs (**10.** *Ajoute deux groupes prépositionnels pour caractériser le mot* devoirs.) ✎ ▨, c'est ennuyant. Tu te sens très (**11.** *Insère un adjectif.*) ✎ ▨, tu ne peux plus résister à la tentation. Lève-toi et va au salon, ouvre (**12.** *Ajoute un complément direct.*) ✎ ▨.»

Josiane résiste tant bien que mal, mais elle finit par attraper la télécommande et aussitôt la télé se met en marche. Quel spectacle merveilleux ! (**13.** *Ajoute une séquence descriptive qui permettra au lecteur et à la lectrice d'imaginer l'émission que Josiane voit en ouvrant la télévision.*) ✎ ▨.

Tout à coup, l'image disparaît et une voix (**14.** *Ajoute un adjectif.*) ✎ ▨ annonce: «Nous arrêtons momentanément cette émission pour que Josiane fasse ses devoirs.» Josiane est (**15.** *Insère un adjectif.*) ✎ ▨.

J'évalue

Complète les deux énoncés suivants:

1. «J'ai trouvé cet atelier (facile/difficile/intéressant/etc.) ✎ ▨ parce que ✎ ▨.»

2. «Les activités que j'ai réalisées dans les étapes *J'apprends comment faire* et *Je sais comment faire...* m'ont révélé que je maîtrise (peu/assez bien/très bien/etc.) ✎ ▨ la compétence à lire la langue d'un roman.»

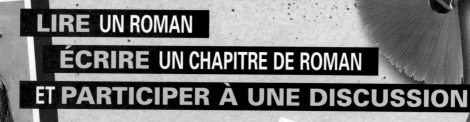

LIRE UN ROMAN

ÉCRIRE UN CHAPITRE DE ROMAN

ET PARTICIPER À UNE DISCUSSION

Jean Paul Lemieux, *La cueillette de bleuets*
(1981). Gestion ASL inc.

À bâtons rompus

PROJET : Écrire un premier chapitre de roman et en parler dans le cadre d'une interview.

ÉTAPES :

1. Explorer le sujet de type narratif.
2. Écrire un texte de type narratif et le réviser.
3. Évaluer ma démarche d'écriture.
4. Participer à une émission de radio.
5. Évaluer ma participation.

Derrière un tableau, comme derrière un poème, se cache une expérience humaine, une histoire. Les quatre tableaux reproduits dans cette page pourraient illustrer la couverture d'un roman. Lequel choisirais-tu pour illustrer un roman que tu aurais écrit? Justifie ton choix.

Henri Rousseau, *Paysage exotique* (1908). ADAGP / Kinémage.

Monique Harvey, *Ma vache bleue préférée* (1996).

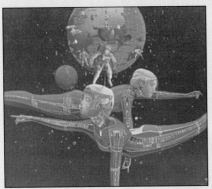

Georges Petrovic, *Communication II.*

George Tooker, *Le métro* (1950). Whitney Museum of American Art. Photo Geoffrey Clements.

Le moment est maintenant venu de prouver que tu peux mettre en pratique les connaissances que tu as acquises sur le roman. Quelle histoire aimerais-tu raconter qui pourrait faire l'objet d'un roman? Avant de répondre, tiens compte du roman que tu as lu dans le cadre de cette séquence, des couvertures que tu as analysées dans le **Passeport-lecture** et du choix que tu viens de faire pour ta couverture de roman.

Imagine maintenant ton histoire en complétant l'énoncé suivant:

«J'aimerais raconter l'histoire de *(présente ici sommairement ton personnage principal)* ✎ ▨ qui évoluera dans un univers *(choisis-en un parmi les quatre que tu connais)* ✎ ▨.»

Rassure-toi, tu n'auras à écrire, ici, que le premier chapitre.

Écrire un texte de type narratif

Peux-tu écrire un texte de type narratif qui captivera ton enseignant ou ton enseignante autant que tes camarades ? À la fin de l'année, on évaluera ta compétence à écrire ce type de texte. L'activité que tu dois maintenant réaliser t'aidera à bien te préparer. Pour t'assurer de ta réussite, **consulte** le tableau suivant. Lis-le en pensant au récit que tu vas écrire.

POUR PROUVER QUE TU SAIS ÉCRIRE UN TEXTE DE TYPE NARRATIF...

Avant l'écriture

1. Tu sais POURQUOI écrire, QUOI écrire et À QUI écrire.

2. Tu sais trouver les éléments nécessaires pour créer un univers fictif (QQOQC).

3. Tu sais qui racontera l'histoire et à quel moment elle se déroulera.

Pendant l'écriture

1. Tu sais créer un univers narratif situé dans le temps et dans l'espace.

2. Tu sais intéresser tes lecteurs et lectrices en leur permettant de bien se représenter les personnages, les lieux et les objets dont tu parles.

3. Tu sais utiliser les marqueurs de relation nécessaires à l'organisation de ton récit.

4. Tu t'assures que le narrateur est toujours le même et que le point de vue est maintenu.

Après l'écriture

1. Tu relis et tu récris certaines parties de ton texte afin:
   - d'améliorer ton histoire;
   - de mieux utiliser les mots substituts;
   - de mieux structurer ton texte à l'aide de marqueurs de relation;
   - de mieux décrire les personnages, les lieux et les objets.

2. Finalement, tu relis ton texte et tu corriges les fautes de syntaxe, de ponctuation et d'orthographe.

POURQUOI ÉCRIRE ?

Créer un univers narratif afin de le présenter et de le comparer à celui des autres élèves de la classe.

QUOI ÉCRIRE ?

Un premier chapitre de roman (un texte de 300 à 400 mots ou 30 à 40 lignes).

À QUI ÉCRIRE ?

Aux autres élèves de la classe.

◆ RESSOURCES DOCUMENTAIRES PERMISES :
– dictionnaire, grammaire, romans, banques de mots.

◆ ÉLÉMENTS NOTIONNELS À APPLIQUER ET À VÉRIFIER :
– tous les éléments du tableau de la page 307;
– les éléments notionnels vus dans les ateliers précédents (utilise les stratégies dont tu as encore besoin).

Planifier l'écriture de mon texte

1. Pourquoi écrirai-je un texte ? ✎ ▓
2. Sur qui ou sur quoi écrirai-je ce texte ? ✎ ▓
3. À qui mon texte est-il destiné ? ✎ ▓

Contraintes d'écriture

Tu as choisi l'univers dans lequel tu aimerais faire évoluer les personnages de ton roman. Tu dois maintenant écrire ton premier chapitre. N'oublie pas, tout au long de ta démarche d'écriture, qu'un chapitre de roman contient souvent une histoire complète en elle-même, avec un début, un milieu et une fin.

1. Créer un univers narratif

Dans l'étape **Explorer le sujet**, tu as choisi l'univers dans lequel tu aimerais que ton roman se déroule. Sur une feuille, réponds en une phrase à chacune des questions de la formule QQOQC.

(Qui?)   Qui sera le héros ou l'héroïne de ton histoire?

(Quoi?)   Que raconteras-tu dans ton premier chapitre?

(Où?)   Où se déroulera ton histoire?

(Quand?)   Quand se déroulera ton histoire: maintenant, dans le passé ou dans le futur?

(Comment?)   Tu répondras à la question *Comment?* à l'étape 3.

2. Consulter et élaborer une banque de mots

À partir des banques de mots que tu as constituées tout au long de l'année, dresse une liste des mots que tu pourrais utiliser pour désigner et caractériser:

a) ton personnage;

b) s'il y a lieu, l'objet qui jouera un rôle important dans ton récit;

c) le lieu où se déroulera ton histoire;

d) l'époque à laquelle se déroulera ton histoire.

3. Élaborer un plan

Maintenant que tu connais les composantes de ton roman (QQOQ), il te reste à décider **comment** tu raconteras ton histoire. Pour y arriver, tu pourrais avoir recours à la formule:

Au début → Puis → Alors → Enfin.

4. Prendre deux décisions importantes

Avant d'entreprendre l'écriture de ton texte, tu dois prendre deux décisions qui influenceront ta manière de raconter ton histoire. Tu arriveras à prendre ces deux décisions en répondant aux questions suivantes :

a) Qui est le narrateur ou la narratrice de ton histoire ?

b) Cette personne raconte-t-elle une histoire qui lui est arrivée ou qui est arrivée à quelqu'un d'autre ?

c) Écriras-tu un récit au présent ou au passé ?

5. Écrire le texte

Tu peux maintenant rédiger ton texte en respectant toutes les décisions prises aux étapes 1, 2, 3 et 4.

Tout au long de l'écriture de ton texte, relis-le régulièrement pour vérifier s'il est cohérent, bien écrit, etc. Pour t'aider, tu peux utiliser la fiche *Réviser la langue et le contenu de mon texte*.

6. Réviser le texte

Avant de transcrire ton texte au propre, relis-le une dernière fois pour vérifier tous les éléments présentés dans la fiche *Réviser la langue et le contenu de mon texte*.

Vérifie ensuite si tu as respecté les critères d'évaluation qui apparaissent à la page 311 et qui guideront ton enseignant ou ton enseignante dans sa correction. Tu pourras ainsi améliorer encore ton texte.

Réviser la langue et le contenu de mon texte

1. Ai-je effectué correctement la tâche imposée ?

2. Ai-je tenu compte des destinataires ?

3. Les personnages, les lieux et les objets de mon récit sont-ils bien décrits ?

4. Ai-je maintenu mes décisions quant :
   a) au narrateur ou à la narratrice ?
   b) au temps du récit ?

5. Mes phrases sont-elles construites correctement et bien ponctuées (voir page 360) ?

6. Mes accords sont-ils faits correctement :
   a) dans les groupes du verbe (voir page 358) ?
   b) dans les participes passés (voir page 359) ?

7. Les mots sont-ils bien orthographiés (voir page 360) ?

Relire mon texte

Avant de transcrire mon texte au propre, je dois le relire :

– une première fois pour vérifier la langue et le contenu, et apporter les corrections nécessaires ;

– une deuxième fois, à l'aide des stratégies apprises, pour vérifier si mes phrases sont bien construites.

CRITÈRES D'ÉVALUATION

☑ **1.** L'élève a situé son récit dans le temps et dans l'espace.

☑ **2.** L'élève a désigné et caractérisé ses personnages.

☑ **3.** L'élève a développé une intrigue.

☑ **4.** L'élève a maintenu son choix quant au narrateur ou à la narratrice de l'histoire.

☑ **5.** Le texte suscite l'intérêt par:
  - le choix des éléments de l'univers narratif;
  - le choix des mots;
  - les structures de phrases.

☑ **6.** L'élève a assuré la continuité et la progression de son récit.

☑ **7.** L'élève a bien structuré ses phrases.

☑ **8.** L'élève a bien ponctué ses phrases.

☑ **9.** L'élève a respecté les accords en genre et en nombre dans le groupe du nom.

☑ **10.** L'élève a respecté les accords en genre, en nombre et en personne dans le groupe du verbe.

Évaluer ma démarche

Rédige un court texte qui rendra compte de ta démarche d'écriture.

J'évalue ma démarche d'écriture

Titre du texte: ✎ ▢   **Date de production:** ✎ ▢

Dans la première phrase , tu pourrais dire pourquoi l'exercice d'écriture que tu as réalisé pourrait t'aider à écrire un texte de type narratif.

Dans la deuxième phrase , tu pourrais dire si tu as trouvé facile d'écrire un premier chapitre de roman.

Complète les énoncés suivants:
«J'ai (peu/assez bien/très bien/etc.) ✎ ▢ réussi à écrire une histoire. J'ai (peu/assez bien/très bien/etc.) réussi ✎ ▢ à mettre en pratique les notions que j'avais acquises sur le roman. J'ai (peu/assez/beaucoup/etc.) ✎ ▢ aimé faire ce projet parce que ✎ ▢ .»

Participer à une émission de radio

À bâtons rompus

L'émission de radio *À bâtons rompus* a pour objectif de présenter de nouveaux romans aux auditeurs et aux auditrices. Imagine que tu as reçu une invitation pour participer à cette émission au cours de laquelle tu devras:

a) présenter le résumé de ton premier chapitre de roman en complétant les énoncés suivants:

C'est l'histoire de... → qui est... → Au début, on se trouve... → Puis... → Alors... → Enfin...

b) faire part à tes collègues:
- des difficultés que tu as éprouvées dans l'écriture de ton texte;
- des réactions de tes lecteurs et lectrices;
- de tes projets d'écriture.

Ton enseignant ou ton enseignante formera plusieurs équipes d'auteurs et d'auteures qui seront invités à discuter pendant 5 à 10 minutes. Ensuite, les membres d'une équipe discuteront informellement de leur roman et du métier d'écrivain et d'écrivaine.

Pour te préparer à la discussion, à partir de l'information fournie ci-dessus, remplis une fiche semblable à celle-ci:

Bonne émission !

Je planifie ma participation à la discussion

1. Le sujet de l'émission de radio:
2. L'œuvre dont je parlerai:
3. L'objectif de l'émission:
4. Les deux temps forts de ma participation:
   -
   -
5. Diffusion:
   Date:
   Jour de la semaine:
   Durée de la discussion:

Évaluer
ma démarche

Rédige un court texte qui rendra compte de ta participation à la discussion. Les suggestions qui suivent pourront t'aider à le faire.

J'évalue ma participation à la discussion

Dans la première phrase, tu pourrais dire de quoi tu as parlé au cours de la discussion.

Dans la deuxième phrase, tu pourrais indiquer si tu as toujours, parfois ou rarement tenu compte des réactions de ton auditoire.

Dans la troisième phrase, tu pourrais préciser comment était ton débit et, s'il était trop rapide ou trop lent, tenter d'expliquer pourquoi.

Dans la quatrième phrase, tu pourrais préciser si, par ton intonation, tu as suscité l'intérêt de ton auditoire.

Dans la cinquième phrase, tu pourrais indiquer si tu es satisfait ou satisfaite de ta participation et préciser les points que tu amélioreras la prochaine fois.

LE TEXTE

Pieter Bruegel, *Les chasseurs dans la neige* (1565).
Super Stock.

DU PASSÉ AU FUTUR

Écrire un texte pour dire comment vivent les humains d'aujourd'hui.

L es toiles reproduites dans ces pages présentent des scènes dans lesquelles des objets et des personnages sont en relation. Chaque toile constitue un univers en soi.

Les textes de type descriptif présentent aussi des objets, des personnages et des situations. Dans ce type de texte, ce sont les mots, les phrases et les paragraphes qui permettent de décrire ces divers éléments.

La séquence que tu entreprends maintenant te permettra d'acquérir des connaissances liées au texte, plus particulièrement au **texte de type descriptif**.

COMPÉTENCES À DÉVELOPPER

- Lire un texte de type descriptif
- Écrire un texte de type descriptif

ATELIER D'ACQUISITION DE CONNAISSANCES

ATELIER D'INTÉGRATION

Georges de La Tour, *Le tricheur à l'as de carreau* (vers 1640). Super Stock.

COMPRENDRE

LE SENS D'UN TEXTE

Jérôme Bosch, *Le concert dans l'œuf*, détail
(16e siècle). Super Stock.

J'explore

LA PETITE ÉCOLE DE RANG

Sujet

Pendant presque un siècle, soit de 1840 à 1940 environ, le système scolaire du Québec reposait en bonne partie sur un chapelet de petites écoles. Elles florissaient dans tous les recoins de la campagne.

Premier aspect → **L'école**

Leur ressemblance

Ces écoles qu'on appelait «écoles de rang» se ressemblaient comme des sœurs jumelles. On aurait dit qu'elles avaient toutes été construites par le même entrepreneur.

La taille

D'abord, elles étaient très petites. Surtout si on les compare à nos gigantesques polyvalentes d'aujourd'hui. Au total, elles pouvaient accueillir une trentaine d'élèves répartis en sept divisions.

La forme

La petite école de rang se présentait comme un bâtiment plutôt carré, doté de plusieurs grandes fenêtres à carreaux et dont le toit comportait un petit clocheton abritant la fameuse cloche qui mettait fin aux récréations.

Les divisions

À l'intérieur, on retrouvait généralement deux pièces. La première, la plus spacieuse et la plus fréquentée, était la salle de cours. La deuxième, située vers l'arrière du bâtiment, servait de logis à la maîtresse d'école. À cette époque, l'enseignant ou l'enseignante habitait à l'école et agissait en même temps comme concierge.

La décoration

La salle de cours, quant à elle, ne péchait pas par excès de luxe. Elle avait plutôt une allure modeste, presque austère.

Les pupitres

Les pupitres des élèves occupaient le milieu de la pièce. Disposés en rangées bien précises, très souvent vissés au plancher, ces pupitres étaient en général peu adaptés à la taille des enfants. Les plus jeunes écoliers y semblaient perchés comme sur des échasses et les plus vieux emprisonnés comme dans un vêtement trop petit.

Le bureau de la maîtresse

En avant de la classe, bien au milieu et juché sur une imposante estrade, trônait le bureau de la maîtresse. C'est de là que cette virtuose de l'éducation dirigeait les différents exercices de la journée.

Le tableau → L'équipement de la salle de cours se complétait d'un grand tableau noir pour exécuter les exercices, d'une horloge, d'un calendrier, de quelques cartes géographiques et d'une série d'images saintes. Question d'inspirer la foi et le respect des élèves.

Le chauffage → Pour chauffer le tout, un poêle massif de fonte noire occupait un coin de la pièce. Pendant les mois d'hiver, les garçons les plus âgés de la classe veillaient à en assurer l'alimentation de façon à maintenir un niveau acceptable de chaleur dans l'école.

Deuxième aspect →

L'institutrice : une héroïne

Sa fonction «Seul maître à bord après Dieu», l'institutrice d'antan cumulait toutes les fonctions ou presque que l'on retrouve dans une école moderne. C'était une femme orchestre. Elle en était la directrice; elle enseignait toutes les matières à toutes les classes, de la première à la septième.

Les méthodes Il faut avouer que les méthodes pédagogiques de cette époque étaient fort différentes de celles d'aujourd'hui. Autrefois, la discipline était très sévère et l'autorité très respectée.

Les travaux Dès le début des classes, du matin jusqu'à la fin de la journée, les travaux scolaires suivaient un plan très précis d'exercices, d'écriture, d'analyse, de lecture, de calcul, de récitation, etc. Les travaux étaient menés rondement à coup de sonnettes pour en marquer le début et la fin. [...]

Yvon DESAUTELS, *Les Coutumes de nos ancêtres*, © Éditions Paulines, 1984.

---

1 Si tu étais tombé par hasard sur ce texte, aurais-tu eu envie de le lire ? Justifie ta réponse.

2 Si tu n'avais que deux minutes pour lire ce texte, sans tenir compte des annotations, comment t'y prendrais-tu pour en tirer le maximum ?

3 Qu'est-ce que la personne qui a annoté le texte a voulu faire ressortir :

a) par ses notes dans les marges ?

b) par ses notes dans le texte ?

4 Complète l'énoncé suivant :

«Les activités 1, 2 et 3 m'ont permis de constater que pour mieux comprendre un texte, je dois pouvoir ✎ ▨ .»

Pour comprendre le sens d'un texte, il faut:

1. identifier **le sujet**;
2. identifier **les aspects et les sous-aspects** développés;
3. relever **l'information importante** de chaque paragraphe;
4. déterminer **l'information principale** du texte;
5. trouver **les liens** entre les paragraphes.

J'apprends

Qu'est-ce qu'un texte? Un texte, c'est une suite de mots, de phrases et de paragraphes choisis et organisés dans le but de décrire une réalité, de raconter une histoire, de convaincre, ou d'expliquer quelque chose.

Dans cet atelier, tu apprendras à mieux lire un texte. Cette démarche sera appuyée par des textes de type descriptif, c'est-à-dire des textes écrits pour faire connaître un lieu, une personne, un animal, un événement ou toute autre réalité.

BIEN LIRE UN TEXTE

Dans les ateliers précédents, tu as appris que pour lire, il faut exécuter presque simultanément une série d'opérations plus ou moins complexes telles que:

— comprendre le sens des mots;

— découvrir DE QUI ou DE QUOI on parle dans les phrases et les paragraphes;

— relever les RENSEIGNEMENTS contenus dans les phrases et les paragraphes.

Mais il faut plus encore! Pour bien lire un texte, il faut aussi en dégager l'essentiel. **Dégager l'essentiel d'un texte, c'est non seulement pouvoir dire DE QUI ou DE QUOI on parle dans le texte, mais aussi pouvoir relever les principaux RENSEIGNEMENTS qui s'y trouvent** pour, finalement, satisfaire son besoin d'information.

BREF,

Dégager l'essentiel d'un texte, c'est pouvoir:

— dire DE QUI ou DE QUOI on parle dans le texte;

— relever les principaux RENSEIGNEMENTS sur le sujet traité.

Mais comme un texte peut parfois être long, il est préférable, avant de l'attaquer, de **jeter un premier coup d'œil pour voir comment il se présente**. Ce survol permet de découvrir une quantité d'indices qui t'aideront à comprendre les mots, les phrases et les paragraphes du texte au moment de ta lecture.

Le survol du texte

Le titre, les intertitres et les illustrations sont les premiers repères qu'on remarque quand on tourne la page d'un livre. En y jetant un coup d'œil, on prépare sa lecture et on accumule de l'information qui nous aidera à mieux comprendre le texte. Ce survol est nécessaire. D'abord parce qu'il permet de **savoir si on a envie de lire le texte ou non** ou **si le texte répond à nos besoins**. Mais aussi parce qu'il permet de **repérer les grandes divisions du texte et d'en anticiper le contenu**. Grâce aux paragraphes et aux intertitres, on peut rapidement sélectionner les parties du texte que l'on veut lire.

Le sujet du texte dans l'introduction

Dans un texte de type descriptif, **le titre et les illustrations** révèlent souvent DE QUI ou DE QUOI on parle dans le texte, mais la plupart du temps, c'est dans **le premier paragraphe** que l'auteur ou l'auteure dévoile **le sujet de son texte**.

Dans le texte d'exploration, le titre semble annoncer qu'il sera question de « la petite école de rang ». En lisant l'introduction, on se rend compte qu'il s'agit bien du sujet du texte, et en poursuivant la lecture on peut suivre sa trace grâce aux mots substituts *elles*, *ces écoles*, *« écoles de rang »*.

Le vocabulaire employé, et plus particulièrement **les champs lexicaux**, révèlent aussi le sujet.

STRATÉGIE **Trouver le sujet d'un texte.**

Pour trouver le sujet, découvre d'abord DE QUI ou DE QUOI on parle dans le texte à l'aide du titre et des illustrations. Confirme ensuite tes intuitions en lisant les premières phrases du texte. Au fil de ta lecture, tu devrais pouvoir suivre la trace du sujet en repérant les mots substituts et les champs lexicaux.

Les aspects et les sous-aspects
dans le développement

BREF,

Le sujet d'un texte peut être développé sous divers aspects et sous-aspects.

Dans un texte de type descriptif, chaque paragraphe ou ensemble de paragraphes traite le sujet sous un aspect particulier. Par exemple, dans le texte d'exploration, huit paragraphes sont consacrés à la description physique de l'école. Les trois derniers paragraphes décrivent le travail de l'institutrice. Les intertitres aident à repérer ces deux grands aspects.

Dans un texte de type descriptif, chaque aspect peut donc être développé dans un ou plusieurs paragraphes. Par exemple, la partie DESCRIPTION PHYSIQUE du texte d'exploration s'étale sur plusieurs paragraphes:

– le deuxième paragraphe traite de la ressemblance des écoles de rang;

– le troisième paragraphe traite de leur taille;

– le quatrième paragraphe traite de leur forme extérieure;

– le cinquième paragraphe traite des divisions intérieures;

– etc.

Ces paragraphes développent des sous-aspects de l'aspect DESCRIPTION PHYSIQUE.

L'organisateur graphique qui suit illustre bien que le texte *La petite école de rang* est divisé en deux aspects qui, à leur tour, comportent un certain nombre de sous-aspects.

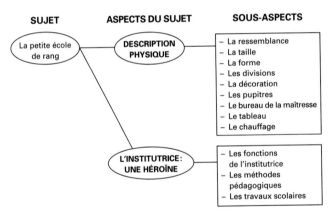

BREF,

Parfois, l'introduction d'un texte de type descriptif annonce les aspects du sujet qui seront développés.

Parfois, comme dans l'exemple suivant, l'introduction d'un texte de type descriptif annonce les aspects du sujet qui seront développés par la suite.

La structure de la ville

Si tu as déjà voyagé, tu as peut-être constaté que certaines villes sont très différentes de la tienne. Ce qui caractérise une ville, c'est son site, sa situation, ses quartiers et ses activités.

1er aspect   2e aspect   3e aspect

4e aspect

Gaston CÔTÉ,
La Terre, planète habitée,
© Éditions CEC, 1992.

Trouver les aspects et les sous-aspects développés dans le texte.

1. Observer le texte.

Lorsque tu lis un texte, trouve d'abord le sujet. Puis examine chacun des paragraphes pour déterminer sur quel aspect portent les différents RENSEIGNEMENTS qu'il contient. Si c'est possible, note tes observations dans la marge.

Vérifie ensuite si tu peux grouper des paragraphes qui porteraient sur un même aspect. Trouve enfin un titre qui représenterait bien ce groupement de paragraphes.

2. Faire un organisateur graphique.

Un organisateur graphique peut t'aider à mettre en évidence le rapport entre le sujet et les différents aspects et sous-aspects traités dans le texte. Ce qui est amusant, c'est de créer un organisateur graphique original inspiré directement du texte. Il suffit de faire un croquis qui rappelle le sujet abordé dans le texte et d'y placer les différents aspects et sous-aspects traités.

Ainsi, on pourrait représenter des textes sur le moineau ou sur le temps des sucres de la manière suivante :

BREF,

À l'aide d'un organisateur graphique, on peut mettre en évidence le rapport entre le sujet du texte et ses différents aspects et sous-aspects.

MOINEAU

habitation

reproduction

aspect physique

alimentation

TEMPS des sucres

travail

dates

industrie

origine

MES CONNAISSANCES
EN BREF

Trouve maintenant une façon personnelle et originale d'expliquer à quelqu'un tes nouvelles connaissances sur le sujet d'un texte, ses aspects et ses sous-aspects.

J'apprends
Comment faire

LE SURVOL DU TEXTE

1 Quel pourrait être le sujet de chacun des deux textes suivants ?

2 Si tu devais faire un travail sur la pauvreté, lequel des deux textes présentés ci-dessus pourrait t'aider ?

3 Ouvre *Mon encyclopédie* à la page 145, mais **ne lis pas** le texte.

A Quels sont les deux éléments qui, dès le départ, te permettent de trouver le sujet du texte ?

B Combien d'aspects du sujet seront développés dans ce texte ? Qu'est-ce qui te permet de les identifier avant même d'avoir lu le texte ?

LE SUJET

4 Observe le court texte sur fond vert à la page 41 de *Mon encyclopédie*. Quelle phrase annonce, mot pour mot, le sujet du texte ?

5 Regarde le texte au bas de la page 31 de *Mon encyclopédie*.

A Quel est le sujet du texte ?

B Quels indices t'ont permis de le découvrir ?

C Trouve trois pronoms ou expressions utilisés par l'auteur pour désigner la personne dont il est question dans le texte.

LES ASPECTS ET LES SOUS-ASPECTS

6 Voici deux organisateurs graphiques faits à partir de textes portant, l'un sur la mode, l'autre sur une municipalité.

A Imagine trois autres aspects du sujet qui pourraient être développés dans chacun de ces textes.

B Choisis l'un des aspects de chacun des organisateurs graphiques et imagine deux sous-aspects qui pourraient être développés.

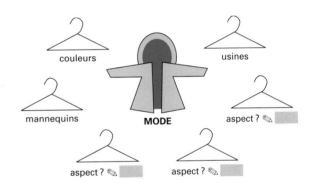

7 **Observe** les deux exemples suivants:

La bicyclette	**L'amour**
Aspects développés:	Aspects développés:
– la popularité;	– l'importance;
– le coût;	– le coup de foudre;
– les règles de sécurité;	– la rupture;
– ✎ ▨ ;	– ✎ ▨ ;
– ✎ ▨ .	– ✎ ▨ .

A **Ajoute** deux aspects à chacun des sujets proposés.

B **Trace** un organisateur graphique original inspiré de ces deux sujets.

8 **Choisis** l'un des aspects proposés pour chacun des sujets du numéro 7 et **imagine** deux sous-aspects qui pourraient être développés.

9 **Ouvre** *Mon encyclopédie* à la page 81.

A Dans l'introduction du texte *Viêtnam, je ne t'oublie pas*, **relève** la phrase dans laquelle l'auteur énumère certains des aspects qu'il développera dans son texte.

B Cette liste n'étant pas complète, **termine-la** en énumérant tous les aspects traités dans le texte.

10 **A** Dans l'introduction du texte *La rentrée des classes dans le monde*, à la page 161 de *Mon encyclopédie*, **relève** la phrase où l'auteur énumère certains des aspects qu'il développera dans son texte.

B Cette liste n'étant pas complète, **termine-la** en relevant deux autres aspects traités dans le texte.

11 Pour rendre compte de ta compréhension d'un texte, tu peux en faire un plan plutôt qu'un organisateur graphique. **Reproduis** le plan suivant et **complète-le** à l'aide des données fournies dans le rectangle qui l'accompagne. Pour cela, tu dois d'abord lire le texte *La naissance de l'écriture*, aux pages 54 et 55 de *Mon encyclopédie*.

N'hésite pas à recourir aux stratégies présentées à la page 321.

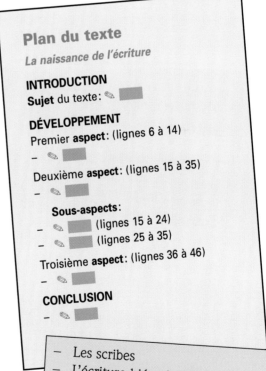

Plan du texte
La naissance de l'écriture

INTRODUCTION
Sujet du texte: ✎ ▨

DÉVELOPPEMENT
Premier aspect: (lignes 6 à 14)
– ✎ ▨

Deuxième aspect: (lignes 15 à 35)
– ✎ ▨

Sous-aspects:
– ✎ ▨ (lignes 15 à 24)
– ✎ ▨ (lignes 25 à 35)

Troisième aspect: (lignes 36 à 46)
– ✎ ▨

CONCLUSION
– ✎ ▨

– Les scribes
– L'écriture hiéroglyphique
– Les premières écritures
– L'écriture cunéiforme
– Les signes hiéroglyphes
– Endroit où on trouve les hiéroglyphes
– L'alphabet

Mets tes connaissances en pratique lorsque tu écris

Au numéro 6 de la page 322, tu as complété un organisateur graphique qui pourrait correspondre à un texte sur une municipalité. Dans l'activité suivante, tu devras construire ce texte.

Consignes

— **Suis les consignes** numérotées tout au long de l'exercice.

1. Imagine un titre pour rendre compte du sujet du texte.

2. Écris une phrase pour présenter l'aspect abordé dans ce paragraphe. ✎ ▭
On peut y jouer au golf, au tennis, au hockey ou à la balle-molle. Chaque année, on investit des milliers de dollars pour moderniser les équipements sportifs. Certes, on pourrait faire mieux: la piscine, par exemple, mériterait d'être réparée.

3. Écris une phrase pour présenter l'aspect abordé dans ce paragraphe. ✎ ▭
Les deux théâtres d'été attirent des foules considérables. La bibliothèque est remplie de livres pour les petits et les grands. À côté de la bibliothèque se trouve également une salle d'exposition qui fait connaître les artistes d'ici.

Sur le plan architectural, ma municipalité présente certaines caractéristiques originales.
4. Construis un champ lexical de 15 mots qui pourraient être utilisés pour traiter l'aspect développé dans ce paragraphe. ✎ ▭

5. Choisis l'un des aspects que tu avais ajoutés dans l'organisateur graphique de la page 322, et développe-le dans un court paragraphe de trois phrases. ✎ ▭

— **Applique** maintenant la stratégie de révision ci-dessous.

1. Annote ton texte en indiquant dans la marge l'aspect développé dans chaque paragraphe.

2. Surligne les mots qui permettent d'identifier l'aspect abordé dans chaque paragraphe.

J'apprends

Bien lire un texte de type descriptif, c'est être capable de dire DE QUI ou DE QUOI on parle dans le texte (sujet, aspects et sous-aspects), mais c'est aussi être capable de relever les RENSEIGNEMENTS importants qu'il contient.

L'INFORMATION PRINCIPALE ET LES INFORMATIONS IMPORTANTES

Dans l'atelier 10, on a vu que **dans chacun des paragraphes d'un texte, on peut trouver une phrase vedette qui présente une information importante.** Toutes ces phrases vedettes réunies donnent une très bonne idée de l'essentiel du texte.

Mais souvent, parmi toutes ces phrases vedettes, il y en a une encore plus importante que les autres. Cette phrase constitue en quelque sorte **la phrase «étoile» du texte,** comme l'illustre le texte suivant:

BREF,

Dans chaque paragraphe d'un texte, on peut relever une phrase vedette qui contient l'information importante du paragraphe.

Le ramancheur

Information principale

Lorsque nos aïeux s'étaient donné un «tour de rein», foulé un pied, cassé un bras, ils comptaient généralement sur le ramancheur ou la ramancheuse du canton pour les «remettre sur le piton». Et s'il faut en croire les récits que les anciens nous relatent encore de nos jours, ces «soigneurs» publics avaient le miracle au bout des doigts.

Phrase «étoile»

Information importante

Le ramancheur ou le rabouteur, comme on le nommait dans certaines régions, était en général un «bon diable» qui avait appris très souvent de l'un de ses parents à effectuer le massage des muscles, des ligaments ou encore à replacer en bonne position les différents os du corps. On disait à cette époque qu'il avait un don. Don hérité d'une façon mystérieuse d'un grand-parent au moment de la mort de ce dernier.

Phrase vedette

Information importante

Pour exercer ses talents naturels, le ramancheur sillonnait régulièrement les paroisses qui formaient son territoire. Comme le personnage se doublait la plupart du temps d'un raconteur hors pair et d'un amuseur public de première classe, la nouvelle de son arrivée se répandait comme une traînée de poudre. Et si par hasard le ramancheur n'était pas dans les environs lorsqu'on avait besoin de lui, on se déplaçait pour bénéficier de ses services.

Phrase vedette

Information importante

Pour opérer ses exploits, le ramancheur utilisait surtout ses mains. C'était là toute sa richesse. Mais quelles mains! Au simple toucher, il pouvait diagnostiquer le mal. Et d'un simple tour de main le faire disparaître.

Phrase vedette

Yvon DESAUTELS, *Les Coutumes de nos ancêtres*,
© Éditions Paulines, 1984.

BREF,

Dès le paragraphe d'introduction, on trouve généralement l'information principale du texte.

BREF,

L'information principale est un RENSEIGNEMENT qui, tout au long du texte, sera démontré, soutenu, expliqué à l'aide des informations importantes contenues dans les paragraphes.

Comme c'est le cas dans le texte qui précède, **dès le paragraphe d'introduction,** l'auteur ou l'auteure peut écrire une phrase vedette pour présenter le sujet et **donner un RENSEIGNEMENT très important sur ce sujet. C'est ce RENSEIGNEMENT qui, tout au long du texte, sera démontré, soutenu, expliqué à l'aide des autres informations importantes.** On dira alors que cette phrase «étoile» présente **l'information principale du texte.** Voici un organisateur graphique qui illustre bien l'importance de l'information principale par rapport aux autres informations importantes. Cet organisateur a été élaboré à partir du texte d'exploration de la page 316.

**Pendant presque un siècle,
le système scolaire reposait en bonne partie
sur un chapelet de petites écoles.**

**LA PETITE
ÉCOLE
DE RANG**

Ces écoles [...] se ressemblaient comme des sœurs jumelles.

En avant de la classe, bien au milieu et juché sur une imposante estrade, trônait le bureau de la maîtresse.

[...] elles étaient très petites.

L'équipement [...] se complétait d'un grand tableau [...].

Elle se présentait comme un bâtiment plutôt carré [...].

Pour chauffer le tout, un poêle massif de fonte noire occupait un coin de la pièce.

On retrouvait généralement deux pièces.

C'était une femme orchestre.

La salle de cours [...] avait une allure modeste, presque austère.

Autrefois, la discipline était très sévère et l'autorité très respectée.

[...] ces pupitres étaient en général peu adaptés à la taille des enfants.

Les travaux scolaires suivaient un plan très précis d'exercices [...].

STRATÉGIE **Trouver l'information principale et les informations importantes dans un texte.**

Dès le début du texte, cherche une phrase qui t'apparaît comme la phrase «étoile». Continue ta lecture, puis évalue si cette phrase représente bien l'information principale de tout le texte.

Trouve ensuite la phrase vedette de chacun des paragraphes afin de repérer l'information importante. Pour y arriver, élimine toutes les phrases que tu pourrais effacer du paragraphe sans que celui-ci perde son sens. Si tu le peux, souligne ces phrases vedettes ou transcris-les dans un organisateur graphique afin de mieux t'en souvenir si nécessaire.

ATTENTION!

Il est parfois difficile, ou même impossible, de relever, dans le premier paragraphe, une phrase étoile qui révèle l'information principale du texte.

Dans ce cas, tu peux inventer une phrase pour résumer l'essentiel du texte que tu as lu.

L'ORGANISATION DU TEXTE

Lire un texte de type descriptif, c'est suivre la route tracée par la personne qui écrit. **Les marqueurs de relation et les mots substituts sont comme des panneaux de signalisation qui permettent de suivre la pensée de l'auteur ou de l'auteure.** Ils servent de ponts pour traverser le texte et permettent d'établir des liens entre les informations. Grâce à ces mots, on passe d'une phrase à l'autre ou d'un paragraphe à l'autre sans trop de heurts et on comprend le raisonnement de la personne qui écrit.

Dans le texte d'exploration sur l'école de rang, par exemple, certains paragraphes sont introduits par des expressions telles que *pendant presque un siècle, d'abord, à l'intérieur, en avant de, dès le début.* Ces expressions permettent à l'auteur de faire des liens qui guideront le lecteur ou la lectrice et d'introduire de nouveaux RENSEIGNEMENTS sur la petite école de rang.

Les marqueurs de relation facilitent donc le passage d'un paragraphe à l'autre. Dans le texte d'exploration, on fait un saut dans le temps grâce à l'expression *pendant presque un siècle.* Souvent, on se déplace aussi dans l'espace puisque l'école de rang est décrite physiquement. Des expressions comme *à l'intérieur, en avant de* marquent ces **déplacements dans l'espace.**

BREF,

Les marqueurs de relation (temps, espace, logique) et les mots substituts permettent de suivre la pensée de l'auteur ou de l'auteure.

BREF,

Les marqueurs de relation facilitent le passage (transition) d'un paragraphe à l'autre en établissant des liens selon:

– le temps;
– l'espace;
– la logique.

COMPRENDRE
LE SENS D'UN TEXTE

327

BREF,

Il peut arriver qu'une transition se fasse sans marqueur de relation.

Il est à noter que **les transitions d'un paragraphe à l'autre ne sont pas toujours marquées par un mot de relation.** Par exemple, vers la fin du texte d'exploration, à la page 317, la description des fonctions de l'institutrice fait davantage appel à la logique. Dans ce cas, c'est l'intertitre qui marque la transition. Dans d'autres cas, la transition se fait sans marqueur ni intertitre. On passe simplement d'un aspect à l'autre, et le lecteur ou la lectrice doit tout de même arriver à suivre la logique du texte.

Tous les textes sont structurés selon un certain mode d'organisation. Comme pour les paragraphes, **l'organisation des textes de type descriptif peut se faire à partir du temps, de l'espace ou de la logique.** En reconnaissant l'organisation d'un texte, tu peux ordonner dans ta tête les nombreux RENSEIGNEMENTS fournis sur un sujet, ses aspects et ses sous-aspects et, par conséquent, tu arrive à mieux comprendre le texte.

___

STRATÉGIE   **Dégager l'organisation du texte.**

Observe d'abord les premiers mots de chacun des paragraphes et détermine s'il s'agit de marqueurs de relation. Repère ensuite les liens qui existent entre les paragraphes, et détermine s'ils permettent de se déplacer dans le temps ou dans l'espace, ou s'il s'agit de liens logiques.

___

LE POINT DE VUE

MES CONNAISSANCES

EN BREF

Trouve maintenant une façon personnelle et originale d'expliquer à quelqu'un tes nouvelles connaissances sur le texte.

Comme tu l'as vu dans la séquence sur les paragraphes, la personne qui écrit peut considérer le personnage, l'animal, le lieu ou l'objet qu'elle décrit d'un point de vue neutre, favorable ou défavorable. En examinant les indices (termes expressifs, adverbes, etc.) dans chacun des paragraphes, on arrive à déterminer le point de vue adopté.

J'apprends
Comment faire

LE SUJET DU TEXTE

Observe bien le texte ci-contre. Il a été saboté et il faut le reconstruire. Tu y arriveras en réalisant les activités 1 et 2.

1 **A** Quel mot pourrait remplacer **Hmmm** dans le titre?

B Parmi les mots suggérés dans l'encadré, choisis-en trois qui pourraient remplacer **Hmmm** dans le texte.

Elle – L'animal – Cette invention indispensable – Cette fleur – Cette femme – Il – Ce laveur de vitres – Cette fusée – Cette cage mobile qui terrorise les claustrophobes

RECONNAÎTRE L'ORGANISATION DU TEXTE

2 Tous les paragraphes du texte sur Hmmm ont été soudés. Si tu devais diviser ce texte en trois parties, où commencerait et où finirait chacune d'elles? Pour répondre, reproduis un tableau semblable à celui-ci et remplis-le.

Hmmm!

1 **Hmmm** n'est pas né avec nos «tours» modernes! **2** C'est une invention très ancienne. **3** Sous Jules César, Vitruve, l'architecte romain, équipait déjà certaines demeures de Rome de **Hmmm** fonctionnant à la force des jarrets et des biceps d'esclaves. **4** Des accidents firent oublier **Hmmm** pendant de longs siècles. **5** Jusqu'à ce que l'ingénieur allemand Elisha Otis eût construit en 1853 son premier **Hmmm** avec système de sécurité. **6** **Hmmm** était pourvu de mâchoires latérales qui bloquaient instantanément la cabine au niveau où elle se trouvait en cas de défaillance du système élévateur. **7** Deux Anglais, Frost et Strutt, perfectionnèrent le système en 1895, en équipant **Hmmm** d'un contrepoids. **8** **Hmmm** le plus rapide du monde se trouve à New York, c'est celui qui conduit les visiteurs au sommet du gratte-ciel de la RCA. **9** **Hmmm** s'élève à la vitesse d'une fusée... ou presque: 28 km/h!

Walt DISNEY, *Le manuel de Géo Trouvetou*, © Disney.

Pour remplir les deux dernières colonnes, tu peux consulter la page 320 de l'atelier 10 sur les paragraphes.

	Ce paragraphe commence par la phrase (1 / 2 /etc.)...	et il se termine par la phrase (1 / 2 /etc.)...	L'aspect privilégié est...	Les trois mots suivants font partie du même champ lexical et ils m'ont permis de trouver l'aspect développé dans le paragraphe.
PARAGRAPHE 1				
PARAGRAPHE 2				
PARAGRAPHE 3				

COMPRENDRE
LE SENS D'UN TEXTE

Trouver l'information principale et les informations importantes

3 **Lis** le texte suivant.

C'est lui qui dirige, qui donne aux musiciens les signaux pour qu'ils jouent bien ensemble, plus ou moins fort, plus ou moins vite, selon les indications notées sur la partition par le compositeur. Bref, le chef d'orchestre est le maître incontesté de l'orchestre.

Nombre de chefs d'orchestre utilisent une baguette pour donner leurs indications. Certains font de grands mouvements de bras, d'autres ont des gestes plus sobres, d'autres encore dirigent en fermant les yeux.

Mais il ne faut pas oublier que le chef d'orchestre, tel qu'on le connaît aujourd'hui, n'est apparu que récemment. En effet, en Europe, à la fin du XVIIe siècle et au début du XVIIIe siècle, la direction de l'ensemble était le plus souvent assurée par le claveciniste, qui était fréquemment aussi compositeur.

D'après *Les instruments de musique*,
© Hachette Éducation.

A **Trouve** les informations importantes de chacun des paragraphes.

B **Trouve** la phrase qui présente l'information principale de tout le texte.

4 **Lis** le texte *L'odyssée du cyclo-pousse*, à la page 33 de *Mon encyclopédie*.

Au fur à mesure que tu lis ce texte, **relève** la phrase ou la partie de phrase qui constitue l'information importante de chacun des paragraphes. **Trouve** ensuite quels sont les mots ou groupes de mots qui établissent des liens entre les paragraphes.

Enfin, **reproduis** et **complète** un organisateur graphique semblable à celui qui suit.

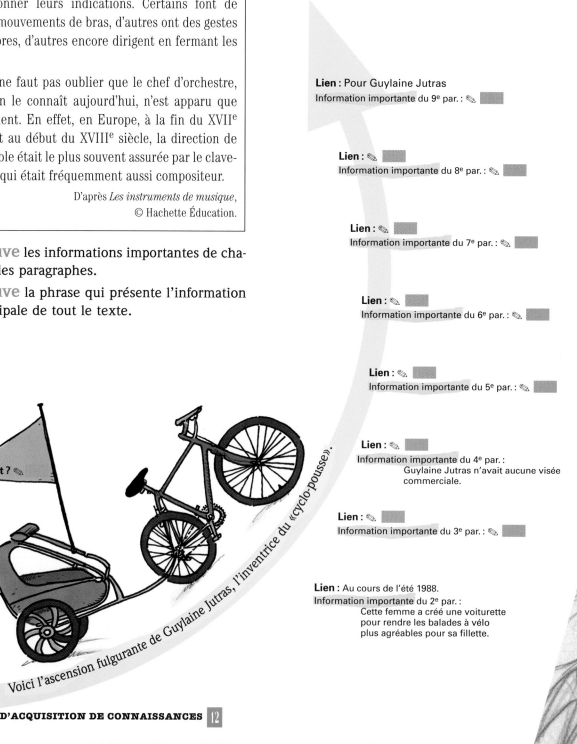

Lien : Pour Guylaine Jutras
Information importante du 9e par. : ✎

Lien : ✎
Information importante du 8e par. : ✎

Lien : ✎
Information importante du 7e par. : ✎

Lien : ✎
Information importante du 6e par. : ✎

Lien : ✎
Information importante du 5e par. : ✎

Lien : ✎
Information importante du 4e par. :
    Guylaine Jutras n'avait aucune visée commerciale.

Lien : ✎
Information importante du 3e par. : ✎

Lien : Au cours de l'été 1988.
Information importante du 2e par. :
    Cette femme a créé une voiturette pour rendre les balades à vélo plus agréables pour sa fillette.

Sujet ?

Voici l'ascension fulgurante de Guylaine Jutras, l'inventrice du «cyclo-pousse».

Mets tes connaissances en pratique lorsque tu écris

– À la page 324, on t'a demandé d'écrire un texte sur une municipalité. **Rédige** maintenant un nouveau texte sur le même sujet en traitant d'aspects différents. Pour y arriver, **complète** les paragraphes qui suivent en respectant les consignes numérotées.

Ma municipalité

1. Complète ce paragraphe d'introduction en écrivant la première phrase qui pourrait constituer l'information principale de ton texte. ✎ On y organise de nombreux loisirs et la vie culturelle est bien remplie. Son architecture mérite également qu'on s'y attarde. Mais d'abord, un peu d'histoire.

2. Commence ce paragraphe par un marqueur de relation qui établit un rapport de temps, puis rédige une phrase présentant l'un des premiers événements importants de l'histoire de ta municipalité. Poursuis le paragraphe en utilisant ou en adaptant les débuts de phrases suivants: *Plus tard, nos ancêtres construisirent... En 19??, on fit... Aujourd'hui, une rue porte le nom de ... en l'honneur de ....* ✎

L'économie de ma municipalité connaît des hauts et des bas. **3.** La phrase précédente constitue l'information importante du paragraphe. Écris deux phrases qui viennent l'appuyer. ✎

4. Choisis dans l'organisateur graphique de la page 322 un aspect qui n'a pas été développé dans ce texte, ni dans celui de la page 324. Écris une phrase vedette à partir de cet aspect, puis rédige un paragraphe de trois ou quatre phrases. ✎

– **Applique** maintenant la stratégie de révision de texte ci-dessous.

1. Encercle en rouge les marqueurs de relation que tu as utilisés au début de tes paragraphes. Indique dans la marge *Où ?*, *Quand ?*, *Logique* selon le cas, pour mettre en évidence l'organisation de ton texte.

2. Surligne en rose la phrase «étoile» et en vert les phrases vedettes de ton texte.

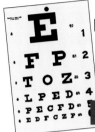

Je sais comment faire quand je lis

POUR COMPRENDRE UN TEXTE DE TYPE DESCRIPTIF

SYNTHÈSE DES STRATÉGIES DE LECTURE

Quand ça va bien !

- Lorsque tu entreprends la lecture d'un texte de type descriptif qui t'apparaît facile, contente-toi d'abord de faire un **survol** pour mieux anticiper le **sujet** du texte; au fil de ta lecture, tu découvriras si tu avais raison ou tort.

- Sois sensible aux **aspects** développés dans chacun des paragraphes et essaie de déceler une **phrase «étoile»** et des **phrases vedettes**.

- Laisse-toi guider par la personne qui écrit en repérant les **liens** qu'elle établit entre les paragraphes.

- Essaie aussi de découvrir son **point de vue**.

Consignes

Lis d'abord le texte *Le magasin général*, pages 333 et 334, et assure-toi que tu l'as compris en faisant un organisateur graphique original et personnel à partir des paragraphes du texte. Inscris-y les marqueurs de relation autour desquels le texte s'articule. Inspire-toi de l'organisateur graphique de la page 326.

LE MAGASIN GÉNÉRAL

Digne ancêtre de nos supermarchés, le magasin général réunissait sous un même toit une gamme et une combinaison assez originales de produits et de services. C'était à la fois une épicerie, une mercerie, une quincaillerie, une pharmacie, un dépanneur, un bureau de poste, un snack-bar, une tabagie, une biscuiterie, et j'en passe! Son nom, calqué sur une institution américaine *(general store)* rendait bien la réalité qu'il désignait.

À quelques variantes près, ces établissements se ressemblaient tous. Habituellement, ils étaient situés sur la rue principale, au cœur même du village, aux environs du chemin de fer s'il en existait un, ou pas très loin de la rivière. On peut comprendre pourquoi. Dans bien des cas, les marchandises arrivaient par ce mode de communication. Donc, il valait mieux ne pas en être trop éloigné pour réduire au minimum la manutention du matériel. À sa position stratégique sur la rue principale, le magasin général alliait l'importance de sa bâtisse. Avec l'église, le presbytère et l'hôtel, il s'agissait sans contredit de l'édifice le plus important de tout le village.

Voici comment se présentait ce haut lieu du commerce d'antan. Après avoir passé la porte d'entrée où le tintement d'une clochette annonçait l'arrivée d'un client, on pénétrait dans une grande salle qui occupait habituellement tout le rez-de-chaussée de l'immeuble. Au centre, une allée plus ou moins bien tracée divisait la pièce en deux. D'un côté se dressait un comptoir de bois derrière lequel seul le patron ou la patronne pouvait se rendre. La raison en était bien simple : là, en effet, les propriétaires conservaient, dans des vastes armoires sous clefs, la marchandise plus «dispendieuse», comme on disait. Également, en se glissant derrière ce fameux comptoir, on accédait à la majestueuse caisse enregistreuse.

Dans cette grande salle on pouvait pratiquement acheter tout ce dont on avait besoin. Mais bien difficile de le trouver sans être un habitué de la place, car au premier coup d'œil, l'étalage tenait plus du hasard et de la fantaisie que de l'organisation systématique. Les râteaux y faisaient bon ménage avec les sacs d'avoine, les cuves à lessive avec les remèdes, les ballots d'étoffes avec les caisses de café. Il y avait de la marchandise partout : sur le plancher, les comptoirs, les tablettes, au plafond, le long des murs. Mais dans ce pittoresque bric-à-brac qui dégageait d'ailleurs une incroyable impression d'abondance, un seul maître à bord : le patron, et, lorsqu'il s'absentait, sa femme ou ses enfants.

Autour de cette salle principale se greffaient souvent d'autres pièces. Celles-là, plus petites, servaient à entreposer la marchandise saisonnière, ou encore les articles moins en demande, ou réservés aux dames. Derrière la porte close de ces petites officines les clientes venaient essayer chapeaux, robes et choses du même genre. Ainsi à l'abri des regards, elles pouvaient choisir, en toute quiétude, la toilette du réveillon ou du dimanche de Pâques.

Comme le magasin général s'avérait une affaire de famille, l'immeuble se complétait presque toujours d'une partie réservée à l'habitation de ses propriétaires. Parfois juchée au haut de la maison ou encore attenante à la salle principale du magasin, cette partie était strictement interdite à la clientèle.

Cette clientèle avait ses habitudes bien à elle. À cette époque-là, il n'était pas rare de marchander un peu. Comme on connaissait très bien le patron, chacun tentait «d'avoir du bon», surtout lorsqu'il s'agissait d'un achat important. Le marchand général savait bien que certains de ses clients pouvaient mettre à exécution leur menace d'aller au village voisin pour faire leurs provisions. Alors, après des pourparlers parfois fastidieux, on s'entendait autour d'un compromis. Il était coutume aussi, à cette époque, de «faire marquer». Comme on le voit, le crédit ne date pas d'aujourd'hui! Sauf qu'alors, c'est le marchand qui supportait toute l'opération, et pendant plusieurs semaines parfois.

Yvon DESAUTELS, *Les Coutumes de nos ancêtres*,
© Éditions Paulines, 1984.

Je fais le point

1. Quelles stratégies t'ont été les plus utiles pour comprendre un texte de type descriptif?
2. Peut-être as-tu besoin d'activités supplémentaires pour maîtriser la compétence à comprendre un texte de type descriptif? Si oui, ton enseignant ou ton enseignante t'en remettra.

Je sais comment faire quand j'écris

POUR ÉCRIRE UN TEXTE DE TYPE DESCRIPTIF

• FICHE DESCRIPTIVE •

Préalables:
– Atelier 12: *Comprendre le sens d'un texte* (pages 316 à 336).
– Ateliers de grammaire 1 à 15 (voir *Mes ateliers de grammaire*).

Objectifs:
– Écrire un texte de type descriptif de deux paragraphes pour présenter un lieu aujourd'hui disparu.
– Mettre en pratique des stratégies de révision de texte:
  • Les stratégies que tu connais et dont tu as encore besoin.

Les traditions

Le texte d'exploration ainsi que d'autres textes de cet atelier t'ont présenté des réalités du Québec d'autrefois. Par exemple, les textes sur l'école de rang et sur le magasin général décrivent des lieux dont on n'entend plus parler aujourd'hui. Bien d'autres lieux maintenant disparus mériteraient d'être connus.

Contraintes d'écriture

Renseigne-toi auprès d'une personne âgée qui te parlera d'un lieu aujourd'hui disparu. Fais-en la description dans un texte de deux paragraphes.

POUR ENRICHIR TON VOCABULAIRE...

• Dresse une liste de mots spécifiquement liés à la nature du lieu que tu veux décrire.
• Trouve des marqueurs de relation qui pourraient remplacer l'expression populaire *dans le temps*.

J'évalue

Complète les deux énoncés suivants :

1. « J'ai trouvé cet atelier (facile/difficile/intéressant/etc.) ✎ ▓▓ parce que ✎ ▓▓ . »

2. « Les activités que j'ai réalisées dans les étapes *J'apprends comment faire* et *Je sais comment faire...* m'ont révélé que je maîtrise (peu/ assez bien/très bien/etc.) ✎ ▓▓ la compétence à lire et à écrire un texte de type descriptif. »

LIRE ET ÉCRIRE
UN TEXTE DE TYPE DESCRIPTIF

Jérôme Bosch,
Le concert dans l'œuf
(16e siècle). Super Stock.

Du passé au futur

PROJET : *Écrire un article pour décrire un volet de la vie des gens d'aujourd'hui.*

ÉTAPES :

1. Explorer le sujet.
2. Accumuler des matériaux.
3. Écrire un texte de type descriptif et le réviser.
4. Évaluer ma démarche.

Explorer le sujet

Peux-tu imaginer quelle sera la vie quotidienne dans une centaine d'années ? Bien des choses auront probablement changé !

Observe les pages d'agenda reproduites ci-dessous, datées de deux époques différentes.

À gauche, tu peux suivre les activités quotidiennes d'un adolescent ou d'une adolescente d'aujourd'hui. À droite, on te présente des activités semblables, mais transposées en l'an 2100.

Si ces activités répondent aux mêmes besoins (se loger, s'habiller, se nourrir, s'amuser, travailler, etc.), elles sont tout de même fort différentes.

Ces pages d'agenda ne sont pas remplies. Quelles activités pourraient apparaître dans les cases de couleur. Assure-toi que les activités d'une époque soient équivalentes à celles de l'autre époque.

JUILLET 1997

LUNDI 15 JUILLET — MARDI 16 JUILLET — MERCREDI 17 JUILLET — JEUDI 18 JUILLET — VENDREDI

9 Vélo sur la piste du canal

11 Travail au casse-croûte

16 Transcrire mon travail à l'ordinateur

17 Prendre l'autobus de Sherbrooke

JUILLET 2100

LUNDI 15 JUILLET — MARDI 16 JUILLET — MERCREDI 17 JUIL

9 Prendre un peu d'air frais au Musée de la campagne

12 Repas aux pilules au 1140e étage chez Xyloph

15 Fête téléphonique avec mes amis de Casablanca

Accumuler des matériaux

POURQUOI lire ?

Maintenant, tu vas voyager dans le temps. Imagine que tu es un anthropologue de l'an 2100. Tu as fait des recherches sur la manière de vivre des gens de la fin du XXe siècle, c'est-à-dire aujourd'hui, et tu dois écrire un article de type descriptif dans une revue pour faire connaître certains aspects de ta recherche.

Les textes suggérés ci-dessous t'aideront à jouer ton rôle d'anthropologue du XXIe siècle. De plus, ils te fourniront des idées pour écrire ton article.

QUOI lire ?

Premier texte

On habitera où ?
(*Mon encyclopédie*, page 68)

Deuxième texte

On ne travaillera plus du tout ?
(*Mon encyclopédie*, page 71)

Troisième texte

Un des trois textes suivants :

– *On se déplacera comment ?* (*Mon encyclopédie*, page 69)

– *On s'amusera à quoi ?* (*Mon encyclopédie*, page 72)

– *On vivra comment avec les autres ?* (*Mon encyclopédie*, page 73)

COMMENT lire ?

Tu liras donc trois textes qui décrivent la vie future. Tu découvriras **le sens du premier texte**, *On habitera où ?*, **à mesure que tu réaliseras les activités** qui l'accompagnent. Ensuite, **tu liras le texte** *On ne travaillera plus du tout ?* et **tu répondras aux questions** qui s'y rattachent.

Enfin, tu choisiras **un troisième texte** parmi ceux qui sont proposés, et **tu en dégageras les matériaux** qui pourront t'aider à réaliser ton projet.

Planifier ma lecture

Je lirai des textes parce que ▭.

Je lirai les textes suivants :

1. ✎ ▭
2. ✎ ▭
3. ✎ ▭

Comment lirai-je ces textes ?

Premier texte : ✎ ▭
Deuxième texte : ✎ ▭
Troisième texte : ✎ ▭

ON HABITERA OÙ ?

Mon encyclopédie, page 68

CONTEXTE

Pour répondre aux problè-mes de surpopulation, on trouve dans les grandes villes du Japon des hôtels dont les chambres sont de minuscules cabines tout équipées, avec téléphone, bureau pliant et téléviseur.

Connaîtrons-nous un jour de tels hôtels dans nos villes nord-américaines ?

Avant la lecture

Avant de faire les activités qui suivent, jette un coup d'œil sur le titre, les intertitres et l'illustration du texte dans *Mon encyclopédie*.

1. Mis à part le français, dans quelle autre matière scolaire ce texte pourrait-il servir ?

2. Au premier coup d'œil, peux-tu dire en combien de grandes parties ce texte est divisé ?

3. Au premier coup d'œil, qu'est-ce qui distingue l'introduction du reste du texte ?

4. Avec un tel titre et une telle illustration, quel est, selon toi, le sujet de cette page ?

5. Ce sujet est traité sous deux aspects.

    a) Indique quels sont ces deux aspects sans lire le texte.

    b) Quels éléments t'ont aidé à les trouver ?

6. Tu ne connais peut-être pas la signification des mots *désertifier* et *mégalopoles*. Ils pourraient bien t'empêcher de comprendre cer-taines phrases du texte. Sans recourir au contexte, essaie d'en devi-ner le sens simplement à partir de leur formation. Réponds en indi-quant les différentes parties du mot et en précisant ce que chacune signifie.

Exemple: tout   qui mange

     omni/vore

Consulte les pages de ton dictionnaire où l'on trouve des tableaux de préfixes et de suffixes.

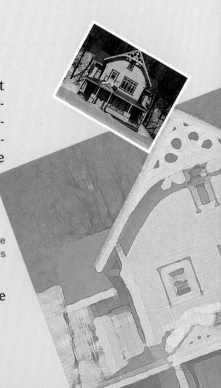

7. Trouve deux autres mots qui appartiennent à la même famille que *désertifier* et *mégalopoles*.

1

Lis la première phrase du texte.

Fais un organisateur graphique qui rend compte de ta compréhension de cette phrase.

2

Dans les lignes 4 et 5, remplace les mots *décennies* et *désertifier* par un mot ou une expression synonyme.

3

Lis l'introduction du texte (lignes 1 à 9).

À quoi ce paragraphe sert-il principalement? Choisis la réponse qui convient parmi les suivantes:

a) À faire connaître la ville de Mexico.

b) À introduire les aspects abordés dans les deux autres paragraphes.

c) À décrire les campagnes du futur.

4

Lis le deuxième paragraphe (lignes 10 à 27).

Dans ce paragraphe, il est question de *cités tentaculaires*. Relève deux autres mots qui sont employés à la place du mot *cité*.

5

Dans la phrase qui commence à la ligne 15, trouve un mot ou un groupe de mots qui te permettrait de donner un sens au mot *mégalopole*.

6

Maintenant que tu as lu ce paragraphe, trouve un mot que tu pourrais utiliser pour remplacer le mot *tentaculaires*.

7

La phrase qui commence à la ligne 15 est très longue. Reformule-la en ne retenant que les éléments qui révèlent l'information importante du paragraphe.

8

Lis la première phrase du troisième paragraphe (lignes 28 et 29).

On y parle de *solution*; il y avait donc un problème. Quel est ce problème?

9

À quoi se réfère le substitut *elle* à la ligne 29?

10

À ce stade de ta lecture, à l'aide des mots du texte, rédige une très courte phrase pour présenter l'**information importante** de ce paragraphe.

11

Trouve un marqueur de relation placé en début de phrase, qui permet de faire un lien logique entre deux phrases du paragraphe.

12

Lis la fin de ce paragraphe (lignes 40 à 48).

Le reste du paragraphe est formé d'une seule phrase. Relève un mot et un groupe de mots qui en constituent les éléments essentiels.

13

Parmi les lectrices suivantes, laquelle a le mieux compris le rôle de cette phrase dans le paragraphe ?

a) **Simone** : «Cette phrase sert à démontrer l'ingéniosité des Japonais.»

b) **Ouria** : «Cette phrase constitue l'information principale de tout le texte. C'est celle qui répond le mieux à la question *On habitera où ?*»

c) **Mélanie** : «Cette phrase sert à démontrer que l'on peut rendre les grandes cités plus humaines.»

14

Fais un organisateur graphique de manière à faire voir que le texte fournit une réponse à la question *On habitera où ?*

Maintenant que tu as lu tout le texte :

15 On peut dire que l'auteur a exprimé son point de vue sur l'avenir.

a) Dans quel paragraphe ce point de vue est-il positif ?

b) Dans quels paragraphes ce point de vue est-il négatif ?

16 Associerais-tu l'illustration qui accompagne le texte au paragraphe intitulé *Cités tentaculaires* ou à celui intitulé *Les villes à la campagne !* ?

Le texte en quelques mots

On habitera où ?

Le contenu du texte

Dans ce texte, on parle de ✎ ▨ et on aborde deux aspects : ✎ ▨ et ✎ ▨ .

L'organisation du texte

Ce texte est construit à partir du schéma suivant :

| Problème | → | Solution |

Que pourrais-tu écrire dans chacune de ces cases pour bien résumer le texte ? ✎ ▨

Le point de vue

Quel est le point de vue de l'auteur sur les grandes cités ? Quel est son point de vue dans le dernier paragraphe ? Justifie ta réponse. ▨

POUR ENRICHIR TON VOCABULAIRE ...

Pour désigner des lieux

1. Dans le texte *On habitera où ?*, tu as sûrement trouvé des mots que tu ne connaissais pas et qui t'ont plu, de telle sorte que tu aimerais maintenant les utiliser. **Note-les** dans ta banque de mots personnelle pour pouvoir les retrouver facilement quand tu en auras besoin.

2. Dans les trois premières lignes du texte *On habitera où ?*, l'auteur utilise les mots *villes* et *cités*. Comme tu peux le constater dans la banque de mots qui suit, il existe un vocabulaire très précis pour désigner l'endroit où les gens vivent. Prouve que tu comprends bien le sens de tous ces mots en associant à chacun un nom propre de lieu que tu connais; si c'est impossible, utilise un autre moyen (schéma, illustration, synonyme, etc.).

Bourg	Square	Allée
Village	Banlieue	Chemin
Ville	Ruelle	Capitale
Bidonville	Rue	Métropole
Réserve	Avenue	Comté
Quartier	Boulevard	Circonscription
Place	Autoroute	Région

Réagir au texte

Ce que j'ai trouvé le plus étonnant dans ce texte, c'est ✎ ▆▆▆.

Aujourd'hui, la vie ressemble déjà un peu au futur que l'on prédit dans le texte. Par exemple, ✎ ▆▆▆.

Toutefois, nous sommes encore loin de ce qu'on décrit dans le texte. Nos villes ne sont pas encore ✎ ▆▆▆.

Si l'on me demandait maintenant: «Où habiteras-tu au XXIe siècle ?», je répondrais probablement: «Je vivrai ▆▆▆.»

Évaluer ma démarche de lecture

- J'ai particulièrement bien réussi les activités ✎ ▆▆▆.

- J'ai éprouvé des difficultés dans les activités ✎ ▆▆▆ parce que ✎ ▆▆▆.

- J'ai utilisé les moyens suivants pour surmonter mes difficultés: ✎ ▆▆▆.

- Lorsque je lirai le texte intitulé *On ne travaillera plus du tout*, je porterai une attention particulière à ▆▆▆.

ON NE TRAVAILLERA PLUS DU TOUT ?

Mon encyclopédie, page 71

CONTEXTE

De nombreux sociologues se penchent aujourd'hui sur les conséquences sociales du travail à domicile. Ce type de travail a pris une grande importance avec l'avènement des ordinateurs portables et des modems. S'il permet une meilleure organisation du temps pour les travailleurs et les travailleuses, il limite cependant les contacts humains directs. Comment cette réalité évoluera-t-elle ?

Avant la lecture

1. En combien de parties ce texte est-il divisé ?

2. Que montre l'illustration qui accompagne le texte ? Quel lien peux-tu établir entre le titre du texte et l'illustration ?

3. Ce texte contient un mot que tu ne connais peut-être pas: *inéluctable*. Dans la phrase suivante, remplace ce mot par un synonyme qui commence aussi par les lettres *iné-*:

Son indiscipline a rendu inéluctable sa suspension de l'école.

Après la lecture

1 Quel est le sujet de ce texte ?

2 a) Quels sont les deux aspects traités dans ce texte ?

b) Quels indices te permettent de les identifier rapidement ?

3 **Que nous réserve l'avenir ?** Pour répondre à cette question, trouve les phrases vedettes des paragraphes commençant à la ligne 131 et à la ligne 153.

4 Dans les trois premières lignes de l'introduction, relève trois indices de temps (une expression et deux mots).

5 Trouve deux groupes de mots substituts utilisés dans le second paragraphe (lignes 131 à 152) pour désigner les *robots*.

6 L'auteur emploie l'expression *à l'inverse* pour commencer un paragraphe. Veut-il établir un lien dans le temps, un lien dans l'espace ou un lien logique avec ce qui précède ? Explique l'emploi de cette expression en répondant à la question suivante:

*Qu'est-ce qui est **à l'inverse** de quoi dans ce texte ?*

Le texte en quelques mots

On ne travaillera plus du tout ?

Le contenu du texte
Dans ce texte, on parle de ✎ ▨

L'organisation du texte
Quelles sont les grandes divisions de ce texte ? ✎ ▨

Le point de vue
L'auteur de ce texte a-t-il un point de vue optimiste, pessimiste ou neutre face à l'avenir ? ✎ ▨

Réagir au texte

Dans ce texte, j'ai trouvé surprenant d'apprendre que ✎ [___].

J'ai hâte de travailler, car ✎ [___]. Cependant, je crains que le travail soit ✎ [___].

J'ai toujours voulu être (un médecin/un cuisinier/une avocate/une administratrice/ etc.) ✎ [___].

Mais en y pensant bien, je crois que, plus tard, ce métier sera bien différent parce que ✎ [___].

7 Quelle est la différence entre le point de vue émis dans la partie CONTEXTE et celui de l'auteur du texte *On ne travaillera plus du tout?* Réponds en complétant les phrases suivantes:

Dans un cas, on dit que le travail dans le futur permettra de bonnes choses comme ✎ [___].

Dans l'autre cas, on pense que, malheureusement, le travail dans le futur ✎ [___].

8 Pour prouver que tu en comprends le sens, fais l'organisateur graphique de chacune des phrases suivantes:

a) la première phrase du texte;

b) la phrase commençant à la ligne 131;

c) la phrase commençant à la ligne 141.

Évaluer ma démarche de lecture

– J'ai particulièrement bien réussi les activités ✎ [___].

– J'ai éprouvé des difficultés dans les activités ✎ [___] parce que ✎ [___].

– J'ai utilisé les moyens suivants pour surmonter mes difficultés: ✎ [___].

– À la lecture du prochain texte, je porterai une attention particulière à ✎ [___].

POUR ENRICHIR TON VOCABULAIRE ...

1. Dans le texte *On ne travaillera plus du tout?*, tu as sûrement découvert des mots qui te plaisent et que tu aimerais utiliser. **Note-les** dans ta banque de mots de manière à pouvoir les retrouver facilement.

2. Dans ce texte, il est question des lieux où les gens d'aujourd'hui travaillent: *entrepôt, usines*, etc. Les mots dans l'encadré ci-contre désignent d'autres lieux où les gens travaillent.

   Choisis parmi eux cinq lieux où tu aimerais travailler plus tard, et élabore pour chacun un schéma désignant:

   – les personnes qui y travaillent (désigne-les par la fonction ou le métier qu'elles occupent);

   – les activités qu'exercent dans ces lieux les personnes qui y travaillent.

   Exemple:

   ```
                    ┌─────┐
                    │ ÉCOLE │
                    └─────┘
            ┌──────────┴──────────┐
       enseignants            enseignent
                              expliquent
                              corrigent
       psychologues           conseillent
                              écoutent
                              écrivent
   ```

Des lieux	atelier de sculpture
usine	bibliothèque
cinéma	hôtel-motel
bureau de poste	hôpital
centre commercial	théâtre
garage	laboratoire
casse-croûte	dépanneur

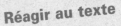

Avant la lecture

À laquelle des questions suivantes aimerais-tu pouvoir répondre ?

– *On se déplacera comment ?*

– *On s'amusera à quoi ?*

– *On vivra comment avec les autres ?*

Chacune de ces questions est en fait le titre d'un texte de *Mon encyclopédie* (pages 69, 72 et 73). Trouve le texte qui correspond à la question que tu as choisie et lis-le.

Après la lecture

As-tu bien compris les mots, les phrases et les paragraphes que tu viens de lire ?

As-tu bien compris l'ensemble du texte ? Prouve-le en réalisant, dans l'ordre, les activités proposées à la page suivante.

Ensuite, rends compte de ta lecture en remplissant une fiche semblable à celle ci-contre.

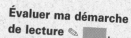

Titre du texte : ✎ ▨

Le texte en quelques mots
✎ ▨.

Réagir au texte
✎ ▨.

**Évaluer ma démarche
de lecture** ✎ ▨

1   Quel est le titre du texte ?

2   DE QUI ou DE QUOI parle-t-on dans le texte ?

Les mots

3   Maintenant que tu as trouvé DE QUI ou DE QUOI on parle dans le texte, relève dix mots qui font partie du même champ lexical que le sujet.

4   Relève trois mots que tu aurais du mal à définir et trouves-en le sens en indiquant quel moyen tu utilises.

Les phrases

5   Choisis deux phrases difficiles et indique à quelles lignes elles se trouvent. Pour t'assurer que tu les comprends, reformule-les en ne gardant que les éléments essentiels (la ou les réponses à la question *DE QUI ou DE QUOI parle-t-on dans la phrase ?* ainsi que le ou les RENSEIGNEMENTS qu'elle contient).

6   Puisqu'il s'agit d'un texte sur le futur, il est fort possible que des circonstances répondant à la question *Quand ?* se trouvent dans les phrases. Cherche une circonstance de temps dans le texte.

7   a) À quel mode et à quel temps sont conjugués la plupart des verbes de ce texte sur le futur ?

       b) Relève cinq verbes conjugués à ce mode et à ce temps.

Les paragraphes

8   Quel est l'aspect développé dans chacune des parties de ce texte ?

9   Quelle est l'information importante de chacune des parties ? Pour répondre à cette question, cherche une phrase vedette ou rédiges-en une qui reprend l'essentiel du paragraphe.

10   Essaie de trouver le point de vue de l'auteur. S'agit-il d'un point de vue neutre, optimiste ou pessimiste ? Justifie ta réponse en citant un passage du texte.

Le texte

11   a) Trouve trois marqueurs de relation qui permettent de suivre la pensée de l'auteur.

       b) Détermine si chacun de ces marqueurs établit un lien dans le temps, un lien dans l'espace ou un lien logique.

12   Fais un organisateur graphique original pour présenter les informations importantes du texte ainsi que les aspects développés.

De la lecture à l'écriture

Titres des textes : – On habitera où ?
– On ne travaillera plus du tout ?
– ✎ ▬

Les activités de lecture que tu viens de terminer visaient à te permettre d'accumuler des matériaux afin d'écrire un article sur la vie des gens d'aujourd'hui. En quelques lignes, précise maintenant quels éléments des textes lus pourraient t'être utiles pour l'écriture de ton propre texte.

Dans la première phrase, tu pourrais dire si tu as eu de la difficulté à dégager l'information importante dans les paragraphes, c'est-à-dire la phrase vedette, et expliquer pourquoi.

Dans la deuxième phrase, tu pourrais dire quel texte tu as trouvé le plus difficile à lire et expliquer pourquoi.

Dans la troisième phrase, tu pourrais dire lequel des trois textes tu as trouvé le plus intéressant et expliquer pourquoi.

Dans la quatrième phrase, tu pourrais expliquer comment la lecture de ces textes t'aidera à décrire un volet de la vie des gens d'aujourd'hui.

Écrire un texte de type descriptif

Peux-tu écrire un texte de type descriptif aussi intéressant que ceux que tu as lus dans cet atelier ? À la fin de l'année, on évaluera ta compétence à écrire ce type de texte. L'activité que tu vas maintenant réaliser t'aidera à bien te préparer. Pour t'assurer de ta réussite, **consulte** le tableau suivant. Lis-le en pensant à l'article que tu dois écrire sur la vie des gens d'aujourd'hui.

POUR PROUVER QUE TU SAIS ÉCRIRE UN TEXTE DE TYPE DESCRIPTIF...

Avant l'écriture

1. Tu sais POURQUOI écrire, QUOI écrire, À QUI écrire.

2. Tu as choisi ton sujet et les aspects à développer; tu sais les organiser dans un plan.

3. Tu adoptes un point de vue et tu trouves des idées pour le transmettre dans ta description.

Pendant l'écriture

1. Tu présentes ton sujet dès les premières lignes.

2. Tu énumères les aspects que tu développeras.

3. Tu utilises des mots substituts pour éviter les répétitions.

4. Tu utilises des mots qui révèlent ton point de vue.

5. Tu emploies des marqueurs de relation pour structurer ton texte selon le temps, l'espace ou la logique.

6. Tu respectes les règles de la syntaxe, de la ponctuation et de l'orthographe.

Après l'écriture

1. Tu relis ton texte et tu récris certaines parties afin:
   - d'améliorer la description;
   - de mieux utiliser les mots substituts;
   - de mieux faire voir ton point de vue;
   - de mieux structurer ton texte à l'aide de marqueurs de relation.

2. Tu relis encore ton texte pour corriger les fautes de syntaxe, de ponctuation et d'orthographe.

Du passé au futur

Les textes que tu as lus sur le futur t'ont permis de constater que, dans un texte bien organisé, on peut imaginer des RENSEIGNEMENTS sur la vie des humains de demain en décrivant des objets (ordinateur) et des lieux (villes et souterrains).

Souviens-toi! Tu es anthropologue et tu vis en l'an 2100. À l'étape précédente, tu as lu des textes en vue d'accumuler des matériaux pour écrire un article de type descriptif. Dans ton texte, tu dois parler de la vie des gens de la fin du XXe siècle en décrivant les lieux qu'ils fréquentaient ou les objets qu'ils utilisaient.

Texte à écrire

POURQUOI ÉCRIRE?

Pour décrire un volet de la vie des gens d'aujourd'hui.

QUOI ÉCRIRE?

Un texte de type descriptif de trois ou quatre paragraphes dans lequel tu présenteras au moins un lieu ou un objet.

À QUI ÉCRIRE?

Aux lecteurs et aux lectrices d'une revue d'anthropologie de l'an 2100.

◆ RESSOURCES DOCUMENTAIRES PERMISES:

– dictionnaire, grammaire et textes que tu as lus dans cet atelier d'intégration;

– atelier 12.

◆ ÉLÉMENTS NOTIONNELS À APPLIQUER ET À VÉRIFIER:

– tous les éléments du tableau de la page 349;

– les éléments notionnels vus dans les ateliers précédents (utilise les stratégies dont tu as encore besoin).

Planifier l'écriture de mon texte

1. Pourquoi écrirai-je ce texte? ✎ ▨

2. Quel sera le sujet de mon texte? ✎ ▨

3. À qui mon texte est-il destiné? ✎ ▨

4. Qu'est-ce qui m'inspirera? ✎ ▨

Contraintes d'écriture

À la fin du XXe siècle :

- Où habitait-on ?
- Comment se déplaçait-on ?
- Comment travaillait-on ?

- À quoi s'amusait-on ?
- Comment vivait-on avec les autres ?

Toutes ces questions, tirées des titres de la rubrique FUTUR de *Mon encyclopédie*, sont des sujets que tu pourrais traiter dans ton article. **Choisis** l'une de ces questions, qui deviendra le titre de ton texte. N'oublie pas que tu dois **décrire au moins un lieu ou un objet** pour parler de la vie des gens d'aujourd'hui.

Marche à suivre

Prépare la rédaction de ton texte en réalisant les activités suivantes. Quand tu rédigeras ton texte, arrête-toi régulièrement pour vérifier la langue et le contenu à l'aide de la fiche *Réviser la langue et le contenu de mon texte*, page 353.

1. Trouver des idées

Les activités de la page 352 te permettront de préciser certains éléments dont tu dois tenir compte dans l'écriture d'un texte de type descriptif. N'oublie pas que tu dois décrire au moins un lieu ou un objet.

1 Quel est le titre de ton texte ?

2 DE QUI ou DE QUOI parleras-tu dans ton texte ?

Les mots

3 a) Construis un champ lexical à partir de ton sujet.

b) En consultant un dictionnaire, ajoute à ce champ lexical trois mots que tu ne connaissais pas.

Les phrases

4 Imagine trois phrases très simples qui pourraient se retrouver dans ton texte. Pour les écrire, suis les étapes suivantes :

- Dis DE QUOI ou DE QUI tu veux parler dans ta phrase.
- Écris le RENSEIGNEMENT que tu veux transmettre dans ta phrase.

5 Imagine l'organisateur graphique d'une phrase très longue qui pourrait se trouver dans ton texte. Profite de cette phrase pour transmettre beaucoup d'information.

6 Puisqu'il s'agit d'un texte sur le passé, certaines phrases pourraient commencer par des circonstances répondant à la question *Quand ?* Trouve trois circonstances de temps qui situeraient tes lecteurs et tes lectrices à l'époque que tu décris.

7 a) Étant donné le sujet du texte, à quel temps et à quel mode seront conjugués la plupart de tes verbes ?

b) Écris deux courtes phrases pour justifier ta réponse, puis souligne les verbes conjugués.

Les paragraphes

8 a) Combien de paragraphes prévois-tu rédiger ?

b) Quels aspects prévois-tu aborder ?

c) Choisis les intertitres à partir des aspects traités. Assure-toi que ces intertitres accrochent les lecteurs ou les lectrices.

9 Quelle sera l'information importante de chacun des paragraphes ? Rédige une phrase vedette pour résumer l'essentiel du paragraphe.

10 Rédige une phrase qui révèle ton point de vue.

Le texte

11 a) Trouve trois marqueurs de relation qui permettraient de suivre ta pensée et d'établir un lien entre les RENSEIGNEMENTS.

b) Détermine si chacun de ces marqueurs établit un lien dans le temps, un lien dans l'espace ou un lien logique.

12 Fais un organisateur graphique original pour présenter les informations importantes de ton texte ainsi que les aspects développés. Cet organisateur deviendra le plan de ton texte.

2. Consulter et élaborer des banques de mots

Tout au long de l'année, tu as constitué des banques de mots à utiliser dans tes textes. De plus, en lisant des textes sur le futur, tu as noté des mots qui pourraient t'être utiles pour décrire un aspect de la vie des gens d'aujourd'hui.

– À partir de ces banques de mots, dresse la liste des mots que tu pourrais utiliser:

a) pour désigner le sujet de ton texte (y compris les mots substituts);

b) pour désigner l'objet ou le lieu que tu décriras (y compris les mots substituts).

– Dresse aussi la liste des mots de relation que tu pourrais utiliser pour marquer le temps, l'espace ou la logique.

3. Écrire le texte

En tenant compte de tes réponses à l'étape *Trouver des idées* et en utilisant la liste de mots élaborée à l'étape 2, rédige un texte semblable aux textes sur le futur présentés dans *Mon encyclopédie* (pages 66 à 73).

4. Réviser le texte

Avant de transcrire ton brouillon, relis-le afin de vérifier une dernière fois tous les éléments présentés dans la fiche *Réviser la langue et le contenu de mon texte*.

Vérifie ensuite si tu as respecté les critères d'évaluation qui apparaissent à la page suivante et qui guideront ton enseignant ou ton enseignante dans sa correction. Tu pourras ainsi améliorer encore ton texte.

Réviser la langue et le contenu de mon texte

1. Ai-je effectué correctement la tâche imposée?

2. Ai-je tenu compte des destinataires?

3. Ai-je décrit un lieu ou un objet?

4. Ai-je utilisé des marqueurs de relation pour établir des liens dans le temps ou dans l'espace, ou des liens logiques?

5. Ai-je évité les répétitions en utilisant des mots substituts?

6. Mes phrases sont-elles construites correctement et bien ponctuées (voir page 360)?

7. Mes accords sont-ils faits correctement:
a) dans les groupes du nom (voir page 358)?
b) dans les groupes du verbe (voir page 358)?
c) dans les participes passés (voir page 359)?

8. Les mots sont-ils bien orthographiés (voir page 360)?

Relire mon texte

Avant de transcrire mon texte au propre, je dois le relire:

– une première fois pour vérifier la langue et le contenu, et apporter les corrections nécessaires;

– une deuxième fois pour vérifier si mes phrases et mes paragraphes sont bien construits.

CRITÈRES D'ÉVALUATION

☑ **1.** L'élève a présenté son sujet et énuméré les aspects traités dès le début de son texte.

☑ **2.** L'élève a décrit au moins un objet ou un lieu.

☑ **3.** L'élève a utilisé des mots substituts pour désigner les personnes, les objets et les lieux qu'il a décrits.

☑ **4.** L'élève a utilisé des mots et des expressions qui révèlent son point de vue.

☑ **5.** L'élève a judicieusement employé des marqueurs de relation pour indiquer une progression dans le temps ou dans l'espace, ou une progression logique.

☑ **6.** L'élève a bien structuré ses phrases.

☑ **7.** L'élève a bien ponctué ses phrases.

☑ **8.** L'élève a respecté les accords en genre et en nombre dans le groupe du nom.

☑ **9.** L'élève a respecté les accords en genre, en nombre et en personne dans le groupe du verbe.

Rédige un court texte qui rendra compte de ta démarche d'écriture.

J'évalue ma démarche d'écriture

Titre du texte: ✎ ▨   **Date de production:** ✎ ▨

Dans la première phrase, tu pourrais dire quelle partie du texte t'a donné le plus de difficulté.

Dans la deuxième phrase, tu pourrais dire quelle partie du texte te donne le plus de satisfaction et expliquer pourquoi.

Dans la troisième phrase, tu pourrais dire si tu as aimé te mettre dans la peau d'un anthropologue de l'an 2100 et expliquer pourquoi.

Complète les énoncés suivants:
«J'ai (peu/assez/beaucoup/etc.) ✎ ▨ aimé faire ce projet parce que ✎ ▨. J'ai réussi à décrire (un objet ou un lieu) ✎ ▨ en respectant les consignes. Dans l'atelier d'intégration *Du passé au futur*, j'ai (rarement/assez souvent/la plupart du temps/etc.) ✎ ▨ réussi à mettre en pratique les notions que j'avais acquises en lecture sur le texte de type descriptif.»

Cette année, tu as lu plusieurs romans. Tu possèdes maintenant les connaissances nécessaires pour lire et apprécier ce genre de texte. Voici l'occasion de mettre en pratique tout ce que tu as appris dans un dernier voyage au pays de l'imaginaire. Choisis un roman qui te semble intéressant et que tes camarades pourraient avoir envie de lire durant les vacances.

Durée du voyage

Tu devras avoir fini de lire ton roman avant la fin de l'année scolaire.

Impressions de voyage

Après avoir lu ton roman, tu devras remplir une fiche de lecture semblable à celle de la page suivante pour faire connaître tes impressions.

DESTINATION VACANCES

Je partage mes goûts en lecture

Avant de partir en vacances, ton enseignant ou ton enseignante te fournira l'occasion de discuter avec tes camarades des romans que vous avez lus. Tu pourras alors te bâtir un programme de lecture de vacances.

Bonne lecture! Bonnes vacances!

Je rends compte de la lecture d'un roman

Identification du roman

Titre: ✎ ▨   Année de publication: ✎ ▨

Auteur ou auteure: ✎ ▨   Public visé: ✎ ▨

Maison d'édition: ✎ ▨   Genre: ✎ ▨

Collection: ✎ ▨   Nombre de pages: ✎ ▨

Mes impressions générales

– J'ai trouvé ce roman:
  ❏ génial. ❏ intéressant. ❏ moyennement intéressant. ❏ décevant.

– J'indique quels éléments m'ont fait choisir ce roman et j'explique pourquoi:
  ❏ le titre ✎ ▨ ;
  ❏ l'illustration de la couverture ✎ ▨ ;
  ❏ le texte de la quatrième de couverture ✎ ▨ ;
  ❏ le début du roman ✎ ▨ .

– La lecture du roman ❏ a confirmé mes premières impressions
                        ❏ a modifié mes premières impressions
  parce que ✎ ▨ .

Le narrateur ou la narratrice

Le narrateur ou la narratrice raconte une histoire:
❏ qui lui est arrivée.
❏ qui est arrivée à quelqu'un d'autre.

L'histoire est racontée: ❏ au présent. ❏ au passé.

Résumé de l'histoire

C'est l'histoire de ✎ ▨ qui est ✎ ▨ . **Au début**, on se trouve *(Où ?, Quand ?)* ✎ ▨ . **Puis** ✎ ▨ . **Alors** ✎ ▨ . **Enfin** ✎ ▨ .

Le personnage principal

Il s'agit de *(nomme le personnage principal)* ✎ ▨ .

Physiquement *(mentionne une caractéristique physique)* ✎ ▨ .

Psychologiquement *(mentionne son trait de caractère dominant)* ✎ ▨ .

Au début de l'histoire *(précise ce que le personnage recherche)* ✎ ▨ .

À la fin de l'histoire *(décris dans quel état se trouve le personnage à la fin du roman)* ✎ ▨ .

Mon personnage préféré
Mon personnage préféré *(dis de qui il s'agit et explique pourquoi)* ✎ ▨ .

Conclusion

Je recommanderais ce roman à *(nomme une personne ou un groupe de personnes)* ✎ ▨ parce que *(trouve un argument pour convaincre cette personne de le lire)* ✎ ▨ .

1. Je révise et je corrige les verbes ⇨ MAG 4*

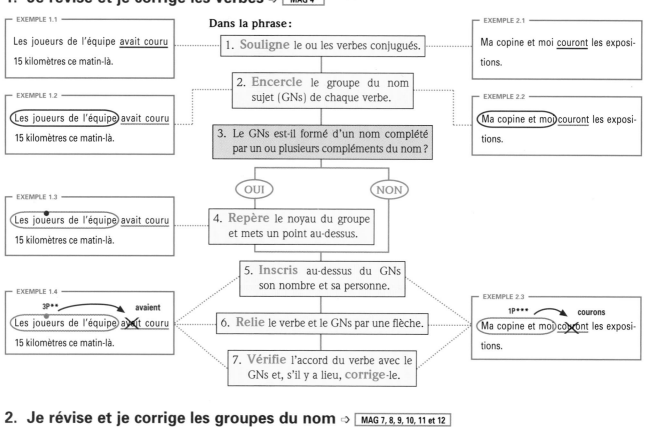

Dans la phrase :

EXEMPLE 1.1

Les joueurs de l'équipe avait couru 15 kilomètres ce matin-là.

1. **Souligne** le ou les verbes conjugués.

EXEMPLE 2.1

Ma copine et moi couront les exposi-tions.

EXEMPLE 1.2

Les joueurs de l'équipe avait couru 15 kilomètres ce matin-là.

2. **Encercle** le groupe du nom sujet (GNs) de chaque verbe.

EXEMPLE 2.2

Ma copine et moi couront les exposi-tions.

3. Le GNs est-il formé d'un nom complété par un ou plusieurs compléments du nom ?

OUI   NON

EXEMPLE 1.3

Les joueurs de l'équipe avait couru 15 kilomètres ce matin-là.

4. **Repère** le noyau du groupe et mets un point au-dessus.

5. **Inscris** au-dessus du GNs son nombre et sa personne.

EXEMPLE 1.4

3P** avaient

Les joueurs de l'équipe avait couru 15 kilomètres ce matin-là.

6. **Relie** le verbe et le GNs par une flèche.

7. **Vérifie** l'accord du verbe avec le GNs et, s'il y a lieu, **corrige**-le.

EXEMPLE 2.3

1P*** courons

Ma copine et moi couront les exposi-tions.

2. Je révise et je corrige les groupes du nom ⇨ MAG 7, 8, 9, 10, 11 et 12

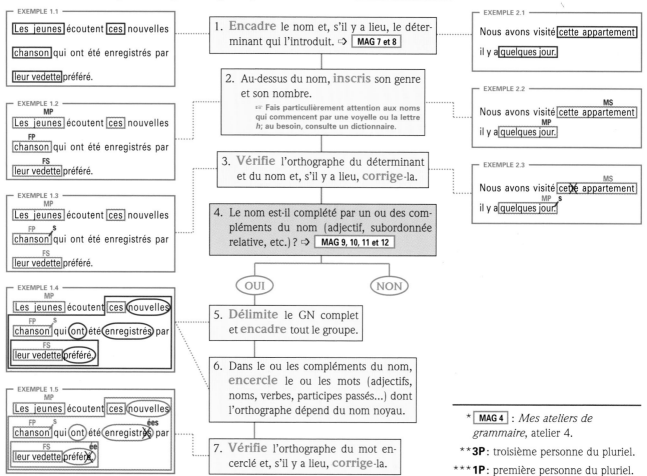

EXEMPLE 1.1

Les jeunes écoutent ces nouvelles chanson qui ont été enregistrés par leur vedette préféré.

1. **Encadre** le nom et, s'il y a lieu, le déter-minant qui l'introduit. ⇨ MAG 7 et 8

EXEMPLE 2.1

Nous avons visité cette appartement il y a quelques jour.

EXEMPLE 1.2

MP
Les jeunes écoutent ces nouvelles
FP
chanson qui ont été enregistrés par
FS
leur vedette préféré.

2. Au-dessus du nom, **inscris** son genre et son nombre.

☞ Fais particulièrement attention aux noms qui commencent par une voyelle ou la lettre h; au besoin, consulte un dictionnaire.

EXEMPLE 2.2

MS
Nous avons visité cette appartement
MP
il y a quelques jour.

EXEMPLE 1.3

MP
Les jeunes écoutent ces nouvelles
FP   s
chanson qui ont été enregistrés par
FS
leur vedette préféré.

3. **Vérifie** l'orthographe du déterminant et du nom et, s'il y a lieu, **corrige**-la.

4. Le nom est-il complété par un ou des com-pléments du nom (adjectif, subordonnée relative, etc.) ? ⇨ MAG 9, 10, 11 et 12

EXEMPLE 2.3

MS
Nous avons visité cette appartement
MP   s
il y a quelques jour.

OUI   NON

EXEMPLE 1.4

MP
Les jeunes écoutent ces nouvelles
FP   s
chanson qui ont été enregistrés par
FS
leur vedette préféré.

5. **Délimite** le GN complet et **encadre** tout le groupe.

6. Dans le ou les compléments du nom, **encercle** le ou les mots (adjectifs, noms, verbes, participes passés...) dont l'orthographe dépend du nom noyau.

EXEMPLE 1.5

MP
Les jeunes écoutent ces nouvelles
FP   s   ées
chanson qui ont été enregistrés par
FS   ée
leur vedette préféré.

7. **Vérifie** l'orthographe du mot en-cerclé et, s'il y a lieu, **corrige**-la.

* MAG 4 : *Mes ateliers de grammaire*, atelier 4.

**3P: troisième personne du pluriel.

***1P: première personne du pluriel.

3. Je révise et je corrige les participes passés ⇨ MAG 14

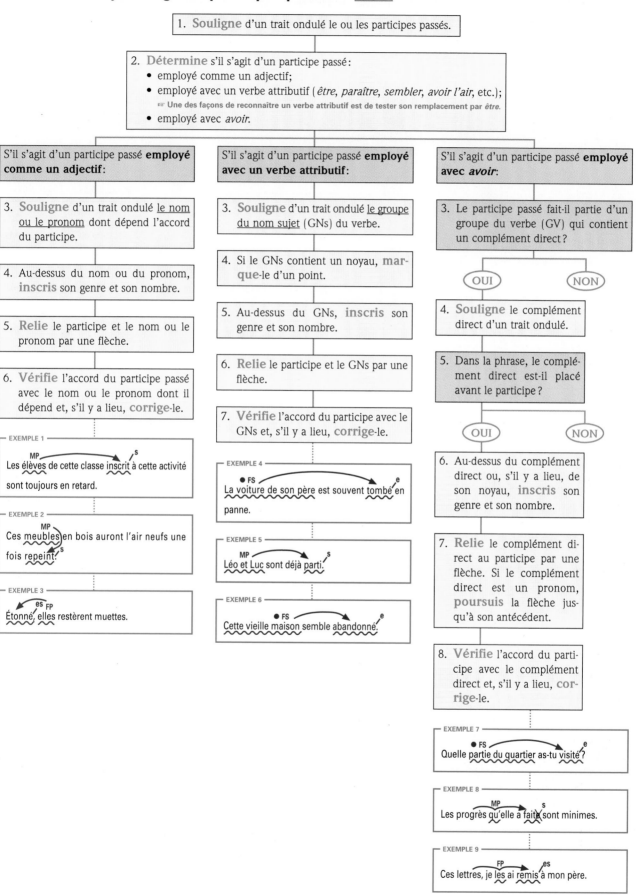

1. **Souligne** d'un trait ondulé le ou les participes passés.

2. **Détermine** s'il s'agit d'un participe passé :
   - employé comme un adjectif;
   - employé avec un verbe attributif (*être, paraître, sembler, avoir l'air*, etc.);
     ☞ Une des façons de reconnaître un verbe attributif est de tester son remplacement par *être*.
   - employé avec *avoir*.

S'il s'agit d'un participe passé employé comme un adjectif :

3. **Souligne** d'un trait ondulé <u>le nom ou le pronom</u> dont dépend l'accord du participe.

4. Au-dessus du nom ou du pronom, **inscris** son genre et son nombre.

5. **Relie** le participe et le nom ou le pronom par une flèche.

6. **Vérifie** l'accord du participe passé avec le nom ou le pronom dont il dépend et, s'il y a lieu, **corrige**-le.

EXEMPLE 1

Les élèves de cette classe inscrit à cette activité sont toujours en retard.

EXEMPLE 2

Ces meubles en bois auront l'air neufs une fois repeint.

EXEMPLE 3

Étonné, elles restèrent muettes.

S'il s'agit d'un participe passé employé avec un verbe attributif :

3. **Souligne** d'un trait ondulé <u>le groupe du nom sujet</u> (GNs) du verbe.

4. Si le GNs contient un noyau, **marque**-le d'un point.

5. Au-dessus du GNs, **inscris** son genre et son nombre.

6. **Relie** le participe et le GNs par une flèche.

7. **Vérifie** l'accord du participe avec le GNs et, s'il y a lieu, **corrige**-le.

EXEMPLE 4

La voiture de son père est souvent tombé en panne.

EXEMPLE 5

Léo et Luc sont déjà parti.

EXEMPLE 6

Cette vieille maison semble abandonné.

S'il s'agit d'un participe passé employé avec *avoir* :

3. Le participe passé fait-il partie d'un groupe du verbe (GV) qui contient un complément direct ?

OUI   NON

4. **Souligne** le complément direct d'un trait ondulé.

5. Dans la phrase, le complément direct est-il placé avant le participe ?

OUI   NON

6. Au-dessus du complément direct ou, s'il y a lieu, de son noyau, **inscris** son genre et son nombre.

7. **Relie** le complément direct au participe par une flèche. Si le complément direct est un pronom, **poursuis** la flèche jusqu'à son antécédent.

8. **Vérifie** l'accord du participe avec le complément direct et, s'il y a lieu, **corrige**-le.

EXEMPLE 7

Quelle partie du quartier as-tu visité ?

EXEMPLE 8

Les progrès qu'elle a faite sont minimes.

EXEMPLE 9

Ces lettres, je les ai remis à mon père.

4. Je révise et je corrige les phrases ⇨ MAG 2, 6 et 11

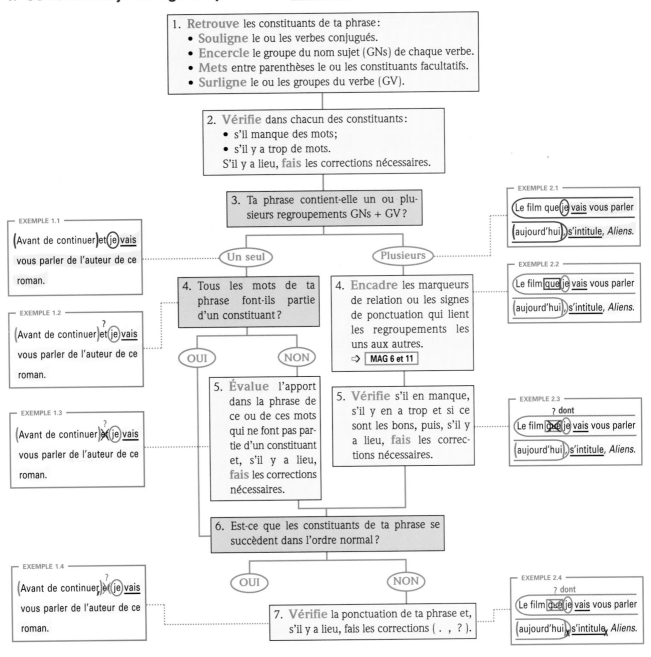

1. **Retrouve** les constituants de ta phrase:
   - **Souligne** le ou les verbes conjugués.
   - **Encercle** le groupe du nom sujet (GNs) de chaque verbe.
   - **Mets** entre parenthèses le ou les constituants facultatifs.
   - **Surligne** le ou les groupes du verbe (GV).

2. **Vérifie** dans chacun des constituants:
   - s'il manque des mots;
   - s'il y a trop de mots.
   S'il y a lieu, **fais** les corrections nécessaires.

3. Ta phrase contient-elle un ou plusieurs regroupements GNs + GV?

EXEMPLE 1.1
(Avant de continuer) et (je) vais vous parler de l'auteur de ce roman.

EXEMPLE 1.2
(Avant de continuer) et (je) vais vous parler de l'auteur de ce roman.

EXEMPLE 1.3
(Avant de continuer) et (je) vais vous parler de l'auteur de ce roman.

EXEMPLE 1.4
(Avant de continuer) et (je) vais vous parler de l'auteur de ce roman.

Un seul / **Plusieurs**

4. Tous les mots de ta phrase font-ils partie d'un constituant?

OUI / NON

4. **Encadre** les marqueurs de relation ou les signes de ponctuation qui lient les regroupements les uns aux autres. ⇨ MAG 6 et 11

5. **Évalue** l'apport dans la phrase de ce ou de ces mots qui ne font pas partie d'un constituant et, s'il y a lieu, **fais** les corrections nécessaires.

5. **Vérifie** s'il en manque, s'il y en a trop et si ce sont les bons, puis, s'il y a lieu, **fais** les corrections nécessaires.

EXEMPLE 2.1
Le film que (je) vais vous parler (aujourd'hui), s'intitule, Aliens.

EXEMPLE 2.2
Le film que (je) vais vous parler (aujourd'hui), s'intitule, Aliens.

EXEMPLE 2.3
? dont
Le film que (je) vais vous parler (aujourd'hui), s'intitule, Aliens.

6. Est-ce que les constituants de ta phrase se succèdent dans l'ordre normal?

OUI / NON

7. **Vérifie** la ponctuation de ta phrase et, s'il y a lieu, fais les corrections (. , ?).

EXEMPLE 2.4
? dont
Le film que (je) vais vous parler (aujourd'hui), s'intitule, Aliens.

5. Je révise et je corrige l'orthographe des mots ⇨ MAG 15

1. Pendant que tu écris, chaque fois que tu doutes de l'orthographe d'un mot, **place** un point d'interrogation au-dessus.

   MAG 15   On peut douter de l'orthographe d'un mot parce que:
   – c'est un mot nouveau ou un mot qu'on n'emploie pas souvent;
   – le mot pourrait contenir un doublement des consonnes *c, m, t, l, r, n, p* ou *f*;
   – le mot se termine par le son «é» ou le son «i»;
   – le mot pourrait s'écrire avec un trait d'union;
   – le mot pourrait commencer par une lettre majuscule ou une lettre minuscule;
   – le mot pourrait être mal coupé en bout de ligne;
   – etc.

   EXEMPLE
   ? appris
   On nous a apris que l'étrange
   ? er   aper ?
   voilà qu'on apperçoit parfois
   appar ?
   de la côte apartient à une riche
   a
   famille Américaine.

2. **Vérifie** l'orthographe de chacun des mots au-dessus desquels tu as mis un point d'interrogation. Au besoin, consulte un dictionnaire.

3. **Fais** les corrections nécessaires.